社会调查方法概要

王朝中 主编

国家开放大学出版社·北京

图书在版编目(CIP)数据

社会调查方法概要／王朝中主编． -- 北京：国家开放大学出版社，2022.7（2025.1重印）

ISBN 978-7-304-11335-3

Ⅰ.①社… Ⅱ.①王… Ⅲ.①社会调查-调查方法-开放教育-教材 Ⅳ.①C915

中国版本图书馆 CIP 数据核字（2022）第 098418 号

版权所有，翻印必究。

社会调查方法概要

SHEHUI DIAOCHA FANGFA GAIYAO

王朝中 主编

出版·发行	国家开放大学出版社
电话	营销中心 010-68180820　　总编室 010-68182524
网址	http://www.crtvup.com.cn
地址	北京市海淀区西四环中路45号　　邮编：100039
经销	新华书店北京发行所

策划编辑：赵文静　　　　　　　版式设计：何智杰
责任编辑：张倩颖　　　　　　　责任校对：张　娜
责任印制：武　鹏　马　严

印刷：河北盛世彩捷印刷有限公司
版本：2022年7月第1版　　2025年1月第8次印刷
开本：787mm×1092mm　1/16　　印张：18.75　　字数：389千字

书号：ISBN 978-7-304-11335-3
定价：45.00 元

（如有缺页或倒装，本社负责退换）
意见及建议：OUCP_KFJY@ouchn.edu.cn

社会调查方法课程组

课程组组长 赵菊强

主　　编 王朝中

主 持 教 师 何元增

前言
PREFACE

社会调查是人类认识世界、改造世界的一个重要手段。自 20 世纪 50 年代以来，在现代化信息技术的推动下，社会调查的面貌日新月异，极大地促进了社会各个领域的进步。我国自改革开放以来，迅速吸收了世界上关于社会调查的先进理论、方法和技术。同时，全国各高等院校普遍开设了社会调查课程，也出版了许多相关的著述。本书即为国家开放大学的一部教材。

本书在编写过程中，在吸收和总结前人成果的同时，注重开放教育的特点，做了如下的安排：

第一，目前，我国有关社会调查的著述大多把内容依次分为基础知识、准备工作、调查方法、资料整理分析和调查总结等几个板块。这种体例安排符合社会调查的内在逻辑，因此本书的体例也基本沿用了这种做法，即将全书分成五个板块，设为五编。第一编为初启须知，包括第一章绪论和第二章社会调查基础知识；第二编为前期准备，包括第三章调查课题选择与调查方案设计、第四章测量与调查指标体系的构建和第五章抽样；第三编为资料收集，包括第六章文献调查法、第七章问卷调查法、第八章访谈调查法、第九章观察调查法、第十章实验调查法、第十一章网络调查法和第十二章大数据调查法；第四编为资料整理分析，包括第十三章资料整理和第十四章资料分析；第五编为调查总结，包括第十五章调查报告。这种体例设置对应了社会调查中"准备—调查—分析—总结"的工作程序，体现了本书结构与社会调查实践的逻辑统一。

第二，突出了社会调查课程实践性与应用性的特点。本书编写的重点放在社会调查各个环节中各项工作的具体操作方法上，并尽可能通过现实社会中的具体实例对这些具体操作方法及其原理加以说明，以便于学习者的理解和掌握。

第三，我国有关社会调查的教材虽各有特点，但内容大同小异。本书的编写也遵循了从众原则，尽可能采用成说，而不刻意标新立异。但本书针对一些问题也提出了自己的不同看法，并对近年来社会调查出现的新内容做了必要的补充，最主要的就是在传统的社会调查方法之外，专章介绍了新兴的网络调查法，特意邀请在美国互联网公司担任数据库和云计算高级工程师的张靖非先生为本书编撰了"大数据调查法"一章。

第四，国家开放大学的重要职能是面向全民提供终身教育及服务，因此，本书的编写目标之一是成为学习者认识世界、改造世界的大众化工具。在内容呈现方面，以必需、够用为原则，不做过于深入的探讨，同时努力使所有原理、概念的阐释明晰简洁，文字表述通俗易懂，并符合学习者的一般阅读习惯。

本书编者及分工如下：何元增编撰了第十三章和第十四章；张靖非编撰了第十二章；王朝中编撰了其余章节。全书最后由王朝中统改、定稿。何元增作为国家开放大学社会调查方法课程的主持教师，承担了本书的组织、统筹工作。

本书在编写过程中也得到了许多专家学者和同仁的鼎力相助。中国社会科学院李世愉研究员、北京工商大学庞毅教授、对外经贸大学张旭霞副教授、中国政法大学高红副教授、江西农业大学邹晓娟副教授、国家开放大学刘宏欣副教授、四川开放大学杨戴萍副教授分别对本书的大纲、一体化方案、样章及整体内容进行了审阅并发表了中肯的意见；国家开放大学教务部古小华部长、政法教学部袁松鹤部长、公共管理学院赵菊强院长十分关怀并支持我们的编写工作；国家开放大学出版社编辑中心主任杜建伟、副主任赵文静和责任编辑张倩颖为本书的出版尽心尽力。在此对他们表示衷心的感谢。

尽管我们为本书的编写做了种种努力，但由于水平有限、时间仓促，本书难免存在不足之处，衷心希望有关专家和广大读者批评指正。

王朝中
2022 年 3 月

目录

CONTENTS

第一编　初启须知

第一章
绪论 ·················· 3

第一节　社会调查概述 ·················· 4
第二节　社会调查的理论基础与基本原则 ········ 8
第三节　社会调查沿革 ·················· 13

第二章
社会调查基础知识 ·············· 23

第一节　调查者、调查对象及调查单位 ·········· 24
第二节　社会调查的基本类型 ················ 29
第三节　社会调查的基本方法与基本程序 ······ 33

第二编　前期准备

第三章
调查课题选择与调查方案设计 ·············· 39

第一节　社会调查课题的选择 ················ 40
第二节　探索性研究 ······················ 42
第三节　制订社会调查方案 ················· 44

第四章
测量与调查指标体系的构建 ·············· 50

第一节　测量与测量层次 ··················· 51
第二节　测量指标体系的构建 ················ 57
第三节　测量的信度与效度 ················· 65

第五章
抽样 ·················· 72
　第一节　抽样概述 ·················· 73
　第二节　概率抽样 ·················· 78
　第三节　非概率抽样 ·················· 86
　第四节　样本规模 ·················· 90

第三编　资料收集

第六章
文献调查法 ·················· 95
　第一节　文献和文献调查法 ·················· 96
　第二节　文献收集 ·················· 100
　第三节　文献信息的摘录 ·················· 106
　第四节　文献分析 ·················· 109
　第五节　文献调查法的评价 ·················· 113

第七章
问卷调查法 ·················· 116
　第一节　问卷调查法的概念及特点 ·················· 117
　第二节　调查问卷的基本结构 ·················· 118
　第三节　量表 ·················· 123
　第四节　问卷调查法的实施 ·················· 129
　第五节　问卷调查法的评价 ·················· 138

第八章
访谈调查法 ·················· 140
　第一节　结构式访谈 ·················· 141
　第二节　非结构式访谈 ·················· 142
　第三节　个别访谈 ·················· 144
　第四节　集体访谈 ·················· 151
　第五节　访谈者的选择和培训 ·················· 156

第九章
观察调查法 ·················· 160
　第一节　观察调查法的概念、特点及原则 ·················· 161
　第二节　观察调查法的类型 ·················· 163
　第三节　观察调查法的实施 ·················· 167
　第四节　观察调查法的评价 ·················· 175

第十章
实验调查法 ……………… 178
第一节 实验调查法的概念、基本原理和特点 ……………… 179
第二节 实验调查法的类型和基本程序 ……… 181
第三节 实验设计及其实施 ……………… 185
第四节 实验调查法实施中需要注意的问题 ……………… 190
第五节 实验调查法的评价 ……………… 194

第十一章
网络调查法 ……………… 196
第一节 网络调查法的概念与特点 ……… 197
第二节 网络调查法的实施 ……………… 198
第三节 使用网络调查法需要注意的问题 …… 206

第十二章
大数据调查法 ……………… 208
第一节 大数据的概念与特点 ……………… 209
第二节 大数据调查法的概念与特点 ……… 212
第三节 大数据调查法的实施 ……………… 214
第四节 大数据调查法的评价 ……………… 219
第五节 挑战与机遇 ……………… 221

第四编　资料整理分析

第十三章
资料整理 ……………… 225
第一节 资料整理的作用、意义和原则 ……… 226
第二节 文字资料的整理 ……………… 228
第三节 数据资料的整理 ……………… 231

第十四章
资料分析 ……………… 243
第一节 定性分析 ……………… 244
第二节 统计分析 ……………… 248
第三节 理论分析 ……………… 263

第五编　调查总结

第十五章
调查报告 ·················· 271

第一节　调查报告的概念、种类及特点 ········ 272
第二节　调查报告的结构 ················ 277
第三节　调查报告写作的步骤和基本要求 ······ 281

参考文献 ·················· 289

附录

01

第一编

初启须知

第一章 绪 论

本章提要

绪论是对社会调查基本问题的介绍。它界定了社会调查概念的内涵和外延，阐释了社会调查的基本特征、理论基础和基本原则，指出了社会调查的任务与作用，并介绍了社会调查的发展演变过程，以便学习者对社会调查有一个初步的了解，为学习和掌握各章内容打下基础。

学习要求

1. 了解：社会调查的任务与作用；社会调查沿革。
2. 掌握：社会调查的概念；社会调查的基本特征；社会调查的理论基础；社会调查的基本原则。

01 第一节 社会调查概述

一、社会调查的概念

目前，国内外学者对社会调查的名称与概念的界定有所不同。

国外学者常用"social survey"一词，直译即"社会调查"。此外，还有"survey method（调查方法）"或"survey research（调查研究）"的说法。国外学者一般将"social survey"概念的外延界定为"从研究总体中抽取出样本询问问题的方法"[1]，即抽样调查。国内学者对它的叫法虽多种多样，如"社会调查""社会调查研究""调查方法""社会调查方法""社会调查研究方法""社会调查研究与方法""社会研究方法"等，但无论使用哪种名称，国内学者对其概念的外延都有比较统一的认识，即一般将普查、抽样调查和个案调查作为社会调查的主要方式，另外还包括典型调查、重点调查等，这与国外学者认为社会调查仅指抽样调查具有较大的差别。

在界定社会调查概念的内涵时，国外学者一般认为"social survey 是对生活在特定地理、文化或行政区域中的人们的事实进行系统的收集。……（它）虽然常常包括说明性或描述性材料，但它一般是数量性的"[2]。可见，国外学者将社会调查概念的内涵界定为以定量为主的资料收集方法。

对于这一问题，国内学者长期以来主要存在三种不同的意见：

第一种意见，反对将社会调查和社会研究合二为一。持有该意见的学者认为社会调查特指"运用有目的的设计的询问方法搜集社会资料的过程"[3]，即它只是社会研究中的一种资料收集方法，这与国外社会调查概念的内涵很相似。

第二种意见，在抽象层次上将社会调查看作人们认识社会的活动。持有该意见的学者认为社会调查是在"系统地、直接地收集有关社会现象的经验材料的基础上，通过对资料的分析和综合来科学地阐明社会生活状况及社会发展规律的认识活动"[4]。这种定义方法并不是给感性认识和理性认识分别贴上收集行为和分析行为的标签，而是肯定了社会调查从本质上是收集资料和分析资料的活动，是人们有目的、有计划的自

---

[1] 米切尔. 新社会学词典. 蔡振扬, 谈谷铮, 雪原, 译. 上海：上海译文出版社, 1987: 338.
[2] 米切尔. 新社会学词典. 蔡振扬, 谈谷铮, 雪原, 译. 上海：上海译文出版社, 1987: 338.
[3] 曼. 国际社会学百科全书. 袁亚愚, 徐小禾, 译. 成都：四川人民出版社, 1989: 639.
[4] 袁方. 社会调查原理与方法. 北京：高等教育出版社, 1990: 1-2.

觉的社会行为。

第三种意见,认为"所谓社会调查是一种有目的、有计划、有步骤地通过社会现象的考查、了解、分析、研究,来认识社会生活的本质及其发展规律的一种自觉实践活动和认识活动"[1]。

尽管国内学者目前对社会调查概念的内涵仍无定论,但有几点认识逐渐成为界定这一概念时多数人的共识:

第一,社会调查的客体包括社会事物、社会现象、社会问题、社会状态和社会矛盾等社会事实。从本质上讲,社会调查就是人们对社会事实的认识活动。虽然社会调查也是一种社会实践,其统计分析结果也会起到指导实践、改造社会的作用,但社会调查本身并不能直接作用于社会实践。

第二,社会调查是一种有目的、有计划的自觉的认识活动,与人们日常对社会的一般观察和了解有本质区别。从理论上说,虽然所有的社会事物与社会现象都可以成为社会调查的对象,但实际上只有对社会发展有现实意义的社会事物与社会现象才能进入调查者的视野。

第三,在社会调查过程中既有感性认识活动又有理性认识活动,它们是一个统一的复杂的过程,不能简单地将资料收集行为和资料分析行为割裂开。在社会调查的整个过程中,无法区分出纯感性认识活动和纯理性认识活动,即使资料收集行为也是建立在理性认识的指导之上的。例如,收集计划、收集步骤和收集手段的制定都是一种理性认识活动。

综上所述,我们主张,"社会调查""调查方法""社会调查方法""社会调查研究方法""社会研究方法""社会调查研究"等本质上是同一概念的不同称谓。社会调查应定义为人们有计划、有目的地运用一定的手段和方法,对有关社会事实进行资料收集、整理和分析研究,进而做出描述、解释和提出对策的社会实践活动和认识活动。

二、社会调查的基本特征

社会调查具有以下几个重要的基本特征。

第一,实践性。这是社会调查最重要的特征。任何社会调查都不是无病呻吟,而是来自社会实践的需要,是为了解决社会实际问题。社会调查方法不是舞文弄墨或坐而论道,而是需要进行大量的实际操作、身体力行;更不是闭门造车,而是深入社会,以实地调查为主,力求从调查对象那里获得第一手资料。社会调查所获的资料不仅要源于社会实践,最后归纳得出的结论和理论也要经得起实践的检验。

第二,针对性。社会调查绝不是一方治百病,而是一次调查只解决某一社会问题,

---

[1] 唐晓阳. 社会调查研究实用教程. 上海:东方出版社,1991:3.

一般是针对社会热点现象或热点问题。通常社会调查所关注的不是调查对象的所有内容，而是某一个或某几个特定的属性或方面。

第三，社会性。社会调查所要了解的不是调查对象的自然属性，而是调查对象的社会属性，如社会地位、社会关系、社会作用和社会影响等。

第四，专门性。社会调查属于社会科学的一个分支，在理论层面上，有特定的概念、基本原理和公式等；在技术层面上，有独特的方法、工具和程序等。所以，进行社会调查要求调查者必须具备一定的专业知识与训练基础，且遵循特定的方法。

三、社会调查的任务与作用

（一）社会调查的任务

1. 描述事实

社会调查的首要任务是要准确地描述社会现象，即说明社会现象"什么样"或"怎么样"的问题。社会是纷繁复杂的，人们要想了解其真实情况，就必须使用科学、有效的方法，在千变万化的社会现象中收集有关信息，并对收集到的信息去伪存真、去粗取精，形成对所要了解的社会现象或社会问题的客观、准确和系统的描述。这是人们认识世界的基础。

2. 揭示本质和规律

任何社会现象或社会问题的发生和演变都不是无缘无故的。因此，社会调查不但要说明社会现象"什么样"或"怎么样"的问题，还要进一步解释社会现象"是什么"与"为什么"的问题，这就要求社会调查必须在收集资料、描述现象的基础上进行深入分析，从而揭示社会现象或社会问题的因果关系、本质和规律。只有这样，我们才能对社会现象或社会问题有更深刻的认识。

3. 探寻对策

社会调查不能局限于对社会现象的准确描述和正确解释上，其更高层级的任务是根据调查内容做出科学预测和提出对策建议，即对调查对象的发展趋势和前景进行科学的估计和评价，提出促使其进步的各种方法，从而使社会调查具有更大的实践指导意义。

（二）社会调查的作用

1. 有助于正确地认识社会事实

社会调查是一种有目的、有计划的自觉的认识活动，是人们认识社会事实的重要工具。

社会事物既是多层次、多方面的，也是不断发展变化、充满矛盾的，人们只有对社会实践的过程和结果进行系统、周密的调查和研究，才能全面了解社会事实，把握其属性和本质，从而预测其发展趋势。科学的社会理论的形成和发展，都是人们在社会实践的基础上进行大量调查的结果。人们常说："实践出真知"，但仅凭个别实践而忽视全面、深入的调查研究，是不可能了解客观事物的本质和规律的。例如，人们通过切身体验和自觉或不自觉的观察，能够认识到改革开放以来人民的生活水平普遍提高，但仅凭个人所接触的事例是无法全面说明这种情况的，而社会调查能够全面、系统、科学、客观地反映出人民生活水平提高的程度。同时，我们还可以按照需求从不同的角度进行调查与分析，如调查哪类人生活水平提高的幅度最大，哪类人生活水平提高的幅度较小，并找出差距产生的原因，对症下药，力求达到全体人民共同富裕的目标。

2. 有助于正确地制定政策和执行政策

社会调查不是形而上的，它产生于实践又作用于实践，对正确地制定政策和执行政策有着重要的作用。

人们的社会活动主要表现为计划、组织、指挥、协调和控制等管理过程。科学决策是科学管理的核心。科学决策的程序一般包括目标阶段、信息阶段、设计阶段、评估阶段、选择阶段、执行阶段和反馈阶段。这些阶段是建立在信息收集与信息处理之上的，都离不开社会调查。从本质上讲，决策过程和管理过程就是反复进行社会调查的过程，离开了科学的社会调查，就无法做出科学的决策和管理。

正确地制定政策和执行政策，是科学决策和管理的具体体现，也是不断进行社会调查的过程。例如，建立和完善社会主义市场经济体制，实行多层次、全方位的对外开放等政策，就是我国在改革开放的实践中反复进行社会调查的结果。在实际社会生活中，社会调查在各级党政机关、企事业单位和社会团体的方针、政策制定过程中也起到了重要作用，并为这些组织检验现有方针、政策，使之更符合实际需要提供了有力依据。在执行政策的过程中也必须结合具体实际，进行深入的社会调查。如果不进行社会调查，不从实际出发，只满足于当"传声筒"，再好的政策也不可能得以正确执行和落实。

3. 有助于提高发现、分析和综合解决问题的能力

发现、分析和综合解决问题的能力是人们进行社会活动应当具备的重要素质。社会调查作为一种科学认识世界的实践活动，能够提高人们的这些能力。进行社会调查的前提是发现社会中存在的问题，这就需要调查者具备敏锐的洞察力，发现值得研究的问题，即具备发现问题的能力。在进行社会调查的过程中，调查者不仅需要具备社会调查的学科知识，了解与调查对象有关的基本知识，更需要全面而深刻地分析问题，认识事物的本质及规律，得出客观而正确的结论并提出指导实践的办法。在进行数据收集、分析时，调查者需要具备相应的统计分析能力。在撰写调查报告时，调查者除了需要具有基本的文字能力，也需要具有分析与综合解决问题的能力等。总之，

社会调查是培养现代社会所需的开拓型人才的重要途径，对促进社会发展具有重大意义。

02 第二节 社会调查的理论基础与基本原则

一、社会调查的理论基础

任何社会调查都离不开理论的指导。社会调查的基本理论包括社会调查的指导思想及社会调查的概念、原理和公式等。这些基本理论贯穿于社会调查的全过程。

社会调查的理论基础有两个，即哲学原理和具体科学原理。

（一）哲学原理

哲学原理是指从世界观和方法论的高度对社会调查予以指导，决定着社会调查的方向。17世纪以后，国外发展起来的具有现代意义的社会调查，曾先后出现了以人本主义、实证主义为理论基础的两种类型。

人本主义发端于欧洲文艺复兴时期，由意大利文豪但丁、薄伽丘等人提出，很快成为资产阶级革命的重要理论基础。建立在这种理论基础上的社会调查，强调人在社会活动中的核心地位，认为社会是由人构成的，任何社会现象都可以还原为人的活动，因此应从人的自然属性、个体行为和价值观出发来认识和解释社会现象。人本主义主张在微观层次上通过实地调查来直接了解具体的社会生活状况，而不追求对社会整体特征或规律的认知。

实证主义是由社会学鼻祖、法国著名哲学家孔德创立的，主张哲学就是现象研究，认为通过对客观现象的观察和归纳，就可以得到科学定律，发现事物的规律，因此反对通过理性去把握观察到的感性资料。建立在这种理论基础上的社会调查，主张了解、认识社会现象的目的是要说明社会的整体特征，强调调查者在收集社会事实时应坚持"价值中立"原则，避免理性因素对客观事实的干扰，纯粹用"实证的"事实即经验事实或经验现象得出社会整体特征或规律的结论。目前，国外流行的社会调查主要以实证主义为理论基础。

国内的社会调查在充分吸收人本主义、实证主义合理因素的基础上，强调以马克思主义辩证唯物论与历史唯物论作为社会调查的哲学原理。该理论主张社会现象及社会事物是人的社会性产物，社会调查不仅是对经验事实或经验现象的描述和记录，更是一种了解社会、认识社会和揭示社会发展规律的手段或工具，要为人们能动地改造客观世界和主观世界服务。

（二）具体科学原理

具体科学原理是指逻辑学、心理学、统计学和社会学等具体学科的相关科学原理。社会调查常用的一般概念、一般原理和公式等大多来自这些具体学科。这些具体学科的有机结合，形成了社会调查理论基础的重要组成部分。

二、社会调查的基本原则

社会调查必须遵循的基本原则包括客观性原则、科学性原则、系统性原则、理论与实践相结合原则、伦理道德原则。

（一）客观性原则

客观性原则是指在社会调查中必须以真实、准确地反映客观事实为宗旨，社会调查的各个步骤与各项工作都要排除调查者主观因素的干扰。正如马克思所说："我们想把我们的全部叙述都建立在事实的基础上，并且竭力做到只是概括地表明这些事实。"[①] 社会科学的研究不像自然科学那样容易找到衡量事物正误的统一标准。人们对统一事物的判断往往因价值标准不同而有所不同。不同的人可以选择不同的对象进行调查，甚至不同的人也可以选择同一对象进行调查，其结论也可能会是不同的甚至相反的。这种不同的结论有时很难区分对与错，只能说主观成分越少的社会调查得出的结论越客观，可信度也越高，指导实践的价值也就越大。所以，调查者应当从事实出发，坚持唯物主义实事求是的态度，避免从虚构的事实、抽象的定义和主观的愿望出发。在调查中，调查者应坚持"价值中立"原则，客观地观察，客观地研究，客观地得出结论。调查者要注意坚持独立思考，排除一切脱离实际的外来观念的干扰，以免出现对调查对象的歪曲。

具体来讲，调查者在社会调查中坚持客观性原则，应当做到：

第一，从具体情况出发。从宏观层次讲，社会调查要从我国的基本国情出发；从微观层次讲，社会调查要从个体的具体情况出发。"情况"是客观存在的，不会因人而异，要做到不"唯上"、不"唯书"、不"唯众"、不"唯己"，只"唯实"。调查者不能根据自己的好恶去看待社会现象，也不能根据自己的某种目的去调查社会现象，更不能捏造事实或者根据自己的某些想象来描述所谓的"事实"。

第二，事物是运动变化的，调查者应注意观察事物，认识事物的差别和变化，把

---

① 中共中央马克思恩格斯列宁斯大林著作编译局. 马克思恩格斯选集：第1卷.2版. 北京：人民出版社，1995.

握事物所处的具体时间、空间和其他条件，及时调整调查设计，在调查结论中将事物的发展变化反映出来。

第三，具体问题具体分析。调查者应当注意认识和研究社会现象的特殊性，针对不同的社会现象采取不同的形式来解决不同的问题，不能"一刀切"。

（二）科学性原则

科学性是指调查及其结论的实证性和逻辑性，而科学就是建立在系统的经验观察和正确的逻辑推理之上的。科学结论所依据的事实应当是全面的、具有内在逻辑联系的，而不应当是偶然的或个别的，所以要求社会调查必须借助各种自然科学和社会科学的相关研究成果建立起规律性的体系。这就需要调查者做到：不能凭空臆造调查成果，要用数据、资料说话；调查资料必须能够有效说明调查者所要表达的观点，而不能以局部的、零散的材料去说明整体情况；调查结论与调查资料之间要具有严密的逻辑性，要自然地从调查资料中推导出调查结论，而不能前后矛盾；客观事实只有一个，调查结论也应当是可信的、唯一的，即在特定的时间、空间对同一调查对象进行调查时，调查结论是相同的。

具体来讲，怎样才能将科学性原则贯彻到具体的社会调查中呢？这就需要调查者做到：

第一，如果社会调查的范围较大，调查对象的差异较大，又要对社会事实做出整体认知，调查者就必须采取普查或抽样调查的方法。如果采取抽样调查的方法，必须严格地按照科学性原则抽取样本。

第二，如果用个案材料来说明观点，要考虑个案材料在总体材料中的代表性，在对调查资料进行论证时，必须说明选择个案材料而不选择其他材料的原因。

第三，如果用数据资料来说明观点，要尽量采用定量研究，再结合定性研究，更好地探寻社会的整体特征或规律。

（三）系统性原则

系统是指由互相联系、互相作用的若干要素按一定方式组合而成的具有特定功能的有机整体。现代哲学的研究证明，系统性是任何事物存在的必然特性，但是它的形式在不同条件下又呈现出多种状态。人们在认识社会时要从系统的角度出发。社会调查在坚持客观性原则和科学性原则的基础上，也要适应社会现象的系统性特点，贯彻系统性原则。社会调查有着特定的内容及程序，从选择课题开始，继而设计研究方案、收集资料、整理与分析资料、解释调查结果及检验调查结论等一系列专项工作均须依序进行、有机结合，形成严密的整体。为此，需要注意以下几点：

第一，要研究系统的要素。系统是由要素组成的，离开了要素，系统就无从谈起。这是认识社会现象的基础与起点。

第二，要素在系统中不是杂乱无章地排列的，而是按照一定的排列方式组成的，即具有结构性。系统的性质与特征不仅受到要素性质的影响，要素之间的结构同样起着关键作用，同样的要素会因结构的不同而组成不同性质的系统。因此，在社会调查中认识要素之间的结构是十分重要的。

第三，要注重系统的整体性。除了要素及其结构，系统的总体联系、总体控制与总体协调也决定着系统的整体性与整体功能。在社会调查中，无论是考察调查对象的要素或要素之间的结构，还是调查对象的功能和内在机制，都不能抛开整体性这一基本点。从确定调查课题、选择调查方案、收集资料，到研究分析、得出结论，都不能脱离系统的整体性。

第四，要注重系统的外部环境。任何系统都不是孤立的、封闭的，而是与外部环境有着密切的联系，只有与外部环境不断进行物质、能量和信息的交换，才能保持自身的平衡与稳定。调查者既要了解系统的内部运行环节，也要探寻系统与外部环境之间的关系。

第五，事物是发展变化的，要把调查对象作为一个发展的动态过程来看，并且注意其层次性和顺序性，从事物发展的层次性和顺序性中认识社会现象的本质及发展规律。

（四）理论与实践相结合原则

社会调查的过程就是理论与实践相结合的过程，实践的需要提出了社会调查的任务，促使人们去进行社会调查，社会调查形成的理论又需要放到实践中去检验，并指导实践。只有理论与实践相结合的社会调查，才能真正达到发现事物本质、正确预测和提出对策的目的。

在社会调查中，理论与实践相结合是指在科学理论指导下对实践的认知，以及在此基础上进行的理论抽象过程。社会调查不是单纯的、割裂的实践或研究。在调查的过程中，诸如资料的收集、统计、分析过程都需要理论的指导，缺少了理论的指导，社会调查就会变得杂乱无序，没有意义；同样，缺少实践或经不起实践检验的理论只是僵死的、无生命力的教条，只能被束之高阁，毫无意义。

在社会调查中，坚持理论与实践相结合原则，必须防止只重现象和只重理论这两种倾向。有的社会调查拥有大量的数据和事例，但缺少分析，这就达不到发现事物本质的目的；有的社会调查没有足够的数据和事例支撑就妄作推测或轻下结论。这些都不是科学的社会调查。

此外，还要注意的是，理论与实践相结合不是在静态而是在动态中实现的。实践是一个不断进步、永无止境的过程，而理论也必须不断从实践中总结新经验，提炼新观点，开拓新境界。社会调查正是这样蓬勃发展，显示其旺盛生命力的。

(五) 伦理道德原则

伦理道德原则是社会调查中特有的非常重要的原则。伦理（ethics）常和道德（morality）通用。依据《韦氏新世界辞典》，伦理道德是指与特定职业或群体相一致的行为标准。社会中的任何一个职业都有其特有的、从业者必须遵循的伦理道德原则，社会调查也不例外。社会调查涉及调查者与调查对象之间的商谈与交往，有些调查课题本身就存在涉及人身性的问题，有时还会和其他社会活动的基本原则有冲突，而社会调查的伦理道德原则往往就是在这些矛盾中产生的。伦理道德原则的贯彻，不仅可以使调查对象的人格尊严得到尊重，还能使调查更加人性化，达到更好的调查效果。社会调查的伦理道德原则主要体现在以下几个方面：

1. 调查者与调查对象的关系

调查者与调查对象是社会调查中的两个主角，调查对象在两者关系中往往扮演被动角色，面对调查者已做好充分准备的调查，两者的关系是不平等的。在社会调查中，会涉及调查对象是否自愿接受调查，以及接受调查是否会受到伤害等问题。所以，社会调查要做到以下几点：

（1）调查对象自愿参与。社会调查经常要介入个人的生活，有时某些问题还会涉及调查对象的隐私，所以调查对象经常会拒绝参与。对此，调查者应尽可能从正面说服调查对象接受调查。有些调查者想出多种让调查对象不得不参与的办法，如某教师为获得某项统计数据，以完成调查问卷为条件发放自己所授课程的期末考试资料，致使学生不得不去完成调查问卷，这种做法虽然可以获得较为真实的数据材料，但有违调查对象自愿参与的伦理道德原则，应尽量避免。

（2）不能伤害调查对象。无论调查对象是否自愿参与社会调查，调查的过程、调查的结果都不能对他们造成伤害。在社会调查中，尊重调查对象的人格尊严是极为重要的。有些调查课题就是关于调查对象隐私方面的，如夫妻性生活方面的问题、个人婚外恋的经历等，调查者为了不伤害调查对象就要为其保守秘密，不公开调查结果。不仅如此，更重要的是在社会调查的过程中要体现出人性化关怀。例如，在进行访谈时，为避免调查对象回忆自己受到的伤害而引起不愉快的心理感受，调查者可采用迂回的方法，从其他问题入手，逐渐引导调查对象切入主题；在问卷调查中，多采用匿名制和自主答卷的方法等，力求将对调查对象的伤害彻底消除或降到最低程度。

2. 调查者的职业操守

调查者应当具备必要的职业操守，除具备高度的敬业精神以外，还需要具备高度的社会责任感，坚持理性、客观和实证的精神，掌握高超的调查技术，同时，还必须提高诚实、守信、关心他人和与人为善的道德修养。职业操守的训练是一个长期的过程，是一个从理论到实践的过程，是一个贯穿于调查过程始终的过程。调查者只有具备了高水准的职业操守，才能提高社会调查质量。

03　第三节　社会调查沿革

一、古代社会调查

从根本意义上说，自从有了人类，就有了社会调查。但作为人类的一种自觉的、专门的认识活动，社会调查萌芽于原始社会，在奴隶社会和封建社会逐渐成形并有了一定发展。

我国古代自奴隶制夏朝建立到清中叶，有大量关于社会调查的记载，如隋朝统一中国后曾"大索貌阅"，即详细检索全国人口数量，记录每个人的性别、年龄、体貌特征等，相当于一次人口普查。但是这些社会调查都十分原始，主要以适应统治阶级行政管理的需要为目的，未能形成科学、系统的社会调查理论和方法。

古埃及、古巴比伦、古印度和古罗马也进行过许多社会调查活动，但是直到奴隶社会的科学中心转移到古希腊之后，才逐渐产生了以认识社会为目的的社会调查方法。古希腊人的主要贡献是提出了分析的方法和逻辑的方法。这些方法被认为是现代社会调查方法的起源。

欧洲中世纪时期，英国的学者做了许多社会调查，撰写了一些调查报告。这些都对社会调查起到了开拓性的作用。例如，斯托用观察的方法进行社会调查，1598年写出了《伦敦调查》，书中描述了伦敦社区由中世纪向近代过渡的社会生活全貌。

古代社会调查虽经历了几千年的发展，但从总体上看都属于社会调查的初期阶段，是人类使用一些方法认识世界的开始。其特点是主要为统治阶级行政管理服务，没有自觉的认识和系统的理论做指导，调查方法原始、简单、直观，没有专门的调查机构和调查人员，在调查者与调查对象之间往往存在着对抗性矛盾。

二、近代社会调查

近代社会调查是指早期资本主义时代的社会调查。近代社会调查产生于资产阶级革命后的西欧，发展于19世纪末20世纪初的美国。

（一）近代西欧的社会调查

在18—19世纪的西欧，随着资本主义的确立和迅速发展，资本主义生产方式的固有矛盾日益暴露，社会问题层出不穷。许多学者和社会活动家为了寻找医治社会的良方，进行了大量社会调查，并在此基础上逐渐形成了具有系统化、学科化特点的近代社会调查方法。许多西方学者认为，近代社会调查起源于对资本主义"社会病态"的探讨。这个时期，自然科学和哲学社会科学的发展为社会调查带来了诸多理论与方法上的支持。特别是英国哲学家培根的经验论，法国启蒙思想家孟德斯鸠、卢梭等的社会政治观点，法国社会学家孔德的实证主义，德国思想家马克思、恩格斯的辩证唯物主义和历史唯物主义，更是为各个阶级、各个派别的社会调查提供了系统化、学科化的理论基础和指导思想。当时，逐渐形成的日益广阔的国际市场也使得人们有可能在世界范围内对某些社会现象进行广泛调查和对比研究。

近代社会调查开始于最先进入工业化社会的英国，在此产生了丰富的成果。其中较著名的有被马克思誉为"政治经济学之父"和"统计学的创始人"的配第。他在《政治算术》一书中提出，对任何社会现象都应用数字、重量和尺度来说明并加以比较，是最早运用定量方法分析社会经济状况的学者之一。恩格斯曾长期深入到工厂和工人居住区进行实地调查，从观察和交往中研究英国的无产阶级，最终编写了《英国工人阶级状况》一书。

法国的社会调查也发展较快。较著名的人物有曾长期担任法国财政大臣的柯尔柏。他当政期间，倡导和主持了一系列大规模的社会调查，如 1664 年的法国社会概况调查、1665 年的制造业调查以及不定期的人口状况调查。这些社会调查奠定了行政统计调查制度化的基础。法国著名社会学家迪尔凯姆创立的"研究假设—经验检验—理论结论"实证程序对调查方法的完善起到了很大作用。

18 世纪初，在英、法两国的带动下，行政统计调查走向制度化。1801 年，英、法两国都开始进行全国人口普查，英国还规定每十年就进行一次全国人口普查。同年，法国建立了国家统计局。之后，欧洲各国纷纷效仿，相继进行全国人口普查和建立行政统计机构。

此外，18 世纪下半叶 19 世纪初，英、法等国围绕贫民、童工、工资、住房、疾病、犯罪等社会问题进行过许多社会调查。影响较大的有法国社会经济学家黎伯莱进行的家庭调查、社会学家杜卡特列进行的关于妓女问题的调查等。这些调查对改良资本主义社会制度都曾起过一定的推动作用。

这一时期，法籍比利时著名社会统计学家凯特勒和英国社会学家布思对社会调查方法做出了重要贡献，他们被称为"经验社会学之父"。凯特勒是第一个将数理统计引入社会研究的学者，并对犯罪、自杀、婚姻等现象进行测量。布思对英国伦敦的市民生活和社会概况进行了长达 18 年的深入实地调查，出版了 17 卷本的《伦敦居民的生活和劳动》，从而成为社会调查的先驱者之一。在调查中，他综合运用了社会调查的各种方法，如参与观察、访谈、问卷、统计分组、图表制作等，这些方法对社会调查的发展具有重大影响。

与英、法两国相比，一向以重思辨著称的德国在近代社会调查方面开始得较晚，但也有突出的成果。例如，德国统计学家恩格尔在比较了法国的黎伯莱与凯特勒的研究之后提出了著名的"恩格尔定律"，即一个家庭的收入越少，总支出中用来购买食物的费用所占的比例就越大。根据"恩格尔定律"得出的系数为"恩格尔系数"，可用公式表示为：恩格尔系数＝食用支出额/消费总支出。恩格尔系数也沿用至今。德国著名社会学家韦伯曾对产业工人的心理和生理状况、劳动生产率及企业发展关系进行调查。这一调查虽因工厂工人拒绝合作而未能完成，但其方法论具有极大的学术意义。后来，韦伯将调查总结成《关于工业劳动的心理生理问题》一书，作为经验研究的方法论导论。19世纪，马克思为剖析和改造资本主义社会做了许多调查工作。他在《资本论》的写作过程中，收集了世界各国大量的统计资料、档案文件和文献资料，并出色地运用各种分析方法从事实资料中抽象出理论。德国的社会调查工作后来居上，对现代社会调查的发展具有极大的启发作用。

（二）近代美国的社会调查

美国一向保持着学术的经验性和实用性相结合的传统，因此在社会调查方面也保持着这种传统，并取得了显著的成果。美国不仅是首个将全国人口普查列入宪法的国家，而且规定了每十年一次，并在1790年付诸实际，开近代以来世界之先河。另外，美国还在20世纪初进行了两项全球闻名的大规模社会调查——匹兹堡调查和春田调查。

匹兹堡调查发生在1907年。当时，匹兹堡的钢铁业正在飞速发展，随之出现了一系列工业化进程必然带来的社会问题。因此，该调查针对工资、劳动立法、工人家庭生活及女性工人等问题进行了详细研究，后共编撰成六大册调查报告。这是美国第一次系统的大型社会调查。

春田调查发生在1914年。春田市是一个典型的美国城市。该调查是应当地居民的要求而展开的，旨在改善市内的公共事业。调查内容包括教育、工商业、市政管理、公共卫生、居住条件、娱乐场所、治安等。调查者针对调查结果提出了具体建议。结果不仅达到了改善公共事业的目的，而且在大范围的宣传中使群众对该市有了新的了解，促使他们更积极地参与城市的市政建设。

（三）近代中国的社会调查

19世纪末20世纪初，中国的社会调查也有所发展，时有成果问世。清政府在立宪运动后的几年间曾进行了全国性的国情调查，包括户口、财政、军事、商业、矿业、铁路、药品等各个专项调查，虽最终未竟其功，却也是借鉴西方先进文化的大有意义之举。此时影响较大的是来华的外籍官员、教师、传教士进行的各种调查，如英籍海关官员根据调查资料编撰了多期《十年报告》；美国传教士史密斯亲赴农村调查，出版了《中国农村生活》等。当时中国学术界的社会调查大多是在外籍学者的指导下进行的，如1917年美籍教授狄特莫指导清华学生对北京西郊居民生活进行的社会调查；美籍传教士甘博、燕京大学教授步济时等人仿照美国春田调查所做的《北京——一个社会的调查》；1918—1919年上海沪江大学美籍教授古尔普两次率领学生到广东省潮州市凤凰村进行调查，并著有《华南乡村生活》一书等。另外，以归国的日本留学生为主，在浙、皖、湘、鄂等省的一些地区做了一系列调查，对政治、经济、民情等均有涉及。

这一时期是西方社会调查的"输入"时期。此时，中国社会调查的特点是大多由外籍人士主持或参与，运用的都是西方的调查方法，调查报告往往用外文撰写并在国外发表。

相较于美国、日本，这一时期中国的社会调查无论是调查方法还是调查数量、质量都有较大的差距，但从中已能明显看出较先进的西方近代社会调查方法的影响。

总之，以欧美为代表的近代社会调查已突破了古代社会调查的原始性和局限性，形成了基本的具有学科化性质的社会调查方法，如观察调查法、访谈调查法和问卷调查法等，在社会生活中发挥了重大作用。近代社会调查的特点是为资产阶级服务，主要的社会调查方法是以实证主义为指导，重视事实的描述，而缺乏对社会现象本质及规律的探索，唯有马克思和恩格斯异军突起，开创了马克思主义哲学指导下的社会调查。

三、现代社会调查

从20世纪20年代开始，社会调查迈入了现代化的进程。迄今为止，现代社会调查的发展大致可以分为两个阶段：以20世纪中叶为界，之前是现代社会调查系统化、规范化和体系化的时期；之后是在信息社会的背景下，现代社会调查与计算机科学技术相结合，调查方法和技术急速发展更新的时期。

（一）现代西方的社会调查

1. 现代西方社会调查的形成

现代西方社会调查的形成与美国的社会调查实践密切相关。

20世纪初，在美国的社会问题中，移民问题和城市问题最为突出。芝加哥学派的社会学家托马斯、帕克等人就这些问题做出了具有开创性的研究。在移民问题的研究中，托马斯与美籍波兰学者兹南尼斯基选取了几百个样本，使用文献调查法和个案调查将移居美国的波兰农民与波兰本国的农民做了对照研究，并出版了《欧洲和美国的波兰农民》一书，该书被认为是个案调查的经典范例之一。芝加哥学派还在布思的影响下，借鉴人类学的方法，对城市的贫民、种族、区域特征等问题进行了实地研究，开创了"城市生态学"的研究领域。这种研究实际上是将人类学的社区研究运用到现代城市。

应经济、政治的需要，20世纪20—30年代的美国出现了大量的舆论调查和市场调查，这些新兴调查因竞争的激烈（产品竞争和候选人竞争等）而盛行。于是，一些专职调查机构应运而生，最著名的民意测验机构是1935年由美国数学家盖洛普创办的美国民意测验所。盖洛普创造了抽样调查方法，在进行民意调查时，采用分类抽样方法在全国抽取调查对象，然后通过当面交谈、电话访问、问卷调查等方式收集资料，经整理、汇总后予以公布。在1936—1976年美国11届总统选举前的民意测验中，美国民意测验所准确预测了9次。

民意测验由于询问的问题较少、内容集中，能较快反映民意，有较高的参考价值，因此第二次世界大战后在许多国家得到了迅速发展。

随着现代社会的演变，社会调查逐渐发展为五大类：①行政统计调查，主要涉及人口、资源等方面，服务于国家行政管理的调查。②社会问题调查，主要是发现社会中存在的各种问题并提出解决办法的调查。③民意调查，主要是对于民众舆论倾向的调查。④市场调查，主要是关于市场现状及发展趋势的调查。⑤研究性调查，专门为学术研究与政策研究服务的调查。这种专业的细分促进了社会调查的完善。

这一时期，社会调查技术在美国也有很大进步。我们今天常用的社会统计调查及变量关系分析法是同美国社会研究方法大师斯托弗及拉扎斯菲尔德分不开的。斯托弗研制的研究设计、抽样方法、问卷设计及分析逻辑等已成为目前被广泛应用的社会统计调查研究模式。拉扎斯菲尔德在斯托弗等人的研究基础上，提出了社会统计分析的"详析模型"。

总之，在20世纪中期，美国已形成了大量的专门调查机构，产生了大批种类多样的调查成果，发表了大量有关社会调查的著述，社会调查发展成为社会科学领域一门独立的学科。同时，现代西方社会调查的核心类型抽样调查问世，收集资料的最基本的方法如文献调查法、观察调查法、访谈调查法、问卷调查法和实验调查法等也都出现并被广泛应用，这标志着系统化、规范化的现代西方社会调查方法体系已基本形成。

2. 信息时代现代西方社会调查的发展

1946年，人类历史上第一台正式投入使用的电子数字计算机在美国横空出世，这是具有划时代意义的大事，拉开了信息时代的序幕，给人类社会的方方面面都带来了难以想象的巨大变化。现代西方社会调查也随之发生了许多根本性的变化。大规模的抽样调查、普查及各种复杂的统计分析都可以通过计算机的运用变得相对简便易行和更为快速、准确，追求用精准数据说明问题的定量研究开始盛行。与此同时，概率论和统计检验的引入，以及社会测量法、社会统计学、数理社会学的推广等，进一步丰富了社会调查的定量化内容。随着现代科学技术的迅猛发展，社会调查的工具和手段也日趋先进和多样化。录音、录像和通信等工具的综合运用，以及各种不断开发出来的计算机程序和软件，也大大提高了社会调查的效率和精确度。在计算机诞生后的20

多年里，可以说是社会调查数据化发展最为迅速的时期，定量研究逐步取代了定性研究的地位，成为社会调查的主流研究方法。

1969年，美国国防部高级研究计划署开发的阿帕网问世，标志着人类社会又一重大发明——互联网的诞生。在其后的20多年里，互联网从军界拓展到学术界再到商界，从此蓬勃发展。20世纪末，计算机和互联网已成为信息社会的核心，渗透到世界的各个角落，成为每个人生活中不可或缺的一部分。互联网作为一个全人类可以自由共享的超级巨大的服务平台，能够让人们以极低的成本随时获取海量的资料和信息，可以使人与人之间不受空间的限制进行即时和实时的信息交换和交流互动。这些特性给现代西方社会调查注入了新的活力，于是一种新的调查方法——网络调查法应运而生。该调查方法是以互联网为平台进行的调查，如在网上收集文献资料、在网上进行访谈、在网上发放和回收问卷、直接参与网上活动并进行观察、在网上模拟某种环境和条件进行实验等。同传统的调查方法相比，网络调查法具有应用范围广、调查样本量大且不受地域限制、调查便捷且快速、调查成本低的突出优点，尽管它在使用中也显现出调查过程难以控制和调查结果的准确性难以保证等缺陷，但仍然瑕不掩瑜，成为越来越多的调查者的选择。

进入21世纪后，信息技术以飞快的速度发展，社交网络、基于位置的服务（location based services，LBS）、自媒体、物联网、云计算等纷至沓来、如火如荼，随之产生海量的数据，从而催化了大数据时代的到来。大数据给现代西方社会调查的方式带来了巨大的冲击。由于大数据产生于社会的方方面面，无论是人类的生产和生存活动，还是信息系统本身，或是生活中的各类物品，只要有存在过的痕迹，就会形成数据，所以从理论上讲，大数据服务平台如果发展到终极形态，就能够存储几乎全部的基础信息数据，信息处理也会从样本扩展到总体。大数据调查可以说就是或者无限近似于普查，调查结果比抽样调查结果更准确、可靠。大数据是通过移动终端和网络终端即时地、自发地和不间断地产生并存储的，而不是人工专门收集或有意提供的，调查数据的客观真实性也非抽样调查可比。另外，大数据调查虽然无限近似于普查，但它不用对调查对象逐一调查、逐一记录，调查过程近乎省略，因为终极形态的大数据服务平台对社会已经实现了全覆盖、无死角的存储，有关调查对象的所有数据早已事先自动存储且可查，能够满足人们了解一切社会事物与社会现象的全部需要，只要使用一定工具，随时在大数据服务平台按需抓取即可。如此一来，大数据调查必将成为现代西方社会调查方法的主导。当然，目前现实社会中的大数据服务平台距离终极形态仍相差甚远，仅能满足人们某些方面的需要，但即便如此，大数据调查相较于其他调查方法已然显现出明显的优势。

近年来，许多发达国家、世界组织和著名企业等都在为建设理想的大数据服务平台而努力，产生了一批成果，如影响较大的有美国、英国、加拿大、挪威、俄罗斯、澳大利亚等国的政府数据开放平台；世界银行、国际货币基金组织等金融大数据平台，以及全球贸易大数据平台等；谷歌、微软、甲骨文等著名企业开发的数据平台，以及日本富士通的大数据交易市场等。这些大数据服务平台的功能和内容正在迅速拓展，展现了大数据调查的美好前景。

（二）现代中国的社会调查

在中国，科学意义上的社会调查直到20世纪初才开始发展。一方面是由于中国过去缺乏经验科学的传统，没有一种科学逻辑作为方法论，同时也不注重发展科学的方法与技术手段；另一方面是由于过去在政治上，统治者的保守、僵化，加之连年战乱和封建割据等因素，社会调查在中国始终未建立起成熟的体系。

20世纪20—30年代是中国社会调查发展最迅速的时期，出现了第一个由中国人独立主持的社会调查，即清华大学教授陈达带领学生对北平海淀居民和清华校工所做的生活状况调查。此后，学者们从了解中国国情入手，在社会、经济和政治等广泛领域进行了大量的社会调查。其中较为著名的有陈达的《社会调查的尝试》，李景汉的《北京郊外乡村家庭》及历时七年之久才完成的社区研究《定县社会概况调查》，陶孟和的《北平生活费用之分析》，严景耀的《中国的犯罪问题与社会变迁的关系》，吴文藻的《中国社区研究计划的商榷》，王同惠、费孝通的《花篮瑶社会组织的调查》，吴泽霖的《铲山黑苗生活调查》等。

这一时期有三位学者尤须着重提及，第一位是社会学家李景汉，他在调查中采用了实地调查与统计调查相结合的方法，使用了简单随机抽样与分类抽样，并亲自设计了314个统计表格，初步建立了中国农村调查的统计指标体系。他还将这些调查方法与经验概括于《实地社会调查方法》一书中，促进了20世纪30年代社会问题调查的广泛开展。

第二位是经济学家陈翰笙，他于1929年7月至1930年8月对无锡、广东和保定三个地区的农村社会经济进行了调查，这是该时期最大规模的社会调查研究。他出版了《封建社会的农村生产关系》《中国地主和农民》《帝国主义工业资本和中国农民》等著作，这些著作对全面和深入地了解中国农村社会起了很大的作用。

最后一位是社会学家费孝通，他对江苏省吴江县开弦弓村进行了深入的实地研究，并出版了著名的《江村经济》。该书详尽地描述了中国农民的消费、生产、分配和交易等体系，阐明了江村（开弦弓村的学名）这一经济体与特定地理环境以及社会结构的关系，该成果在国际上被誉为人类学发展史上的里程碑。

1931—1937年，南京中央政治学校组织学生利用实习的时间在浙、鄂、皖、鲁和沪等地进行了一次国情调查，调查内容涉及行政、财税、工商、统计、金融、司法和市政等方面，形成了鸿篇巨制——《中央政治学校调查报告》，该调查报告共计490册，具有极高的民国史研究价值。

中国社会调查迅速发展的一个标志是建立了专门的社会调查机构，其中影响较大的是陶孟和、李景汉主持的北京社会调查所，陈翰笙主持的南京社会科学研究所社会学组和陈达主持的清华大学国情普查研究所等。

国民政府各个机构也根据各自的职责组织实施了许多全国性的行业调查和专项调查，如农业调查、工业调查、商业调查、教育调查、司法调查和物价调查等。

抗日战争前夕，中国的社会调查已发展得相当可观。据统计，当时全国平均每年完成的调查课题近千项。但从抗日战争开始到中华人民共和国成立前夕，由于战乱频仍，社会调查的数量和规模大大缩减，仅有个别地区（如西南地区）的个别项目面世。

20世纪20年代以来，中国共产党人在革命实践的过程中，对中国社会调查事业的发展做出了重大贡献。毛泽东本人就是社会调查的身体力行者，他的"没有调查就没有发言权""实事求是""走群众路线"等观点，以及他所总结和倡导的"深入实际""召开座谈会""解剖麻雀""典型调查"等工作方法对中国社会调查的普及起了很大的推动作用。同时，毛泽东还撰写了《中国社会各阶级的分析》《湖南农民运动考察报告》《寻乌调查》《长冈乡调查》等调查报告，以及《调查工作》（又名《反对本本主义》）、《实践论》《关于农村调查》等理论性文章。在他的倡导下，中国共产党人在20世纪40年代对陕北地区进行了大规模的社会调查，撰写了《绥德、米脂土地问题初步研究》《米脂县杨家沟调查》等大批调查报告。这些调查为认识中国社会、制定革命政策奠定了基础。

中华人民共和国成立以后，中国社会调查事业的一个重要进展是建立了全国性的行政统计机构，从而大大提高了基本国情国力调查的能力，为国家的行政管理和经济建设提供了翔实的数据资料。另外，中国各个领域、各条战线的政策性调查得到了广泛开展，各项政策和规章制度的出台一般都要经过事先的调查。

不过，20世纪80年代以前，由于受极"左"思潮的影响，我国高等院校的社会学专业和科研机构的社会学研究曾被长期取缔，以致与其相辅相成的社会调查无论是在原理的探讨方面还是在新方法、新技术的使用方面，都一度远远落后于西方发达国家，学术性调查值得一提的只是少数成果。例如，费孝通对江村经济的追踪调查，即对1935年调查过的江村重新进行实地考察，为了解中国农村社会的历史演变提供了宝贵资料。此外，民族学、教育学和经济学等领域的一些调查也取得了一定成果。

党的十一届三中全会以后，中国走上了改革开放的光明大道。1979年3月30日，邓小平作出指示：社会学要补课。从此，我国恢复了社会学的教学与科研，开创了社会调查的新局面。在此后短短的二十几年中，中国出版了数十部有关社会调查的专著和译著，世界上先进的社会调查理论、方法和技术被引进，并在国内得到了广泛应用。

改革开放以来，国家统计部门和各级党政领导机关组织了多次大规模的社会调查，如全国规模的平反冤假错案调查、农业生产责任制调查、第三次到第七次全国人口普查（分别在1982年、1990年、2000年、2010年和2020年进行）、三次全国农业普查（分别在1997年、2006年和2016年进行）、四次全国经济普查（分别在2004年、2008

年、2013年和2018年进行)、三次全国土地调查(分别在1987年、2009年和2017年进行)、第二次和第三次全国工业普查(分别在1986年和1996年进行)、全国水利普查、全国城镇房屋普查、全国残疾人抽样调查、全国第三产业普查、经济体制改革调查、社会主义精神文明建设调查和中国农民工调查等。

在此期间,中国学术界也开展了大量重要的社会调查项目。例如,北京大学中国社会科学调查中心主持的中国家庭追踪调查,中国人民大学社会学系与香港科技大学调查研究中心合作主持的中国综合社会调查,著名社会学家费孝通主持的小城镇调查,丁伟志、陆学艺和何秉孟主持的中国百县(市、区)经济社会调查,李银河主持的关于婚姻、家庭和同性恋的调查,潘绥铭、刘达临主持的关于中国当代性观念、性行为和性文化的调查等,这些调查在国内外产生了很大的影响。

此外,全国各地还涌现出了越来越多专业化的民营调查机构,这些民营调查机构大多从事市场调查,也有少数从事民意调查。20世纪末,中国市场调查企业已有近1 000家,总营业额约120亿元,其中规模较大的约50家,大多集中在北京、上海和广州。到2018年,中国市场调查企业已发展到数千家,总营业额高达187.1亿元,占全球总营业额的5%左右。

互联网在中国实现全功能接入是在1994年,虽然互联网进入中国市场的时间相对较晚,但发展速度非常快。据2021年8月中国互联网络信息中心发布的第48次《中国互联网络发展状况统计报告》,截至2021年6月,中国网民规模已达10.11亿人,互联网普及率达71.6%,形成了全球最为庞大的数字社会,移动网络的用户更是稳居世界第一,中国俨然已成为互联网强国。与此相适应,网络调查也很快流行起来。到2018年,全国大部分市场调查企业都使用网络调查法收集数据,只有近15%的企业从未使用过网络调查法。同时,来自政府部门、媒体、企业、学校和科研机构的各种各样的民意调查已源源不断地充斥于网络终端。

近年来,中国紧跟时代步伐,积极开展大数据的建设与应用。相关政府部门发布了《促进大数据发展行动纲要》等一系列文件,将大数据纳入创新驱动、发展转型的国家战略之中。自2014年开始,中国陆续开建了贵州省、京津冀、珠江三角洲、上海市、河南省、重庆市、沈阳市、内蒙古八大国家大数据综合试验区。同时,互联网著名企业、高科技巨头和一些专门机构也都竞相依托自身的信息技术与数据资源优势,倾力打造各种大数据中心。在此基础上,利用大数据进行社会调查也初露端倪。例如,京东宣称可以在15分钟内送货上门,就是基于政府部门对客户消费习惯大数据的分析和预测。又如,厦门警方通过大数据精准研判,抓到了潜逃23年、背负7条人命的罪犯劳荣枝;国务院第三次全国土地调查领导小组办公室于2018年印发的《第三次全国土地调查总体方案》中,明确提出了"充分运用大数据、云计算和互联网等新技术,建立土地调查数据库""基于大数据技术开展土地调查成果多元服务与专项分析"等。

总之,现代中国的社会调查同现代西方的社会调查相比,虽然起步较晚,稍显落后，但是譬如积薪、后来居上。从目前趋势来看，我们坚信中国一定会在不久的将来跻身世界先进行列。

本章小结

思 考 题

1. 国内外学者对社会调查概念的界定有何不同？
2. 社会调查的任务与作用是什么？
3. 阐述社会调查的理论基础。
4. 社会调查有哪些基本特征？
5. 社会调查有哪些基本原则？
6. 简述现代西方社会调查的形成。

第二章 社会调查基础知识

本章提要

本章重点阐释了社会调查的主体与客体，介绍了社会调查的基本类型、基本方法，说明了社会调查的基本程序。这些内容都是社会调查重要的基础知识。

学习要求

1. 了解：调查者、调查对象及调查单位的概念；区群谬误与简约论的概念；社会调查的基本方法。

2. 掌握：调查对象及调查单位的类型；普查、抽样调查和个案调查；社会调查的基本程序。

进行社会调查，首先需要了解社会调查基础知识，即社会调查的主客体、基本类型、基本方法和基本程序等。

01 第一节 调查者、调查对象及调查单位

一、调查者、调查对象及调查单位的概念

在社会调查中，实施调查的一方通常称为调查者，是社会调查的主体，表明"由谁调查"。根据一项社会调查的目的和要求，调查者既可以是个人，也可以是团队、组织或机构，一般包括项目的策划者、组织者、领导者与执行者等不同职责的成员。

调查对象则是指社会调查中接受调查的一方，是社会调查的客体，表明"向谁调查"。顾名思义，社会调查面对的是现实社会，所以调查对象就是接受调查的某一或某些社会现象与社会事物。

社会调查的目的、范围和内容决定了如何选择具体的调查对象。有些社会调查相对简单，调查对象就只是单一的个体，如通过实地观察了解某学校的环境卫生状况，该学校即唯一的调查对象。有些社会调查的内容虽不复杂，但涉及面较广，需要以某一类众多个体集成的群体为调查对象，如某大学在校生恋爱观调查，该校的全部大学生即调查对象。至于那些内容复杂、牵扯较多的社会调查，需要来自多个渠道的信息才能获得完整、真实和准确的调查结果，所以调查对象一般都是多元的，往往既有个体又有群体，而且不止一种。例如，调查某居民小区的治安状况，需要收集小区的相关文献资料，实地观察并感受小区的治安环境、设施条件，对居民开展问卷调查和访谈，向居委会、物业公司、街道办事处和派出所等机构咨询、了解小区有关情况。在此案例中，居民小区、小区居民和派出所等就是几个并存的调查对象。应当强调的是，现代社会的大多数现象和事物错综复杂，因此就大多数调查而言，均需要根据调查目的、范围、内容乃至调查方法等确定多元的、恰当的调查对象。

调查单位通常也称为分析单位，是指社会调查中调查对象的基本单位，以及对调查资料进行分析研究的基本单位。有些学者把调查对象和调查单位看作总体与个体的关系，这种观点看似正确，其实不够准确、全面。不可否认，有许多社会调查将其调查对象定义为由众多基本单位（个体）集成的总体概念，然而在实际调查时却分别面对一个个基本单位，调查结果也是将多个个体的状况、特征聚集起来，以说明调查对象的整体状况、特征。例如，前述某大学在校生恋爱观调查，调查对象即该校的全部大学生，这是一个总体概念，具体实践时则要通过调查大学生个体才能完成，大学生

个体即调查单位。但是，也有不少社会调查的调查对象就是单一个体，调查单位也是个体概念，调查对象和调查单位自然就不存在总体与个体的关系。例如，前述通过实地观察了解某学校的环境卫生状况，调查对象是该学校，调查单位也是单个社会组织。还有一些不止一个或一种调查对象的较为复杂的社会调查，这类社会调查的调查单位也有多个或多种。例如，前述某居民小区治安状况调查，就存在几组不同的调查对象与调查单位，其中既有总体与个体的类型（小区居民与居民个人），又有同为个体的类型（居民小区与社区个体，或者派出所与组织个体）。因此，在不同的社会调查中，调查单位的呈现方式也可能是不同的，既有可能和调查对象属于同一个体，也有可能和调查对象属于个体与总体的关系，还有可能既有属于个体者，也有属于总体者。总之，调查者应当根据调查目的和调查对象的复杂程度来选择调查单位。

二、调查对象及调查单位的类型

总体来说，社会中的一切具体事物、具体现象都能作为调查对象，同时也能作为调查单位。这些调查对象及调查单位大致可归纳为个人、群体、社会组织、社区和社会产物五类。

（一）个人

个人是社会的主体，是社会中最基本的因素，也是社会调查中最常用的调查单位。

个人具有自然属性和社会属性。从自然属性来讲，个人是独立且能够自我实现新陈代谢的生命实体；从社会属性来讲，个人是社会中的一员，要接受既定的社会和社会关系的影响、教化或训练，个人的思想意识和行为方式也会影响社会。以个人为调查对象的社会调查的着眼点一般并不停留在个人自身层面上，而是基于个人特征来描述、解释和说明与个人行为密切相关的各种社会现象。

个人生活在社会中，其社会属性的形成是一种社会化的过程，也就是在特定的社会和文化环境中，学习和适应社会文化和行为模式的过程。影响个人社会化的因素是多方面的，包括社会文化、家庭、学校、社会地位、同乡、朋友、职业、单位和传播媒介等，社会调查也十分注重从这些因素入手，研究个人社会化问题。例如，在调查青少年犯罪问题时，最重要的是了解、分析各种社会因素对青少年罪犯的影响。

除了要研究个人社会化问题，社会调查还要分析个人的社会地位和社会角色。个人的社会地位是指由其社会关系确定的在社会结构中的位置；个人的社会角色是指围绕其社会地位而形成的权利义务关系和行为模式。社会地位和社会角色构成了个人在不同社会环境、不同社会制度或不同文化中的具体特征，如学生、干部、家庭妇女、教师和企业家等，每个人都有区别于他人的不同特征。社会调查以个人为调查单位时，要注意这些个人特征，并探寻这些特征与社会经济、政治和文化等方方面面的关系。

(二) 群体

在社会中，个人总是生活在一定的人群共同体之中的，这就组成了各种群体。群体是指基于某些共同特征、某些共同活动及某些特定原因而形成的具有一定稳定性的人类集合体。群体包括家庭、阶级、阶层、民族、儿童、教师、军人、街坊邻里和非正式组织等。其中，家庭、阶级、阶层、民族和非正式组织是社会调查中需要特别注意的群体。

1. 家庭

家庭是人类社会中最基本的群体单位，也是社会调查中涉及较多的调查对象与调查单位。家庭以血缘、感情为纽带联结而成，与社会生活形成网络状的多方面联系，通过家庭可以了解许多社会现象，特别是涉及妇女、儿童和老人等方面的各种问题，均须以家庭为主要调查对象。社会调查还注重探寻家庭职能变化与社会的相互关系，注重研究血缘关系、亲情关系在社会中的表现和作用等。

2. 阶级、阶层

人类社会自进入阶级社会之后，阶级和阶层就一直是社会中的焦点问题。所谓阶级，是指一些大的集团，它们在一定社会生产体系中所处的地位不同，在社会劳动组织中所起的作用不同，因而领得自己所分配的那份社会财富的方式和多寡也不同。所谓阶层，是指人们由于职业、经济地位和社会地位的差别而分成的若干层次。阶层是不断变化的，尤其是社会处于急剧变革时，人们所属的阶层变动就越大。需要强调的是，当调查者以阶级和阶层的视角对某一特定的社会群体进行调查时，调查对象与调查单位的研究方法与一般社会群体有所区别。

阶级和阶层不仅与每一个社会成员的生活直接相关，而且对社会结构、社会性质和社会变迁等具有决定作用。各个阶级和阶层由于利益、欲望、态度和价值观的差异，对社会进程的影响和作用也不尽相同。对阶级和阶层问题进行调查具有极大的实践意义。例如，我国建立社会主义制度之后，社会结构发生了根本性的变化，剥削阶级已经被消灭，但是工人阶级和农民阶级依然存在，三大差别也依然存在，各个阶层、阶级的地位差别和不同利益要求依然存在，因此，通过社会调查了解和认识各个阶级、阶层的现状，对于建立社会的合理结构、在实践中协调各方利益，以及调动各方建设社会主义现代化的积极性、主动性、创造性等，都具有极其重要的作用。

3. 民族

世界上许多国家都是多民族的国家。各民族大多具有自己特定的生产方式、生活方式和文化习俗，民族可以说是具有特殊性质的社会群体。社会调查把民族作为重要的调查对象，了解他们的生产方式、生活方式和文化习俗等，包括该民族的语言、文字、风俗、习惯、心理素质和行为方式等，对于探寻本国各民族和睦相处、协调发展的道路，具有非常重大的意义。我国有 55 个少数民族，由于历史原因，这些民族大多聚集在边远地区，他们往往在经济、政治和文化方面相对落后。我国的民族政策以加速发展少数民族地区的经济和文化事业，实现共同繁荣、共同发展为目标。加强对少数民族的社会调查，有利于少数民族政策的具体落实，从而促进统一的多民族的国家的发展。

4. 非正式组织

非正式组织是指以感情为媒介发展起来的自然形成的无形组织。其产生多基于共同的社会背景、利益、爱好和观点等，如同乡群、朋友圈、同学群、微信群、驴友和票友等。非正式组织是一种在社会各方面普遍存在的初级群体，群体成员往往思想统一、行动一致，因而其在社会组织内和社会环境中都会产生特别的影响。现代管理理论很重视非正式组织对社会的影响和作用，所以社会调查也把非正式组织作为重要的调查对象之一。

应当注意的是，对群体的社会调查往往需要与对个人的社会调查相结合，将众多个人的形象、特征综合起来加以描述与解释，抽象出群体的形象、特征。

（三）社会组织

社会组织是一种高级的社会结构形式和复杂的社会单位，是指人们为了实现特定的目标，通过直接、间接的联系，按照一定原则、一定程序而集结成的正式的社会共同体。经济、政治和文化等方面的社会组织构成了现实的社会主体，这不仅是社会发展和健全的重要保障，也是社会发展水平的重要标志。社会组织的具体形式纷繁，如工厂、商店、银行、政党、国家、军队、政府、学校、剧团、报社、电视台和医院等，而且随着社会的发展还在不断增多。无论哪种形式的社会组织，都可以作为调查对象及调查单位。

社会组织一般具有以下共同特征：①具有固定的目标。②具有更为复杂的社会关系。这种社会关系既有横向联系，又有纵向联系，并且有权力和职位层次、职能分工、结构和组织形式等。③具有更为严格的规范。社会组织不是靠约定俗成或道德修养来维系的，而是靠法律、法规、政策、纪律、规章、制度和原则等来规范。④具有更稳定的结构。基于这些特征形成的社会组织，一般不会轻易解体。

社会组织作为重要的社会现象，其形成、发展和完善具有一定的社会历史背景。社会组织的存在和运行，与社会经济、政治和文化的发展有着重要的关系。这些都是社会调查的重要内容。

（四）社区

社区是指由居住在一定地域内的人们所组成的社会共同体。社区的具体内容、具体形式千差万别，一般主要分为两大类：一类是农村社区，即乡村；另一类是城市社区，如镇、市、街道和居民区等。农村社区以农业为基础，规模较小，结构相对简单。

城市社区则以工商服务业为基础，规模较大，结构相对复杂。无论哪种社区，都应具有人口、自然环境、文化、基础设施和相应的群体组织系统，它的基础条件和结构能全面满足人们的各种需要。社区是一个基层社会，或者说是一个社会的缩影。

社会调查把社区作为调查对象，通常需要对社区进行全面的、区域性的调查。不仅需要对社区的构成要素、社区的特点和功能、社区的历史与变化、社区的地位，以及社区的发展趋势等方面进行研究，而且要研究社区居民的人口规模、生活状况、交往状况、文化活动和行为规范等，在此基础上确定社区的具体目标、发展策略和具体政策等。社区内容的丰富性决定了社会调查往往具有多个或多种调查对象及调查单位，基层社区的调查研究还可以进一步拓展和上升到更大区域的研究，以促进全社会的协调发展。

（五）社会产物

社会产物主要是指社会行为、社会关系、社会制度、社会政策和社会产品等。社会产物虽然都是人类活动的结果，却无法划归到上述四类调查对象及调查单位中，因为对社会产物进行调查的着眼点不是个人、群体、社会组织和社区，而是社会产物本身。例如，以武装冲突、局部战争、全面战争和世界大战为调查对象，了解其发生原因、特征、性质和过程；以政治制度、经济制度和文化制度为调查对象，了解其结构、作用与变迁；以国际关系、区域关系、行业关系和公共关系为调查对象，了解其历史、现状和发展趋势；以自杀、犯罪、考试、罢工、游行、交通事故等社会行为为调查对象，了解其发生原因、规模、方式和影响等；以电影、书籍、报刊、广告、服装、建筑物、交通工具和基础设施等社会产品为调查对象，了解其形式、内容、特征、地位和影响。

需要指出的是，上述五类调查对象及调查单位，只是为调查者提供了一个可选择的大概范围和线索。实际上，这五类之中的每一类都包含着极为丰富的内容，可以细分出许多更具体的调查对象及调查单位。所以，当一项社会调查的课题确定后，调查者往往还需要析毫剖厘、顺藤摸瓜，这样才能够从中选择出最为适当的调查对象及调查单位。

三、区群谬误与简约论

在选择调查单位时，我们必须避免两种常见的错误，即区群谬误与简约论。

区群谬误也称为层次谬误、生态谬误、体系错误或系统错误，是指在社会调查中，调查者用一种调查单位做资料收集与分析，却用另一种不同类别的或者层次较低的、集群较小的调查单位甚至个体做结论。换句话说，就是将不同类别的调查单位相混淆，或者将群体的状态、特征直接生搬硬套于所属个人。例如，统计资料显示城市老旧社区的犯罪率比高档社区高，由此得出老旧社区居民的犯罪率比高档社区居民犯罪率高的结论，这就形成了区群谬误。因为统计资料是以社区为调查单位进行收集的，得出的结论只能是社区的相关特征，而不能是社区居民（调查单位是个人）的特征。两种社区的犯罪率不同，很可能与保安人员及基础设施是否齐备密切相关，反而与居民的关系不大。如果想得出居民与犯罪率之间关系的结论，就必须以居民为调查单位。

简约论也称为简化论、还原论，其表现形式与区群谬误正好相反，是指用个体调查单位做资料收集与分析，却用集群乃至总体调查单位做结论，也就是以偏概全，以个别直接说明一般。例如，通过调查得知一户中国农民家庭（调查单位为个人）生活困难，便得出中国农民（调查单位为群体）尚未脱贫的结论，这就犯了简约论的错误。

总之，区群谬误与简约论都会导致调查结果的讹谬。因此，在社会调查中，调查者一定要注意调查单位要自始至终保持一致，也就是说，在收集资料、分析资料时采用的调查单位与最后得出结论时采用的调查单位必须是同一个。

02 第二节 社会调查的基本类型

根据不同的标准，社会调查可以分为不同的类型。例如，按照调查对象的范围，可分为全面调查（普查）与非全面调查（抽样调查、个案调查）；按照调查目的与作用，可分为描述性调查和解释性调查；按照调查时间，可分为横剖调查与纵贯调查；按照调查空间，可分为区域性调查、全国性调查与国际性调查；按照调查层次，可分为宏观调查与微观调查；按照调查性质，可分为定性调查与定量调查；按照调查方式，可分为直接调查与间接调查；按照调查领域，可分为经济调查、工业调查、农业调查、人口调查和娱乐业调查。此处不一一列举。一般来说，同一个调查项目，可以冠以多个不同类型的称谓，如中国人口普查，也可称为人口调查、描述性调查、宏观调查和全国性调查等。至于在多个称谓中做何选择，则视调查者的需要而定。

在社会调查的基本类型中，最常用的是普查、抽样调查和个案调查。

一、普查

普查是普遍调查的简称，是指对构成调查对象总体的所有个体无一遗漏地逐个进行的调查，目的是了解某一时期一定范围内的某一或某些社会现象的总体情况。普查属于宏观调查，调查对象规模大、范围广，一般覆盖较多区域、领域和行业，如全国人口普查、全国农业普查、三峡库区移民普查和某省脱贫户普查等。普查既可用于定性研究，也可用于定量研究。

普查分为一次性普查和周期性普查。一次性普查是指不定期且在一定时间内集中完成全部过程的普查，如中国音乐研究所（现为中国艺术研究院音乐研究所）于1960年对湖南民间音乐进行的普查。周期性普查则是指每隔一定时期进行一次的普查，如我国目前每隔10年进行一次的全国人口普查和全国农业普查，每隔5年进行一次的全国经济普查等。

普查的方法主要有以下三种：

第一，填写报表，即由普查部门制定统计报表，各级相关部门根据掌握的资料进行填报，如我国2018年开展的第四次全国经济普查，就是通过填报国家统计局制定下发的全国经济普查报表而进行的。

第二，直接登记，即成立专门的普查机构，由该机构制定调查表、组织调查者，对调查对象总体中的个体逐一面对面进行登记，如我国开展的第一次全国人口普查到第六次全国人口普查采用的就是这种方法。

第三，电子化登记，即不再依靠人工填报、登记等方式，而是依托互联网、云计算和大数据等信息技术完成调查资料的收集工作。该方法是近年来出现的新方法，我国在2020年第七次全国人口普查中首次应用电子化登记方法。在普查中，普查员使用电子设备采集信息时，首先，登录基础数据系统，由普查对象通过互联网自主填报信息，数据就能实时、及时上报给普查部门；其次，普查部门利用行政大数据对所获数据进行比对、核查；最后，利用云计算完成数据的处理工作。目前，尽管电子化登记方法还不能完全取代前述两种传统的普查方法，但显然已是今后发展的方向。

普查具有以下几个突出的特点：

第一，调查结果较为全面和准确。普查是对调查对象总体所包含的全部个体进行的无一遗漏的调查，且涉及范围广、规模大，所以相比其他类型的调查，普查收集的资料无疑是最全面和最精确的，由此得出的调查结论也能够全面、准确地说明调查对象总体的基本情况。

第二，工作量大、组织管理复杂、耗时、耗力、耗财和耗物。例如，第六次全国人口普查自2008年初启动筹备工作，直到2011年4月基本结束，历时3年多，从中央到地方成立了专门普查机构，仅普查员和普查指导员就达千万人，财政专项经费80亿元（该费用还不包括普查员中抽调人员的工资、补助等）。

第三，调查内容和调查深度有限。在同等条件下，调查对象的规模越小、调查单位的数量越少，所了解的内容就可能越多、越深入；相反，调查对象的规模越大、调查单位的数量越多，所了解的内容就可能越少、越浅显。普查的对象恰恰规模特大、单位数量特多，所以调查项目也不可能太多，了解到的信息也不可能太多、太深入，一般只能收集调查对象最基本的情况。例如，我国1953年进行的第一次全国人口普查只有本户地址、姓名、性别、年龄、民族、与户主关系六个项目；2020年第七次全国人口普查也只有姓名、居民身份证号码、性别、年龄、民族、受教育程度、行业、职业、迁移流动、婚姻生育、死亡和住房情况等。

普查的上述特点决定了其主要用于对国情、国力最基本情况的调查，通常都是在国家有关部门的组织和领导下进行的，一般的个人和组织无法采用这种调查类型。

二、抽样调查

抽样调查是非全面调查的一种，是指从调查对象的总体中，按照一定方式选出一部分个体作为样本，通过对样本的调查来推论总体状况，即用部分反映整体。例如，对全国大学生的恋爱观进行调查，由于客观条件所限，不可能对全国每一名大学生都进行调查，调查者只需要从全国的大学生中随机抽取或主观选取一部分人进行调查即可。

抽样调查开始于20世纪初，是由抽样方法、问卷调查方法和统计分析方法相结合而形成的调查类型，其中抽样是抽样调查的第一步工作，也是核心工作，比较复杂，一般要在社会调查的准备阶段专门实施。关于抽样的类型及实施办法，我们将在本书第五章专门论述。

与普查相比，抽样调查具有以下优点：

第一，时间、人力、物力和财力消耗较少。抽样调查的样本远远少于普查的样本，相应地工作量也就较小，投入的各种成本也相对较少，如每年一次的全国人口变动情况抽样调查，调查项目与普查基本相同，而工作时间只有一个月左右，人员和经费也比普查少很多。

第二，应用范围广泛。普查一般属于宏观调查，而且局限在统计部门和政府部门；而抽样调查的适用范围基本没有限制，可用于各个领域、各个层次的各种问题，任何人或组织都可以灵活、方便地随意运用。特别是某些不适用普查的调查对象，如许多物化的社会产品易损易耗，接触后就会失去原有的形态和功能，不可能对其逐一查验，而抽样调查就可以解决这一问题；调查电视机的质量，只需要随机抽取一部分进行检测，即可推论电视机的总体情况。

第三，调查效率高。抽样调查可以在相对较短的时间内迅速获得数据资料，较快地分析资料并得出调查结论，其在把握时机、及时掌握调查对象最新状况方面远胜普查。抽样调查虽然只是调查部分而非全部，似乎没有普查准确性高，但通过科学选取样本、科学收集资料和科学统计分析，完全可以将抽样误差控制在允许的范围内，保证调查结果的准确、可靠，真实反映调查对象的总体情况。

第四，调查内容较为丰富、深入。抽样调查的样本一般控制在足以说明问题且尽可能小的规模范围内，所以相应地在调查项目上可以设计得多一些、面广一些和层次深一些；调查内容不仅是一些基本信息，还可以涉及人们的行为、态度和意见等，资料分析也可以更加全面、深入。

抽样调查的上述优点，使之成为现代社会调查中最主要和最流行的调查类型。在社会研究领域，无论是定性研究还是定量研究都非常倚重抽样调查。

三、个案调查

个案一词源于医学和心理学研究领域，即具体的一份病例和案例。医学中的个案研究是指对病例中的案主进行详尽的临床检查，判明病理、分析病因，并提出治疗方案。社会调查中的个案调查，是指从总体中选取个别个体进行深入、细致的调查，调查目的不是描述大量样本或总体的特征，而是仅仅了解个体的特征。个案即个别的社会现象，既可以是个人，也可以是单个的群体、组织、社区、行为和物品等。进行个案调查时，主要采用访谈调查法、观察调查法等方法。

个案调查同普查与抽样调查相比，具有明显的优点：

第一，调查内容更加丰富、深入。由于个案调查只有个别调查对象，调查者与调查对象可以进行反复、深入的接触，能够对调查对象的历史、现状、社会背景、文化背景和社会关系等进行综合的、多方面的和分层次的了解，能够得到比抽样调查还要丰富、生动和细化的资料。个案调查特别适用于对社会现象、人物问题和个别问题的深入研究。例如，著名社会学家费孝通以江苏省吴江县开弦弓村为调查对象，自1936年至2002年26次前往开弦弓村，深入了解该村农民的家庭、财产与继承、亲属关系、生产、土地占有和贸易等多方面的情况，出版了举世闻名的《江村经济》，这就是个案调查的典范。

第二，简便易行。个案调查通常不需要普查和抽样调查那样的专门机构、严密组织和众多调查者，调查前期也无须进行抽样等准备工作，收集资料、整理资料和分析资料的过程也相对简单，是最容易操作的调查类型。

第三，具有快捷性、及时性。个案调查不需要太多的前期准备工作，就可以进入调查情境，迅速接触调查对象，因此它在社会调查中非常重要。特别是社会上许多具有较强时效性的现象、事物或突发事件，如果需要即刻或尽快反映其情况，显然不能采用普查和抽样调查方式，只有个案调查可以做到不失时机或抢占先机，如大众传媒对于各种社会热点和突发事件的新闻调查，就是个案调查的体现。

个案调查也具有一定的缺点：

第一，只能用于定性研究，而不能用于定量研究，因为个别或少量数据不能说明任何问题。

第二，个案调查的结果即使能够得出定性结论，也只能说明个案本身是什么、怎么样、为什么等，不能直接以之推论总体。因为个体中虽然含有总体成分，但究竟哪些成分属于总体，哪些成分属于个体特有，仅凭对个体的了解是不能得出正确结论的。总体的特征是通过扬弃许多个体的不同点和抽象许多个体的共同点才能综合而成的，因此要想说明总体的特征，必须对较多个案进行调查，这样一来就无异于抽样调查了。

长期以来，我国一直使用一种特有的调查方式，并赋予它一个专属称谓，即典型调查。它是在事物的总体中有意识地选择一个或几个具有代表性的单位，进行深入、细致的调查，以认识调查对象的总体状况。毛泽东形象地称其为"解剖麻雀"。人们通过对先进典型的调查研究，说明事物的前进方向和发展规律；通过对中间典型的调查研究，反映事物的普遍特征；通过对落后典型的调查研究，指出事物的缺陷，总结其中的教训。许多学者很推崇典型调查，认为其是通过个别认识一般的行之有效的方式，并将其作为与普查、抽样调查和个案调查齐头并进的、独立的重要调查类型，这实际上曲解了典型调查的作用，抬高了典型调查的地位。典型调查从实施过程和方法来看，与个案调查并无二致，两者的区别仅在于选择调查对象的前提和调查目的不同，个案调查对调查对象一般没有特别要求，而典型调查则要求调查对象必须是典型，即事物总体中最具代表性的个体；个案调查的目的仅在于描述和解释调查对象自身，而典型调查则是通过个体认识总体。通过对比这两点，不难看出存在的一个悖论，只有对调查对象总体有了相当透彻的认识，才能确切知道构成总体的所有个体中哪个最具代表性，换句话说，正是先有了对总体的认识，才可能进行典型调查，而不是相反。因此，所谓通过典型调查去认识总体，无疑是倒因为果、自相矛盾。既然这一点不成立，那么典型调查存在的意义和价值就大打折扣，如果非要追究其特殊之处，那就是能够给已为人所知的总体特征提供佐证，即为已知的总体特征举个具体例子。显然仅凭此，典型调查不足以与普查、抽样调查和个案调查相提并论，所以，我们认为，应将其定位为个案调查的一种特殊形式。

03 第三节 社会调查的基本方法与基本程序

一、社会调查的基本方法

广义的社会调查方法，是指实施一次社会调查需要运用的所有操作方法，涉及社会调查的全部过程和各个环节、各个方面，如调查课题的确定方法，明确调查研究具体目的、对象、内容和类型的方法，调查研究方案的设计方法、抽样方法和各种资料收集方法，调查资料的整理方法、分析方法，撰写调查报告的方法等。

狭义的社会调查方法，是指各种具体的资料收集方法，人们通常所说的调查方法即这些方法。狭义的社会调查方法是社会调查方法的核心内容，按照收集资料的形式，可将其大致分为两类：一类是直接调查方法，即调查者与调查对象面对面直接接触进行调查的方法，主要包括访谈调查法，即通过与调查对象交谈来收集资料；观察调查法，即通过观察调查对象来收集资料；实验调查法，即通过对调查对象进行实验来收集资料。另一类是间接调查方法，主要包括文献调查法，即通过查阅文献来收集关于调查对象的资料；问卷调查法，即主要通过发放和回收由调查对象填答的问卷来收集资料；网络调查法，即依托网络对调查对象进行调查来收集资料；大数据调查法，即利用大数据来收集关于调查对象的资料。

当然，上述分类只是就操作的主要形式而言，实际上直接与间接并不是绝对的。例如，访谈通常是采取面对面的直接形式，但有时也可通过电话、网络进行，这样就成了间接调查方法；调查者通过问卷向调查对象了解情况属于间接调查方法，但如果调查对象是文盲或特殊残障人士，就需要调查者执卷当面问询并代填，这样就会成为直接调查方法。

各种资料收集方法的操作程序不同、特点不同，分别适用于不同的社会调查。如访谈调查法、观察调查法适于定性研究；问卷调查法、实验调查法适于定量研究，也可用于定性研究；文献调查法则适于定性研究和定量研究。不过，在实际调查中对这些调查方法的使用，通常以一种为主，兼采其他调查方法。例如，抽样调查一般以问卷调查法为主，同时辅以文献调查法、访谈调查法和观察调查法等；而新兴的网络调查法可综合运用各种传统的资料收集方法。

二、社会调查的基本程序

社会调查作为一种科学而系统的活动，具有符合人类认识与思维规律、逻辑清晰和结构严整的特定程序。一般而言，社会调查可以分为四个阶段，即准备阶段、调查阶段、分析阶段与总结阶段。

（一）准备阶段

准备阶段，也称为设计阶段，主要包括选择课题、进行探索性研究、设计调查方案、抽取样本、编制综合指标和其他具体准备等。

选择课题是社会调查的第一步，是整个调查活动的起点，决定了整个活动的方向与目标，直接影响着社会调查的质量。其基本要求是依据社会实践的需要和主客观条件，从大量的社会现象、社会事物中恰当地选择出具有社会价值、现实意义和可操作性的课题。

进行探索性研究是围绕已选课题进行的初步探索，主要任务是明确调查目的、调查对象、调查单位、调查范围、调查内容、调查类型及资料收集方法。

调查方案是具体实施调查的计划书。设计调查方案是指将已明确的调查对象、调查单位、调查范围、调查内容、调查类型及资料收集方法等进行统筹安排，并书面记录下来，编制成册，作为调查工作的指南。关于选题、探索性研究和设计调查方案的具体内容，将在第三章予以介绍。

抽取样本是抽样调查的第一步，是比较复杂的专项工作，一般在社会调查的准备阶段完成。调查者要根据需要确定样本的规模、类型，并运用相应的技术、方法，抽取出样本作为调查对象。关于抽样的具体内容，将在第五章予以介绍。

编制综合指标是在准备阶段专项进行的又一重要工作，主要任务就是把调查内容细化、梳理成具体的测量指标体系，具体做法是运用社会测量方法与技术，对调查内容所包含的概念进行操作化，使之成为可测量的、具体的社会指标。关于这部分内容，将在第四章予以介绍。

其他具体准备是指在社会调查准备阶段需要落实的人、财、物等，如调查机构的成立、调查人员的选用和培训、经费的落实、设备和工具的准备等。

好的开始是成功的一半。准备阶段的工作做得深入、扎实，不仅可以保证社会调查的质量，而且可以避免人力、物力、财力和时间的浪费，因此必须高度重视准备阶段的工作，并认真完成。

（二）调查阶段

调查阶段是社会调查方案的具体贯彻执行阶段，其主要任务是按照调查方案中确立的调查计划、调查方式及调查方法进行资料的收集。不同调查方法的调查过程不同，调查结果也会因客观条件的不同而产生较大差异，因此调查者需要注意以下几点：①要注意协调与调查单位的关系，尽量减少对调查单位的影响，并争取得到调查单位的支持与配合。②要注意与调查对象的关系，在调查对象自愿参加的基础上，以不会对调查对象造成伤害为前提，充分尊重调查对象的隐私，尽可能取得调查对象的信任，获得真实、可靠的第一手资料。③要认真做好观察、访问的记录，把握问题的脉络，及时整理收集的资料，并做到边收集边审核边分类，使其更具系统化。

由于事物的复杂性和现实社会的变化，调查设计往往与社会现实存在着差距，这就需要调查者发挥灵活性与主动性，根据实际情况及时修正调查方案。调查阶段是人力、物力投入最多的阶段，也是遇到实际问题最多的阶段，应加强对调查工作的管理与安排工作，争取以最少的人力、物力和最短的时间获得最大的成效。

（三）分析阶段

分析阶段也称为研究阶段，是指在实地调查完成后，调查者对收集到的资料进行整理和分析的过程。正如棉花被采摘后要经过多道加工程序，才能转换成服装一样，社会调查所收集的资料只有经过必要的加工和处理，才能成为最终的、科学的结论。

对所收集资料的整理，主要是对文字资料、数据资料进行去粗取精、去伪存真的审核，从而保证资料的有效性；对资料进行汇总、分类（分组）、汇编或制作统计图表，使之条理化、系统化，为分析研究做准备。对于资料的分析，主要是指运用一定的原理和方法，解析调查资料所反映的社会现象的性质或者数量关系，并进一步做出理论分析与概括，探讨事物的本质和发展规律，得出调查结论。分析阶段是社会调查由感性认识到理性认识的过程，其结果应能解答实际中的问题，为实践提供理论依据。

（四）总结阶段

总结阶段是社会调查的最后阶段，该阶段的主要任务是总结调查工作、评估调查结果和撰写调查报告。总结调查工作，包括总结此次工作的优缺点、经验教训，为以后的调查工作提供正反两方面的指导。评估调查结果，不仅要从学术层面来评估，还要分析社会调查的社会价值。从学术层面来看，应当论述社会调查所收集的资料，数据分析使用的方法、理论观点，并做出客观的评价；从社会价值层面来看，要以调查结论对实际工作的指导作用为核心，对社会调查结论的采用率、转引率做出客观的评估。撰写调查报告是指以文字、图表等形式系统、集中和规范地反映调查情况，体现出社会调查的结果，即对社会生活中的某一理论问题或应用问题表明认识、进行解答和提出对策等。除了特大型的社会调查，一般社会调查不进行专门的总结工作，撰写并提交调查报告即总结。

社会调查的四个阶段是由实践到认识，再由认识到实践的全过程。这四个阶段既符合客观事物的发展规律，又符合人们的认识规律，是一个严密的整体，缺一不可。

本章小结

思考题

1. 社会调查的主客体是什么？
2. 调查对象及调查单位的类型有哪些？
3. 社会调查按照调查对象的范围可以划分为哪几种类型？各有何种功能、特点？
4. 简述社会调查的基本方法。
5. 简述社会调查的基本程序。

02
第二编

前期准备

第三章 调查课题选择与调查方案设计

本章提要

本章主要说明如何选择社会调查课题，选择调查课题后如何进行探索性研究以及如何制订社会调查方案等，这些问题都是社会调查前期准备阶段必须进行的重要工作。

学习要求

1. 了解：社会调查方案设计应注意的问题；社会调查方案的可行性研究。

2. 掌握：社会调查课题选择的理论意义、实用价值和可行性；探索性研究的目的与方法；社会调查方案的主要内容。

在社会调查前期准备阶段，首先要选择社会调查课题，其次要进行探索性研究，最后要在此基础上制订社会调查方案。这些工作在社会调查中具有重要意义。

01 第一节 社会调查课题的选择

课题的选择是社会调查的出发点，决定着社会调查的目标和方向。好的选题，是社会调查成功的首要条件。爱因斯坦说："提出一个问题，往往比解决一个问题更重要。因为解决问题也许仅是数学或者是实际上的技能而已。而提出新的问题、新的可能性，从新的角度去看旧的问题，却需要有创造性的想象力，而且标志着科学的真正进步。"[①]

社会调查课题的产生，或由上级部门指定，或由委托单位提出，或由调查者根据兴趣自选，但无论出自何方，都必须根据理论和实际的需要及可行性而定。

一、理论意义

从理论角度看，社会调查课题应促进当前理论和科学的发展，最好是学科核心领域的前沿性专题和公认的重大理论问题。学科基础研究、发展研究和应用研究的新课题、热门课题、空白课题及有争议的疑难问题等，也都具有一定的理论意义和研究价值。其中要特别注意提出创造性、启发性和独特性的新思想。具体来说，我们可以从以下几个角度来考虑：提出新的创造性理论；重新验证已被证明的理论的正确性；对某一理论做补充论证；证明某一理论的新的适用性；质疑、否定或部分否定原有理论；对社会实践进行理论上的总结和解答等。

二、实用价值

社会调查不可能也不应该脱离社会实践，必须以现实社会生活为素材和活动空间。因此，社会调查课题要紧密结合社会发展的客观需要，解决社会实际问题，对社会实践具有较大的促进作用，对社会可持续发展产生一定影响。诸如制定政策，了解事物的基本状况、存在的问题及发展趋势，制订规划和计划，对工作进行总结和评价等，都可以作为社会调查的课题。

[①] 爱因斯坦，英费尔德. 物理学的进化. 周肇威，译. 上海：上海科学技术出版社，1962：66.

社会调查课题最好与当前社会发展和变化中出现的重大问题或社会热点相关，即重点考虑时代要求解决的实际问题。例如，随着我国经济和文化体制改革的深入，许多新的社会问题不断出现，这就要求社会调查课题具有前瞻性或敏感性，能够增加人们对现实世界的认识，帮助人们了解、熟悉、理解和掌握不断变化的各种新现象、新问题及其发展规律。这样的社会调查课题不仅具有较大的实用价值，而且容易得到人们的支持和有关机构的重视。但切忌盲目追求社会热点，避免以那些社会上炒得很热，却没有任何理论价值和实用价值的问题作为社会调查的切入点和视角。

有些社会问题虽然不是现实问题，却能适应当前人们的某种迫切需求，也是有实用价值的社会调查课题，如许多关于历史问题的调查，能够满足某种政治或科研的需求，也可作为社会调查的课题。

三、可行性

可行性是社会调查课题成立的关键。即使看上去有实用价值的社会调查课题，如果不具有可行性，也不能作为社会调查的课题。

如何判断一个社会调查课题是否具有可行性呢？

第一，要选择社会调查可以解答的课题。例如，"住房应选择多大的面积？"这样的问题涉及主观的价值判断，无法对其进行客观检验，也就无法通过社会调查来解答，就不能作为社会调查课题。

第二，要根据调查者的主客观条件来选题。在客观条件方面，应考虑一些问题能否得到比较可靠的保证，如调查对象的选择、调查经费和物资的供给、时间协调、资料提供、人员配合和调查对象协作等；能否获得社会与有关部门的重视和支持；调查的范围和内容是否适当等。在主观条件方面，应考虑调查力量是否足够；考虑调查者的生活经历、社会资源、知识结构、理论水平、研究经验、组织能力、精力、兴趣、时间、想象力、创造力、献身精神等各个方面的条件。总之，调查课题应根据调查者的现实力量、各方面条件的成熟程度、社会配合程度和社会环境等因素来确定。对于理论基础和实践经验都有所欠缺的调查者来说，社会调查课题的选择应与调查者的生活环境、社会阅历和所学专业等相符，以便调查者能够恰如其分地发挥作用。

在选择社会调查课题时，要争取获得有关专家的指导，尽量使课题向专家及其所在单位的优势和强项靠拢，以便在学术积累、研究成果、文献资料、研究方法等方面为调查者提供更好的条件。选择社会调查课题最好从简单、具体开始，以小见大、小题深做，再逐步扩大和深入课题的内容。

第二节 探索性研究

完成了社会调查课题的选择后，就明确了社会调查的基本方向。除此之外，还有许多问题需要认真考虑，如课题是否确定无疑，课题包括哪些内容，应该怎样收集课题相关资料，需要做什么具体准备等。围绕这些问题，调查者通常需要进行前期的初步研究，即探索性研究。

一、探索性研究的目的

进行探索性研究主要是为了解决以下问题：

第一，最终确定社会调查课题，即对所选课题进行最后的评估，确定该选题是否恰当，如果存在问题应该如何调整。

第二，明确社会调查的目的，即明确社会调查的主旨是要对调查对象进行客观描述，还是解释和探索调查对象的本质及规律，或是对调查对象做出预测和提出对策等。

第三，明确调查对象和调查单位，即对调查对象和调查单位进行最后的确认。一般来说，社会调查课题针对的是某种社会现象或社会事物，调查对象已有基本指向，在探索性研究中，需要对此进行最后的确认，特别是究竟选择哪个调查单位，这需要根据调查内容仔细斟酌。例如，关于农民工生活状况的调查，调查对象无疑是城市里外来务工的农民群体，但农民工的种类颇多，究竟要调查哪个行业的农民工，是以农民工个人还是以农民工家庭为调查单位，这些问题都需要认真考量后确定。

第四，明确社会调查的内容，即把社会调查课题具体化。一个社会调查课题所反映的社会现象或社会事物的属性和特征，通常都会体现在若干方面、若干层次和若干要素上，实际上这些就是该调查的大致内容，在探索性研究中需要对此条分缕析，明确该调查的具体内容。以调查对象是个人为例，个人的特性大致概括为三个方面，即状态、取向和行为，其中状态是指年龄、性别、身高、体重、出生地、婚姻状况、文化程度、职业、收入、智商和情商等；取向是一种主观因素，如态度、观念、信仰、动机、偏好、成见、个性等，还可以被具体表述成政治思想激进或保守、迷信或科学、男权主义或女权主义等；行为是一种外显因素，包括可以直接观察到的各种社会行为和社会活动，如升学、就业、转换职业、参政、参军、结婚和离婚等。对个人进行社会调查时就要从上述特性中选择与课题有关的方面和内容，并通过专门方法（主要是指测量方法，具体操作内容比较复杂，我们将在第四章专门介绍）将其编制成一系列具体指标，作为调查问卷的基础。

第五，提出假设，即在进行社会调查前先提出假定设想或说明。假设的全称是研究假设或研究假说，是指对社会现象的性质、规律及社会现象之间的关系所做的未经实践检验的假定设想或说明。描述性调查不必提出假设。解释性、预测性和对策性调查则需要提出假设，并通过调查对其证实或者证伪。在选择课题时调查者对假设就有了大致构想，通过探索性研究将其明晰化。

假设的陈述方式大致分为三种，第一种是函数式，即 $y=f(x)$，y 是 x 的函数，若 x 发生变化，则 y 也随之发生变化，反之亦然。自然科学中经常使用这种形式。第二种是条件式，即"如果 A，则 B"，说明 A 和 B 是相关关系或者是因果关系，如"如果不学习，素质就不会提高"。第三种是差异式，即"A 和 B 有（无）差异"，如"干部和教师平均收入无差异"。社会调查中多使用第二种和第三种陈述方式，又以陈述社会现象和社会事物之间的因果关系或相关关系最为常见，如对农民工生活状况进行调查，调查者设想农民工生活比较困难，是因为工资太低，这就是一个因果关系的假设，至于该假设是否成立，有待于通过调查来检验。

第六，确定社会调查的范围、类型和方法，即根据社会调查目的、内容及可行性，确定调查所需的时间、空间范围及调查对象的规模；确定调查类型是普查，还是抽样调查、个案调查；资料收集方法是哪一种或哪几种。

二、探索性研究的方法

探索性研究的方法主要有以下三种：

（一）查阅文献

探索性研究中运用最多的方法就是查阅文献。因为其最为便利，且文献可以提供丰富的相关资料，对调查者有很大帮助。从原则上说，查阅的文献越广泛越好，特别要注意与调查课题有关的已有论述。这样做是因为：

第一，通过浏览与调查对象相关的历史、文化、经济、政治、社会和自然环境等方面的背景资料，可以从中筛选大量有价值的信息，这样有利于制订详细、周密的设计方案并方便日后的调查分析。

第二，可以广泛了解相关理论观点、研究方法和设计方案，便于借鉴其中有用的成分，避免发生谬误。

第三，将调查建立在前人成果的基础上，不但能够保证起点高，还能够避免盲目和重复的调查内容，有利于选择新的调查角度和手段，填补原有研究的空白，纠正其中的不足。

（二）咨询

文献记录的是业已发生的现象，属于过去的知识，而社会中正在发生和变化的"活事实"来不及记载。为此，需要向正在体验现实生活的时代见证人进行咨询。

咨询对象的范围要尽可能广，应包括与调查课题相关的研究人员、政府部门的工作人员、所调查地区的主管人员和掌握第一手资料的当事人。例如，要调查大学毕业生的就业状况，可询问教育部门专家、人力资源部门工作人员、研究该问题的学者、政策研究人员、学校主管学生就业的领导及老师等，甚至还可询问报道大学生就业问题的记者等。咨询对象的社会地位、知识结构、生活经历、思维方式、观察视角和价值取向往往不同。咨询对象提供的意见都很宝贵，他们往往能够给出具体的建议，帮助调查者掌握调查课题的背景和现状，确定调查对象、调查内容和调查范围。

（三）实地考察

到现场直接接触调查对象，亲自体验和观察，增加感性认识，发现调查中可能遇到的问题，对于确定调查的具体内容和选择调查的方式很有作用。例如，在进行女员工问题研究的大规模问卷调查之前，调查者应到工厂观察女员工的生活环境和工作环境，创造机会与女员工交谈，争取多开一些座谈会，以了解女员工的不同想法。

在实际工作中，上述三种方法往往交叉使用，而以查阅文献最为重要和常用。这些工作进行得越深入、细致，后续的社会调查工作就越顺利。在社会调查中，探索性研究绝不是可有可无的。如同建造楼房必须打好基础一样，探索性研究就是社会调查的基础。只有做好这项工作，才能保证社会调查的质量。

第三节 制订社会调查方案

通过探索性研究，基本掌握有关问题之后，调查者就可以着手制订社会调查方案。社会调查方案是关于社会调查的具体程序、操作方式及必要条件的详细规划，相当于一项建筑工程的设计图和施工图，其重要性不言而喻。

一、社会调查方案的主要内容

社会调查方案包括以下主要内容：

（一）调查课题及目的

在调查课题方面，方案要说明调查课题的名称、产生过程以及意义。

在调查目的方面，方案要具体说明调查是解决什么问题、侧重于理论性研究还是应用性研究，以及调查属于描述性调查还是解释性、预测性、对策性调查。

（二）调查的基本内容和基本假设

方案要说明调查的基本项目和基本指标。如果是解释性、预测性、对策性调查，还需要进一步说明调查的假设是什么。

（三）调查对象、调查单位和调查规模

方案要说明调查对象是什么，调查单位有哪些，调查规模有多大。

（四）调查类型和方法

方案要说明选取哪种调查类型（个案调查、抽样调查或者普查）。如果采用抽样调查，需要有抽样方案，并说明样本规模、结构及抽样方法。

方案要说明采用哪种调查方法（收集资料）。如果综合采用多种方法，则需要说明何为主、何为辅。

方案要说明资料整理、分析的主要方法。

（五）调查地点、时间与步骤安排

方案要说明调查在什么地方进行，范围有多大。

方案要说明调查的总体期限，并排出具体的进度表，标明调查中每一个具体步骤所需的时间。

（六）组织领导与人员安排

方案要确定社会调查的组织形式。一般根据调查内容和调查范围，可选用调查委员会、领导小组、办公室和课题组等不同组织形式。必要时，还可在其下细分具体的部门或小组。

方案要明确调查的领导和工作人员。凡是涉及多学科或多部门的调查，应该有相关学科的专家和相关部门的领导参加，以保证调查的科学性和顺利进行。

方案要有对调查人员的培训计划，其中包括培训目的、培训内容、培训方法和模拟调查训练等。有时，还需要编制指导手册。

（七）经费预算和物质保证

从国家层面的大型调查到自费的小型调查，调查方案都应提供经费预算。在经费

预算方面，须详列各项费用的用途，如调研人员差旅费、交通费、加班费、协作人员劳务费、办公用品费、器材购置或租赁费、场地租赁费和问卷印刷费等，并且要计算出具体数目。经费使用要遵循一定的制度。大型调查的现金出纳，应指派专人负责并予以监督。

社会调查方案还要明确所需的物质保证，主要包括调查工具、技术设备及资料整理与分析设备，如交通工具、录音及录像设备、实验仪器和计算机等。

一般情况下，只要把上述七项内容一一落实、逐条列出，就可形成最终的社会调查方案。

需要说明的是，尽管所有社会调查方案都应该涵盖以上内容，但往往调查者公布或下发的实施方案会略有不同，主要不同之处是对人、财、物的安排不做详细说明。

以下是社会调查方案示例：

2021年浙江省城市文明建设满意度调查方案

一、调查目的

深入了解和把握当前城市居民对本地城市文明建设工作的意见及建议，反映城市文明建设工作的成效和不足，为各地党委政府做好城市文明建设工作提供决策参考依据。

二、调查内容

调查内容包括居民对公益广告宣传影响力、社会风尚礼仪、公共场所环境、市场环境、小区环境、安全感、文明交通行为、志愿服务、文明旅游行为和公共服务10个方面进行满意度评价。

三、调查对象及范围

调查对象为18~65周岁的城市居民（居住6个月以上）。调查范围为全省11个设区市和20个县。

四、调查方法

采用抽样调查方法进行，根据调查样本量计算所需调查的社区数量，采用住户规模比例法抽选社区。调查者采用面对面入户访问形式进行现场调查，不得采用拦截方式访问。调查者进入调查对象的住处，根据随机抽选原则选出一名家庭成员作为调查对象，介绍调查目的、保密原则、答卷方法、答卷要求及注意事项，根据调查对象的意见在问卷上记录，审核无误后结束调查。

五、组织方式

调查由国家统计局浙江调查总队独立负责实施。国家统计局浙江调查总队主要负责调查方案制订、调查者培训、现场调查、数据审核、数据录入汇总处理和撰写调查报告等工作，以保证调查数据的质量。

六、数据发布

调查结果提供给浙江省精神文明建设委员会办公室使用。

资料来源：国家统计局．2021 年浙江省城市文明建设满意度调查方案公开主要内容．（2021 - 11 - 10）［2022 - 03 - 04］．http：//www.stats.gov.cn/tjfw/dftjxmgl/dftjdczd/zj/202111/t20211110_1824335.html．引用时有修改。

广播电视大学远程开放教育毕业生追踪调查实施方案

二、社会调查方案设计应注意的问题

（一）实用性

社会调查方案必须全面考虑课题的需要和调查人员的主客观条件，一切从实际出发，做到切实可行。例如，调查者数量、调查时间和调查经费很大程度上决定着调查对象的数量、调查范围。只有调查者多、调查时间长、经费充足，才有条件多调查一些对象，扩大调查范围；反之就应该减少调查对象的数量、缩小调查范围。复杂的、难度较大的社会调查在选择调查者时，必须以综合素质强、理论水平和专业水平高、有一定社会调查实践经验的人作为骨干，否则社会调查方案就难以落实。

（二）系统性

社会调查方案一定要完整、严密，对调查的所有环节、具体步骤及具体办法都不能遗漏，而且要充分考虑它们之间相互联系和相互衔接的问题，做到环环相扣、浑然一体。

（三）时效性

在瞬息万变的现代社会中，所有的调查都应有很强的时效性。尤其是应用性研究课题，往往具有前瞻性才能体现其社会价值，如果情况已经发生重大变化，其价值就将大打折扣。当然，并不是说调查周期越短越好，有些基础性研究课题需要持久、深入和反复的调查才能得出有力的结论。但是，所有的社会调查都应有时间观念和讲求效率，这是一个重要原则。

（四）经济性

为避免浪费资源，节约人力、物力、财力和时间，社会调查方案的设计应该以

"必需和够用"为原则，力求以最小的成本投入获得最大的收益产出。例如，能通过文献资料解决的问题，就不用现场调查；能用小样本抽样调查满足需要的，就不用大样本调查；能就地取材的就不舍近求远等。

（五）弹性

任何社会调查方案都是事前设计好的，与客观现实可能存在一定的距离。所以，设计社会调查方案时，对可能出现的困难和问题都应尽可能有所预计，并提出相应的解决办法。即便如此，有些问题也难以避免，因此应该为各项工作预留调整的空间。这种弹性有助于现实的操作。对一些重大、复杂的调查课题，往往还需要设计出若干备选方案，以便随着形势的变化及时调整。

三、社会调查方案的可行性研究

社会调查方案出台后，应对其可行性进行分析研究。

可行性研究主要是指运用社会调查的原理，依照社会调查的逻辑，从方法的技术性角度对已经完成的社会调查方案整体和每个细节的可靠性、有效性加以评估，并通过反复衡量加以修正，使之更加完善，以利于实施。否则，一旦将不完善的社会调查方案投入到实际调查中，就可能会导致不理想的结果，甚至导致调查失败。

可行性研究不是对社会调查方案设计的简单补充，因为调查方案设计所关注的问题是怎样去实施调查，而可行性研究关注的则是方案设计是怎样产生的，其设计是否合理、有效。

可行性研究的常用方法大致有三种：

第一种为逻辑分析，即用理论的逻辑方法检验调查方案设计的可行性，主要适用于对假设和指标的检验，对其他方面的作用有限。

第二种为经验判断，即用以往人们的实践经验来判断调查方案设计的可行性。由于社会生活不断变化，人们往往只能通过以往的经验来判断自己比较熟悉的事物和现象，而每个人的阅历又总是有限的，所以这种方法有一定的局限性。

第三种为试调查，即通过小规模的实地调查来检验调查方案设计的可行性，并根据试调查的结果修正和完善原有的方案。该方法是对调查方案设计进行可行性研究最基本的方法，尤其在大型的社会调查实施之前，试调查必不可少。

试调查的主要目的是检验社会调查方案的可行性，而不是收集资料或其他信息，这一点要特别明确。在试调查中还需要注意以下问题：

第一，社会调查方案的设计者应亲自参加试调查，并选择有经验的调查者作为骨干，以利于及时发现设计中存在的问题，积累和总结实际经验。同时，也要选择若干缺乏经验的调查者参加试调查，以便发现此类人员在调查过程中可能发生的种种问题，并通过后期的培训加以解决。

第二，选取的调查对象要兼顾各种类型，但数量不宜太多，应选择代表性较强的调查对象。

第三，试调查是一种试验，可以灵活机动地采用多种调查方法，从中寻找出最佳方法，并根据实际情况对原调查方案进行修改和调整。

第四，在比较复杂的调查课题中，往往有不同的调查方案可供选择，也有多个试点单位可供比较。在试调查中，多个方案可以同时进行，进行多点对比，也可以交叉采用不同方案进行对比。

第五，试调查基本结束后，要认真分析和总结试调查结果，逐一评价优缺点，并据此修改和完善原调查方案，使其真正成为切实可行的行动指南。

当然，在现实社会生活中，往往计划赶不上变化，当调查真正进入运行阶段时，调查者也许还会发现调查方案不完全符合实际或者难以实施的地方，这就需要继续修改或调整方案，并做出新的评估。

本章小结

思 考 题

1. 应当怎样选择社会调查课题？
2. 简述探索性研究的目的和方法。
3. 试自定题目，制订一个社会调查方案。
4. 社会调查方案设计应注意哪些问题？
5. 如何进行社会调查方案的可行性研究？

第四章 测量与调查指标体系的构建

本章提要

本章主要介绍了测量的概念与层次以及测量层次的选择，重点阐述了如何通过概念的形成、界定以及测量指标的选择，构建测量指标体系，并说明了测量指标体系建成后，如何检验测量的信度和效度等问题。

学习要求

1. 了解：选择测量层次需注意的问题；影响测量信度和效度的因素。
2. 掌握：测量的概念及测量层次；概念的形成、界定以及测量指标的选择；构建测量指标体系；信度和效度的概念、检验方法及相互关系。

在社会调查的准备阶段，调查者需要将调查内容构建成具体化、可测量的综合指标，从而为后期的调查问卷设计与资料收集提供必要的前提条件。目前，这项工作一般都是运用社会测量的方法，通过操作化来完成的。

第一节　测量与测量层次

一、测量的概念

测量原本是指对物体的位置、温度、速度和功能等物理量的测定，是自然科学领域最基础的应用方法之一。1934年，美国心理学莫雷诺将其引入心理学领域，创造了社会测量法，主要用于研究社会团体内成员之间的人际关系及相互作用的模式。20世纪中期以后，随着现代社会调查朝精确化、定量化的方向发展，社会测量法逐渐进入社会调查领域，并演化为适用于所有社会现象或社会事物的重要方法。

社会调查中的测量是指运用一定的工具，根据一定的规则，将社会现象或社会事物的属性和特征用数字或符号表现出来的过程，也就是说，测量是对社会现象或社会事物进行量化即数据化描述的过程。例如，就人们对流行歌曲的兴趣程度进行定量研究调查，调查时可以这样操作：按照兴趣大小分别赋予数字1～5，兴趣最大者赋予5，兴趣最小者赋予1，中间者按程度不同分别赋予2、3、4，然后据此设计调查问卷（或调查量表）来进行测量并统计结果。

测量有四个要件：①测量工具，主要指调查问卷（或调查量表）；②测量规则，主要指测量所依据的标准和规定；③测量对象，主要指社会现象的属性与特征；④测量数值，主要指赋予测量结果的数字或符号。其中，确定测量规则是测量中最基本的工作，也是难度较大的工作。可直接观察到的、具体概念的测量规则比较简单易为，而一些抽象概念的测量规则就比较复杂难定，需要反复斟酌。因此，有效的测量规则必须符合以下三个条件：

第一，准确性。准确性是指所赋予的数字或符号能够真实、可靠和准确地反映测量对象在属性和特征上的差异。例如，许多城市对驾驶员交通违法的处罚实行12分制，根据违法程度的不同，分别扣1～12分不等，12分扣满就取消驾驶员资格，这实际上就是一个能够准确反映测量对象属性差异的有效测量规则。

第二，完整性。完整性是指测量规则能够涵盖测量对象的各种状态。例如，上述处罚驾驶员交通违法的12分制，如果各个分值不能分别对应从最轻微到最严重的各种违法行为，也就是说如果12分制不能包括所有的违法行为，那么它就不是一个有效的测量规则。

第三，互斥性。互斥性是指每一个测量对象的属性和特征只能以一个数字或符号来表示，各个变量的取值之间互相排斥、绝不兼容。例如，在调查企业时，如果把大型企业、中型企业、小型企业、国有企业、民营企业和外资企业等作为并列的测量对象，分别以一个数字或符号来表示，就违反了互斥性原则，因为大型企业、中型企业、小型企业和国有企业、民营企业、外资企业之间可以兼容。所以这类测量规则就不是有效的测量规则。

需要说明的是，即使严格按照上述三个条件操作，社会调查中的测量和自然科学中的测量也不可同日而语。社会调查中的测量受人为因素影响较大，所以有时不够客观、可靠。同时，由于社会调查中的测量不像自然科学中的测量那样直接，所以社会调查中的测量在标准化和精确化方面也有所不足，具有一定的模糊性。尽管如此，测量对于社会调查来说仍然有着重要的意义，因为只有对复杂多变的社会现象进行量化调查与分析，才能更清楚地认识其本质和规律。现代社会调查对社会发展能够起到重大作用，测量功不可没。

二、测量层次

在社会调查中，由于社会现象或社会事物具有不同的性质和特征，因此测量也就具有不同的层次和标准。美国心理学家史蒂文斯于1951年创立了被广泛采用的测量层次分类法，他将测量按照由低到高的顺序分成了四个层次，即定类测量、定序测量、定距测量和定比测量。

（一）定类测量

定类测量，也称为类别测量、分类测量或定名测量，是指对测量对象的性质或类型进行的测量。定类测量在本质上是一种分类方法，即将研究对象的不同属性或特征加以区分，以确定其类别，并标以不同的名称或符号，如"男性、女性""工人、农民、教师""未婚者、已婚者、离婚者"等。

在定类测量中，所分的类别之间必须具有互斥性，即每一个测量对象都会在分类体系中占据一个类别，且仅占据一个类别；类别之间相互排斥、互不交叉、互不重叠。

定类测量只是一种定性的测量，丝毫不反映测量对象的数量状况，其数学性质只有等于或不等于。尽管测量对象的每个类别也要被赋予一定的数字，如将工人记为1，农民记为2，教师记为3等，但这些数字仅用于区分而不用于计算。正是由于定类测量仅有单一的分类功能，所以其在四种测量中层次最低。

对任何一门学科来说，分类是基础。在社会调查中，所涉及的大量事物都具有不同的性质，分类更是最基本的目标和最经常性的操作。定性研究中主要使用定类测量，虽然定量研究更多地使用其他三种层次的测量，但也把定类测量作为最基础的分类操作。因此，定类测量是最基础和最重要的测量方法。

（二）定序测量

定序测量，也称为等级测量或顺序测量，是指对测量对象的等级或顺序进行的测量。在社会调查中，凡是具有高低、大小和强弱等差异性的社会现象都可以使用定序测量，如人们的社会地位、生活水平、住房条件、文化程度和工作能力等。

与定类测量相比，定序测量要高一个层次，所获得的信息也更多。定序测量不仅像定类测量一样，能够将不同的事物区分为不同的类别，还可以针对测量对象的某种特征，按照某种逻辑顺序或标准将它们区分为强度、程度或等级不同的序列。例如，将文化程度按照由低到高的等级排列，即文盲、小学、初中、高中、专科、本科、硕士和博士等；将住房条件按照由小到大的等级排列，即30平方米、50平方米、80平方米、100平方米和130平方米等；将人们对某措施的满意度按照由强到弱的等级排列，即非常满意、满意、比较满意、一般、不满意和很不满意等。在定序测量中，须将具有高低、大小和强弱的序列转化成大小不等的数字。例如，将文盲、小学、初中、高中、专科及以上，分别赋予数字1、2、3、4、5。数字是一种表示大小的符号，具有数量差别的含义，其所指示的测量结果可以用数学符号"＜"或"＞"来表示，并可用于频率分布等定量统计分析。但它并非用来进行数学运算的"数字"，即不能进行加减运算，不能测量出不同等级的测量对象之间的具体数量差距。

定序测量的具体方法有很多种，最直接和最常用的是等第顺序法。它是由调查对象对一组测量对象依照某种属性由高到低或由多到少按次序进行排列的方法。例如，某空调厂商想知道消费者对A、B、C、D、E五种类型空调机的评价，于是请10个用户作为调查对象，让他们按照空调机制冷效果的好坏来评定空调机的质量。10个用户分别将质量最好的空调机记为"1"，质量最差的空调机记为"5"（如表4-1所示）。

表4-1 五种空调机制冷效果的评定等级

调查对象	空调机类型				
	A	B	C	D	E
1	4	3	1	2	5
2	4	3	1	2	5
3	3	4	1	2	5
4	3	4	1	2	5
5	2	3	1	4	5

续表

调查对象	空调机类型					
	A	**B**	**C**	**D**	**E**
6	4	2	1	3	5
7	5	3	1	2	4
8	5	4	1	2	3
9	4	3	2	1	5
10	4	3	1	2	5
总值	38	32	11	22	47
评定等级	4	3	1	2	5

定序测量还有一种比较常用的方法就是配对比较法。它是指由调查对象将全部测量对象进行所有可能的配对比较，然后排列出测量对象等级的方法。例如，上述例子中的五种空调机，让调查对象将每两种空调机做 1 次比较，确定哪一种空调机的制冷效果好，这五种空调机共需要比较 10 次，最后排列出五种空调机的制冷效果顺序。配对比较法是定序测量中较为完善的一种方法，它能够更准确地排列出测量对象的各个等级。

（三）定距测量

定距测量，也称为等距测量或区间测量，是指对测量对象之间的间隔距离或数量差别进行的测量。定距测量兼有定类测量和定序测量的特征，不仅能够将社会现象或社会事物区分为不同的类别、等级，而且能够确定它们相互之间不同等级的间隔距离和数量差别。例如，对哈尔滨、北京与上海的温度进行定距测量，结果发现哈尔滨的温度为 0℃，北京的温度为 5℃，上海的温度为 10℃。在这一测量中，不仅可以得到定类测量的测量结果（哈尔滨、北京与上海的气温不同），而且可以得到定序测量的测量结果（上海的气温 > 北京的气温 > 哈尔滨的气温），还可以得到定距测量的测量结果（上海的气温比北京的气温高出 5℃，比哈尔滨的气温高出 10℃）。

定距测量要求测量标准上的间距能够代表测量对象的量的间距。也就是说，定距测量的每个等级之间的间距是相等的，并可以用来相加或相减。例如，某一定距测量的等级序列：

$$\frac{a \quad b \quad c \quad d \quad e}{1 \quad 2 \quad 3 \quad 4 \quad 5}$$

a 到 b 的间隔为 2 - 1 = 1，b 到 e 的间隔为 5 - 2 = 3，把这两个间隔相加为 1 + 3 = 4，就等于 a 到 e 的间隔（5 - 1 = 4），由此可以知道 e 比 a 高 4 个等级。

但必须注意的是，这并不意味着 e 的属性比 a 的属性高 4 倍，因为在定距测量标准上没有一个绝对零点（有实际意义的零点），定距测量中的数字可以相加或相减，却不能相乘或相除。以上述哈尔滨、北京与上海的气温为例，北京的温度5℃与上海的温度10℃之间的差距等于哈尔滨的温度0℃与北京的温度5℃之间的差距，但这并不能说明上海的气温比哈尔滨的气温高2倍，因为温度0℃是主观规定的，并不表示没有温度。

定距测量的结果之间可以进行加减运算，这就使得我们不仅可以说明测量对象的等级，而且能说明这一等级的测量对象比那一等级高出多少。例如，测量人的智商（intelligence quotient，IQ），如果测量得出张三的智商为135，李四的智商为120，那么135 - 120 = 15，由此可以说张三的智商比李四高15。这一点在社会调查的定量研究中有重要作用。

（四）定比测量

定比测量，也称为等比测量或比例测量，是指对测量对象之间的比例或比率关系进行的测量。定比测量除了具有上述三种测量的全部功能，还具有一个绝对零点。通过定比测量所得到的数据既能进行加减运算，又能进行乘除运算，其测量结果一般用百分比来表示，但有时也可表现为绝对数。在社会调查中，对收入、年龄、出生率、性别比、离婚率和城市人口密度等进行的测量都是定比测量。例如，通过定比测量得出张三的收入为480元，李四的收入为240元，那么480/240 = 2，由此可知，张三的收入是李四的2倍或李四的收入是张三的1/2（比率），两人收入相差480 - 240 = 240元（绝对数）。

是否存在绝对零点，是定比测量与定距测量的核心区别。一个社会变量能否使用定比测量，必须要检验零点在其中是否可以成立，即变量值是否可以不存在，如上述对张三和李四的收入测量就是建立在收入可以为零的前提下。

定比测量是测量中数量化程度最高的层次，定比测量中的数字不仅可以进行加减乘除运算，而且得出的结果都具有实际意义，可用于各种统计分析。

在上述四种测量层次中，高层次测量具有低层次测量的所有特征和功能，即高层次测量不仅可以测量低层次测量无法测量的内容，而且可以测量低层次测量能够测量的内容；同时，高层次测量还可以直接作为低层次测量使用，即高层次测量也必然是低层次测量。例如，定序测量具有定类测量的分类功能，且可以作为事实上的定类测量使用；定比测量具有其他三种测量的所有功能，且可以直接作为其他三种测量使用。相反，低层次测量不能作为高层次测量使用，在社会调查中明确这一点十分重要。在对社会现象进行测量时有一个重要的规则，即尽可能使用高层次测量，凡是能够使用定比测量的，就一定不要使用其他层次的测量。高层次测量所包含的信息更多，且测量结果更容易转化为低层次测量的结果，反之则不行。另外，在后期调查资料的整理和统计分析中，也需要根据不同测量层次的特性采用不同的统计方法。

下面是四种测量层次的比较和分析（如表4-2所示）。

表 4-2　四种测量层次的比较和分析

类型	特点	功能	数学性质	适用统计方法
定类测量	分类符号	分类	=、≠	百分比、平方检验、列联相关系数
定序测量	分类符号 等级顺序	分类 排列等级顺序	>、<	中位数、四分位差、等级相关、非参数检验
定距测量	分类符号 等级顺序 相等单位的差值	分类 排列等级顺序 确定、比较差值	+、-	算术平均值、方差、积差相关、复相关、参数检验
定比测量	分类符号 等级顺序 相等单位的差值 有绝对零点	分类 排列等级顺序 确定、比较差值 确定、比较比例和比率	+、- ×、÷	算术平均值、方差、积差相关、复相关、参数检验、几何平均值

三、测量层次的选择

在社会调查中怎样选择测量层次，取决于测量目的和测量对象的特征。具体来说，在选择测量层次时，需要注意以下问题：

第一，要"量体裁衣"，根据测量对象的特征选择测量层次。在测量时要尽可能选择高层次测量，但并不是说每次测量所选的测量层次越高越好。实际上，社会现象大多只能选择定类测量或定序测量，如果强行使用定距测量或定比测量，反而会造成混乱和谬误。例如，对"成年人与未成年人"这一对变量进行测量时只能选择定类测量，如果进一步排列年龄等级顺序，确定和比较各年龄等级差值，计算比例和比率，就会产生谬误。所以，在社会调查中，要慎重选择定距测量或定比测量。只有那些数量化特征明显、可以进行较多项数学运算的测量对象才能使用定距测量或定比测量。同时，在使用定距测量或定比测量时，一定要注意计算的合理性和可能出现的偏差。

第二，要根据主客观条件选择适当的测量层次。高层次测量可以获得更多、更精确的信息，但调查和分析的工作量也更大，而低层次测量则相反。因此，如果人、财、物等主观条件和客观条件不允许，在能够基本满足调查课题要求的前提下，即使测量对象符合要求，也不能选择高层次测量。

第三，要根据调查对准确度的要求和实现的可能性来选择测量层次。一种社会现象可能适合各种层次的测量，但选择何种测量层次取决于调查的准确度要求。例如，对企业进行调查，有些调查只需区分盈利或亏损，就可选择定类测量；有些调查需要将盈利或亏损企业区分档次，则可选择定序测量；有些调查需要准确测量各类企业盈利或亏损的具体差额、比例或比率，则必须选择定比测量。另外，有些涉及个人隐私或社会敏感问题的调查，虽然对准确度的要求很高，且理论上也符合测量要求，但实际上不太可能获得准确数据，如影视明星的收入等，此时就应该注意灵活、变通，不能选择高层次测量就退而求其次。

第四，用较低层次测量收集的资料不能用较高层次测量的数学运算来处理，反之则可以。因此，尽管多数社会调查只需要对调查资料进行一些简单的运算和分析，也应该尽量选择高层次测量，以收集更多、更精确的信息。这样做能够为今后进一步分析或深化研究预留足够的空间，还是很有必要的。

测量层次的选择与运用，通常在编制调查综合指标与设计调查问卷的过程中进行。一个社会调查项目，一般不会仅选择一种测量层次。针对多维度的调查指标，往往需要交叉使用几种不同的测量层次，这一点应该引起调查者的注意。

02　第二节　测量指标体系的构建

在现代社会调查中，调查的具体内容通常体现在由一系列测量指标组成的指标体系之中，而测量指标体系的构建是通过操作化来实现的。

操作化，亦称概念操作化或变量操作化，是指将抽象概念转化为具体的、可观察的和可测量的指标的过程。所谓指标，是指用来说明和反映抽象概念不同层面及特征的可观察的事物。一般将通过操作化编制测量指标体系的整个过程分为四个阶段：概念的形成—概念的界定—选择测量指标—构建测量指标体系。

一、概念的形成

（一）概念

概念是反映社会现象或社会事物的本质属性、特征及范围的思维形式，是人们在感觉和知觉基础上形成的对事物的概括性认识。一项社会调查从选择课题时起，作为调查对象的社会现象或社会事物反映在调查者的头脑中，就会形成初步的概念，如以农民工的社会需求为调查课题，自然而然就会产生"社会需求"这一概念。

概念有单独概念和普遍概念之分。只反映一个事物的本质属性、特征的概念是单独概念，反映某类事物共同的本质属性、特征的概念则是普遍概念。例如"中国""美国"反映的都是唯一的国家，就是单独概念，而"中国人""美国人"反映的是具有同一国籍的亿万人，就是普遍概念。相比之下，普遍概念要比单独概念复杂得多。社会调查的对象一般都是纷繁复杂的社会现象或社会事物，所以反映在调查者头脑中形成的概念，基本都是普遍概念。

概念也有实体概念和非实体概念之分。实体概念是指有形的、可直接观察和触摸的事物，如工厂、农村、儿童、游行、战争、音像、报刊和粮食等；非实体概念是指无形的、无法直接观察和不能触摸的事物，如文化、意识、动机、社会关系、社会地位、教育水平和生活状况等。

无论是实体概念还是非实体概念，都有一定的内在结构，都是由一些低层次的亚概念、子概念组合而成的，而且概念的类型、结构和内容不同，其层次和抽象程度也不同。概念层次越低，抽象程度就越低，所包含的内容也就越少，就比较简明、具体，容易观测；相反，概念层次越高，抽象程度就越高，所包含的内容也就越多，就比较错综复杂，难以观测。总体来说，实体概念普遍层次较低，简明、具体、易测，而非实体概念普遍层次较高，复杂、抽象、难测。社会调查最初形成的概念一般都与调查课题直接相关，可以说是社会调查的最高层次概念与核心概念，大多是抽象程度和复杂程度都相当高的非实体概念，一般都需要向下剖析几层，才能够找到可观察的具体事物。例如，"家具"是一个相对简单、抽象程度较低、可直接观测的实体概念，它的下一个层次是桌子、椅子、柜子和床等子概念，这些子概念就更加具体、易测；"社会需求"则是一个相对复杂、抽象程度较高的非实体概念，无法直接测量，它的下一个层次是物质需要、安全需要、人际关系需要、自尊需要和自我实现需要等子概念，这些子概念仍然非常笼统、抽象、难测。子概念的下一个层次才是可观测到的事物，如"物质需要"的下一个层次是收入、住房、交通工具及其他具体事物，只有把它们作为一组指标，才能对"社会需求"的"物质需要"方面的特征进行测量。

（二）变量

在定量化、数据化为主要特征的现代社会调查中，常常把概念称为"变量"。

变量一词来自数学，是指不固定的、可变的数值；与其相对的是常量，是指固定不变的数值。人们把变量和常量两个术语引入社会调查，将只有一个固定不变的取值或类别的单独概念称为常量，而将有两个及以上取值或类别的普遍概念称为变量。例如，"普通话"是唯一的、固定不变的单独概念，所以是常量；"中国话"则是有多个取值的普遍概念，包括上海话、四川话、广东话、河南话和山东话等，所以是变量。社会调查涉及的大多数概念基本都是普遍概念，自然也就是变量。

社会调查涉及的变量包括离散变量、连续变量，自变量、因变量、中间变量，以及定类变量、定序变量、定距变量、定比变量。

1. 离散变量、连续变量

离散变量是指按照一定标准把事物分为两类或多类，各个类别只反映质的区别，而不反映量的差异，如生死、婚否、国籍和宗教等。连续变量是指用一组数值直接表示出同一类事物的量的变化，如智商、年龄和成绩等。连续变量无法反映事物质的变化。

2. 自变量、因变量、中间变量

自变量是指不受外界因素影响而自身产生变化的变量，通常反映的是事物的基本自然状况；因变量是指受外界因素影响而产生变化的变量。例如，人们对某项政策的认知程度受到年龄、性别和职业等因素的影响而有所不同，其中认知程度就是一个因变量，年龄、性别和职业等因素就是自变量。中间变量是介于自变量和因变量中间的变量。例如，某人经常无精打采，这是一个因变量，其原因是身体不好，而身体不好又有缺乏锻炼和疾病侵袭两方面的原因，身体不好就是一个中间变量。

3. 定类变量、定序变量、定距变量、定比变量

定类变量、定序变量、定距变量、定比变量是与社会测量的四个层次相对应的四种变量，分别表明变量的类别、等级和次序、距离、比例等不同属性。

在社会调查中，变量与概念基本通用，如关于农民工社会需求的调查，"社会需求"既可以说是该课题的最高层次概念，也可以说是该课题的最大变量。社会调查面对的每一个复杂的社会现象或社会事物反映在调查者的头脑中都是一个大的概念或变量，而其中所包括的多层次、多方面内容则是许多小的概念或变量，将这些小的概念或变量梳理出来并发展成为可以测量的指标，正是操作化所要完成的任务。

二、概念的界定

社会调查中的概念在形成之初，通常只是人们根据以往经验对社会现象或社会事物的粗浅认识，以至于对同一概念的理解常常因人而异，对同一概念的理解也是笼统、模糊的，究竟如何用概念准确说明社会现象或社会事物的属性和特征？概念包括哪些层次和内容？如果不明确这些问题，显然是无法正常进行社会调查的。因此，在概念形成后有一个步骤必不可少，即进行概念的界定。

概念的界定，顾名思义，就是给概念以确切的定义。其有两种方式，即抽象定义和操作定义。

（一）抽象定义

抽象定义是指对一个概念的内涵进行概括说明，即对概念所反映的社会现象或社

会事物的本质属性和特征所做的概括说明。在社会调查中，抽象定义的作用主要是明确何种含义使用某一概念，换句话说，就是把概念所反映的社会现象或社会事物同其他事物严格区分开。

抽象定义有直接定义法和间接定义法之分。直接定义法是指通过直接描述社会现象或社会事物的本质而对概念下定义。凡是与可以直接观察到的社会现象或社会事物相对应的概念都可以用直接定义法，如未成年人是指身心发育尚未成熟的人。间接定义法则是指针对那些抽象程度较高、所含变量较多和无法直接观察的概念，找出这些概念所含变量的共同特征，通过共同特征间接给出定义。例如，"国际组织"有政府间国际组织和民间国际组织、政治性国际组织和专业性国际组织、世界性国际组织和区域性国际组织等，根据这些组织的共同性质和特征，可以将国际组织这一概念的抽象定义表述为跨国界的多国联合机构。

在界定概念时，最好直接采用一个现有的、公认的确切定义。如果现有定义多有歧义，则可以在现有定义的基础上创造出一个新的定义。例如，对于"社区"的概念，学者们先后提出了一百多种不同的定义，社会学家贝尔和纽拜通过分析发现这些定义大多包含三种基本元素——地域、共同的纽带和社会互动。正是依据这三种基本元素，形成了公认的社区定义，即聚居在一定地域范围内的人们所组成的社会共同体。

（二）操作定义

在社会调查中，虽然依据概念的抽象定义可以让我们对该概念所反映的社会现象或社会事物的属性具有一定的认识，但仅凭此认识是无法对社会现象或社会事物的具体内容进行准确测量的。例如，"煤炭质量"这一概念的抽象定义是煤炭的物理特性、化学特性及适用性，由此我们只能知道煤炭质量指的是哪几方面的特性，但不知道怎样才能具体测量出这些特性。再如，"社会地位"这一概念的抽象定义是个体在一定社会关系体系中所处的位置，但究竟这种位置如何体现不得而知。这种问题均需要由操作定义来解决。操作定义就是通过一组具体的、可测量的事物（指标）对抽象概念做出说明，反映该概念的不同层面及特征。操作定义注重说明概念的外延，即概念包含的范围、维度和具体内容。尽管抽象定义与操作定义都是对同一社会现象或社会事物的定义，但前者是以抽象的概念定义；后者则是以具体的、可感知的事物定义，也就是把概念从抽象层次下降到经验层次，分解为一些具体的、可测量的指标，这也是操作化的一个过程。例如，"煤炭质量"这一概念可以用12个基本指标来测量，其中有7个常用指标，如果用这12个基本指标或7个常用指标定义煤炭质量，就是操作定义。换句话说，"煤炭质量"这一概念，经过操作化，可以表示为煤炭质量＝水分＋灰分＋热量＋硫含量＋挥发分＋固定碳＋焦渣特性（采用7个常用指标定义）。通过这些指标，我们才能对"煤炭质量"这一概念有所测量和把握。美国社会学家科尔曼的社会地位指数法，即用职业、教育、居住的区域和家庭收入四个方面的指标来测量"社会地位"这一概念，也是操作化的应用。

操作定义的方法主要包括以下两种：

1. 直接用客观存在的社会现象或社会事物来设计

例如，对"社区教育"这一概念，可将社区周边的幼儿园、小学、中学、大学和其他教育机构等实际存在的事物设计为操作定义。再如，我国政府制定的全面建成小康社会进程评价指标分为经济发展、社会和谐、生活质量、民主法治、文化教育和资源环境六个方面，可以说就是对"小康社会"这一概念的操作定义。

2. 根据概念的维度来设计

概念的维度是指概念的层次或方面，是指社会现象或社会事物各个方面具体内容的反映。明确概念所包含的维度，将其作为概念的操作定义，是社会调查中常用的方法。我国社会学家风笑天在一项关于城市居民生活质量的调查研究中，将"生活质量"这一概念分为居住状况、交通状况、家庭生活、邻里交往、工作与职业、休闲与娱乐、生活环境七大维度，就是根据概念的维度来设计的范例。

三、选择测量指标

在社会调查中，完成了概念的界定工作之后，紧接着要做的就是在此基础上选择和发展一系列能够明显区分的、具体的、反映概念内容和特征的测量指标。

对于简单的概念来说，选择测量指标并非难事，只需要明确构成操作定义的几个指标即可。例如，"国籍""性别""文化程度""婚姻状况"等概念只有极个别的变量，可以较快确定相应的测量指标。但是对于社会调查中那些复杂的概念来说，往往需要多个测量指标或指标群来予以说明，而寻找和选择这些测量指标无疑是一件颇具难度的事情。因为操作定义仅仅提示了测量的维度，仍比较抽象，还必须在此基础上连续地、逐步地进行概念的操作化，才能发展出多方面、多层次且有一定数量的测量指标。具体做法是先将一个最高层次的抽象概念分解为若干测量指标，即通常所称的一级指标；由一级指标分解为二级指标；再由二级指标分解为三级指标。照此类推，可以不断操作化出四级指标、五级指标……直至满足需要。例如，中国统计学会《综合发展指数研究》课题组编制的综合发展评价指标体系，就是将"综合发展"这一概念操作化为"经济发展、民生改善、社会发展、生态建设、科技创新和公众评价" 6个一级指标，再将这6个一级指标分解为18个二级指标，又进一步将这18个二级指标分解为45个三级指标。以下即综合发展评价指标体系中"经济发展"类指标（如表4-3所示）。

表 4-3 综合发展评价指标体系中"经济发展"类指标

一级指标	二级指标	三级指标
经济发展	经济增长	人均 GDP、GDP 指数
	结构优化	服务业增加值占 GDP 比重
	居民消费占 GDP 比重	
	高技术产品产值占工业总产值比重	
	城镇化率	
	发展质量	财政收入占 GDP 比重、全社会劳动生产率

注：GDP 为国内生产总值（gross domestic product）。
资料来源：《综合发展指数（CDI）研究》报告。

在进行操作化时，可以综合采用经验的办法和理性的办法。经验的办法是指调查者通过对概念的大致理解，提出若干指标，再从中筛选出适宜的指标；理性的办法是指通过查阅大量与概念有关的文献，明确概念的各项内容，根据这些内容找到或提炼出若干指标，再从中筛选出适宜的指标。

另外，还有两种做法也有助于寻找和选择测量指标。一种是借鉴和利用前人已有的测量指标。这种做法比调查者自己闭门造车的做法更加便捷、有效。当然，许多前人的测量指标不一定完全适合调查者所用概念的需要，调查者需要进行一定的修改和补充。另一种是先进行一段时间的试调查，采用实地观察和访谈的方式，进行一些资料收集的初步工作，尤其是要与调查对象中的关键人物进行比较深入的交谈，从中获得一些启发，开阔寻找和选择测量指标的思路。

四、构建测量指标体系

在社会调查中，操作化的最终目标就是用前期选择的测量指标建立一个指标体系，作为后续调查收集资料的依据和指南。所谓测量指标体系，是指相互区分但又相互联系、相互补充的多个指标集合而成的具有内在结构的有机整体，其中的每一项指标都反映了调查对象某个方面的某一特征，所有指标的集合则反映了调查对象的整体特征。所以，测量指标体系的建立为社会调查指明了调查的范围及内容，具有重要的作用。

测量指标体系是依据操作化形成的指标群的内在结构而建立的。如前所述，无论有多少个指标，追根究底，都源自一个顶层的、抽象程度相当高的概念，这个概念一般反映的是一项社会调查课题所针对的社会现象或社会事物。由此概念分解为若干一级指标，由一级指标分解为二级指标，再由二级指标分解为三级指标……这样就形成了指标群，而指标群已然具有了一种系统的、清晰的结构。只需要对选出的测量指标进行汇总并稍加整理、修饰，对指标的层级与各级指标的名称、内容及权重等进行最后确认，然后予以记录，就建成了测量指标体系。目前，较流行的测量指标体系是二级和三级指标体系，最常见的方式是将指标体系编制成表，在表中，指标的内容与层次、指标之间的关系一目了然。以下就是 2015 年中国民办大学排行榜测量指标体系（如表 4-4 所示）。

表 4-4　2015 年中国民办大学排行榜测量指标体系

序号	一级指标	二级指标	三级指标	指标权重
1	办学设施	投入资金	1. 固定资产总值	2.62%
		硬件设施	2. 学校占地面积	1.01%
			3. 教学科研用建筑面积	4.70%
			4. 教学科研用生均建筑面积	7.05%
		软件设施	5. 图书馆藏书量	4.23%
			6. 图书馆生均藏书	7.15%
			7. 教学仪器设备价值	5.43%
2	人才培养	培养数量	8. 全日制在校学生人数	5.14%
		培养质量	9. 近三年毕业生平均就业率	3.34%
			10. 学生获国家级、省部级大学生竞赛奖励	3.21%
			11. 创业人才（中国各大富豪榜、大学创业富豪榜等上榜毕业生）	2.52%
		师资力量	12. 专任教师总数	7.24%
			13. 专任教师师生比	5.76%
			14. 专任教授、副教授人数	4.93%
			15. 专任教授、副教授占专任教师比例	5.04%
			16. 国家级、部省级教学名师或团队，自然科学和社科基金项目获得者	3.01%
		学科建设	17. 学历教育本科专业数	6.45%
			18. 学历教育专科专业数	3.34%
			19. 国家级、部省级重点学科，重点建设专业，精品课程和教学成果奖等	4.20%
3	综合声誉	学校声誉	20. 国家声誉（高考录取批次，学士学位授权资格、办学条件评估等）	3.02%
			21. 社会声誉（新闻媒体报道数等）	4.86%
			22. 人均学费	3.63%
			23. 本地生源比例	2.12%

资料来源：冯用军，赵德国，艾瑞深研究院. 中国大学评价研究报告：2015. 北京：科学出版社，2015.

绿色发展指标体系

除了以表格的形式展现，还可以采用框图的形式，如将上述表4-4中办学设施部分的内容编制成图4-1。

办学设施（一级指标）
- 投入资金（二级指标） — 固定资产总值（三级指标）
- 硬件设施（二级指标）
  - 学校占地面积（三级指标）
  - 教学科研用建筑面积
  - 教学科研用生均建筑面积
- 软件设施（二级指标）
  - 图书馆藏书量（三级指标）
  - 图书馆生均藏书
  - 教学仪器设备价值

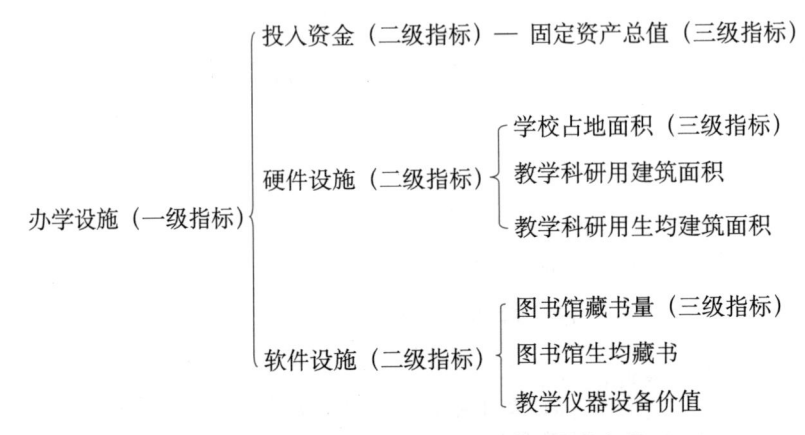

图4-1　2015年中国民办大学排行榜测量指标体系

当然，除了上述形式，还可以采用最省力的、原始的文字排列形式，将图4-1中的内容用文字呈现出来，即：

一、办学设施（一级指标）

（一）投入资金（二级指标）

固定资产总值（三级指标）

（二）硬件设施（二级指标）

学校占地面积（三级指标）

教学科研用建筑面积

教学科研用生均建筑面积

（三）软件设施（二级指标）

图书馆藏书量（三级指标）

图书馆生均藏书

教学仪器设备价值

不过，这种文字表现形式显然不如表格或框图的形式简单、明了，所以将测量指标体系加工成表格或框图的形式很有必要。

第三节 测量的信度与效度

测量指标体系基本建成后，应结合社会调查的方式，进行测量信度和效度的检验，其目的是检验社会调查各个方面的设计是否可行，以便及时纠偏补漏。需要说明的是，测量信度和效度的检验也是社会测量方法与技术在社会调查中的运用，并不仅仅局限于社会测量本身，而是涉及社会调查的各个方面。虽然测量信度和效度的检验一般是在调查方案设计后的试调查中开始实施的，但并不是一次性的短期行为，而是贯穿于社会调查的全过程。换句话说，从社会调查初启时的选题直到调查结束时的总结评估，每一个环节的每一项工作都应该有测量信度和效度的检验。

一、测量的信度及其检验

信度是指测量的可靠性。这种可靠性一是指测量方法的可靠，二是指测量结果的可靠。所谓可靠，是指用同一个测量工具对同一事物进行反复、多次的测量，其结果应该始终一致。例如，用一架磅秤称某一件物体，若几次的结果都是相同的，可以说明测量工具及测量结果的信度很高；若几次的结果不同，则说明测量工具及测量结果的信度很低。检验测量的信度，通常有再测法、复本法和分半法三种方法。

（一）再测法

再测法是指用同一种测量工具和方法，对同一调查对象，前后两次测量，就是进行两次调查。比较两次测量所得结果，求出的相关系数，叫作再测信度。因为相关系数能够反映出两次测量结果有无变动，也就是测量所得分数的稳定程度，故又称为稳定性系数。一般来说，相关系数在0.8以上的测量，就是可靠的测量。

采用再测法检验测量的信度时，应注意以下几个问题：

第一，两次测量的时间间隔要适当。时间太短，调查对象对第一次的测量内容历历在目，第二次测量时可能会受到练习和记忆功能的干扰；而时间太长，测量结果容易受调查对象自身条件变化（如调查对象职位升迁使社会地位发生变化、通过学习提高自身素质等）的影响，降低再次测量的稳定性。所以，人们一般把两次测量的间隔时间规定在几周到半年之间。

第二，再测法适用于检验项目较多的社会调查，而不适用于检验项目较少的社会调查。这是因为检验项目较多的社会调查，调查对象难以记住第一次测量时的测验内容，这样就对第二次的测量结果影响较小。

第三，应设法调动调查对象再测的积极性。对于第二次测量，调查对象易失去兴趣，采取不合作的态度，从而影响第二次测量的质量，所以调动调查对象的再测积极性十分重要。

再测法简便易行，因此其是一种最普遍、最常用的测量信度检验方法。

（二）复本法

复本法是指对同一组调查对象同时或连续使用问卷或量表的正本和复本进行测量。复本的项目陈述与正本不同，但测量的是同一内容，即在概念、题量、形式和难度方面都一致，类似于用两套同质、同量和不同题目的试卷让学生同时作答。根据调查对象在两次等值测验中的结果计算出的相关系数叫作复本信度，因为其反映的是两次测验之间的等值程度，因此又称为等值性系数。复本信度的计算方法与再测信度的计算方法相同。

采用复本法检验测量的信度时，两次等值测验既可以同时进行，也可以连续进行。

复本法能够弥补再测法的缺点，但在采用复本法时一定要注意两点：一是正本和复本必须同质、同量。二是两次等值测量的间隔时间要适当，若同时进行，就要注意调查对象可能因正本和复本太过相似而产生疲倦的问题；若连续进行，则要注意避免间隔时间太长。

复本法的检验结果比再测法的准确度高，应用范围也比较广泛。但复本法也有一定的局限性，即只能减少而不能完全排除练习和记忆功能的影响，对于许多测量而言，建立复本具有一定的难度。

（三）分半法

再测法和复本法都必须经过两次测量，但是有的测量或无法制作复本，或由于种种原因不可能进行第二次测量，对此，可以采用分半法检验测量的信度。

分半法是指按照正常的程度实施测量，然后将全部项目分成相等的两半，分别统计。根据这两半测验的分数计算出的相关系数称为分半信度。

要计算分半信度，关键是如何将测量分成两半。而一个测量可以采用多种不同的分半方法，在大多数情况下，将一个测量分为前半部分和后半部分是不可取的，因为前后两部分项目在类型和难度上往往不同，而且易受练习、疲劳等各种因素的影响。通常采用奇偶分半法，即按照奇偶数将测量一分为二，分别计算。但是遇到有关联的项目或解决同一问题的项目时，应将其归在同一半，否则会高估测量信度的值。另外，要注意当量表中存在任选题时，不宜采用分半法。

二、测量的效度及其检验

效度是指测量的有效性,即一个测量的准确程度。无论一个测量的信度有多高,若效度很低也是无用的。如果能够正确测量出所要测量的信息,就是高效度的测量。

测量的效度包括两方面的内容:第一,测量方法的效度,主要表现为测量指标与测量变量之间的相关程度。第二,测量结果的效度,主要表现为测量结果与变量值之间的相关程度。如果测量方法和测量结果均一致或接近,则测量的效度就较高,否则就较低。例如,用尺子量布,1 米长的布测量结果是 1 米,否则,这把尺子就缺乏准确性,即缺乏效度。再如,测量学生的成绩,如果一张考试试卷上只有填空题、选择题,就无法反映学生全部的学习情况,或者测验结果远远低于或高于学生的实际水平,那么这种测量就是不准确的,也就是缺乏效度的。

测量的效度包括两层含义,即内在效度和外在效度。前者是指测量的方法、资料和结论对该测量本身的有效性;后者则特指测量的结论在普遍应用中的有效性。对测量效度的检验就是对内在效度和外在效度的检验。

检验测量效度的方法因研究问题的侧重点不同而分为很多种类,目前被广泛采用的是美国心理学家弗兰士和米希尔提出的分类方法,他们将效度分为内容效度、效标效度和构想效度三种。

(一) 内容效度

内容效度也称为表面效度或逻辑效度,是指测量目标与测量内容之间的适合性与相符性。例如,教师在讲授了一节课程后就要进行考试,而试卷不可能包含所有的内容,只能从讲授的内容中挑选出一个代表性样本来测试,该样本的内容能否全面反映学生学习该课程的情况,就属于内容效度的问题:若能反映,内容效度就高,反之就低。

如图 4-2 所示,内容效度就是测量通过测量工具 a 得到的结果,能否体现要测量的特征 A。若能体现,内容效度就高,反之就低。

图 4-2 内容效度

要具备较好的内容效度必须满足两个条件:一是确定好内容范围,并使测量的全部项目均在此范围内。所谓内容范围,既可以是具体知识或技能,也可以是某些复杂的行为。二是测量项目应是内容范围内的代表性样本。换句话说,测量项目能够包含所测内容范围的主要方面,且各个部分项目所占的比例适当。具体做法是对内容范围进行系统分析，将该范围划分为具体纲目，并对每个纲目适当加权，然后根据权重，从每个纲目中随机取样。

（二）效标效度

效标效度又称为准则效度、实证效度、统计效度、预测效度或标准关联效度，是指用几种不同的测量方式或不同的测量指标对同一变量进行测量，并将其中一种方式作为准则（效标），用其他的测量方式或测量指标与该准则做比较，如果其他测量方式或测量指标也有效，那么该准则即具备效标效度。下面是效标效度的相关关系（如图4-3所示），其中X是变量，X_1和X_2分别表示两种工具进行的测量。用X_1作为准则，X_1和X_2有关联，如果两者具有同等的效果，则X_2也具有同等的效度。例如，在测量某机关干部性别时，分别用"检查证件"和"当面验看"两种办法进行测量。而"检查证件"通常是最有效的办法，可以作为准则。如果两种测量的结果基本相同，则认为"当面验看"也具有效标效度。

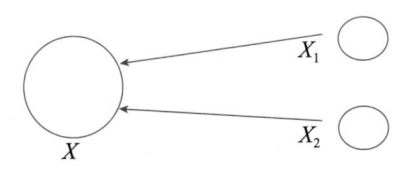

图4-3 效标效度

（三）构想效度

构想效度也称为结构效度、建构效度或理论效度，是指测量工具反映概念内部结构的程度。它一般是通过测量结果与理论假设相比较来检验的。如果用某一测量工具对某一命题测量的结果与该命题变量之间在理论上的关系相一致，那么这一测量就具有构想效度。构想效度如图4-4所示，变量X、Y在理论上具有关系，如果测量X的指标X_1与测量Y的指标Y_1也具有关系，且用X_2取代X_1并复测整个理论时得出了与使用X_1时同样的结果，那么新的测量指标X_2具有构想效度，反之则没有。

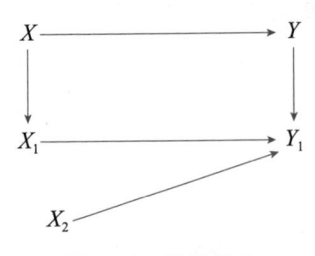

图4-4 构想效度

确定构想效度基本分为三个步骤：首先，从某一理论出发，提出关于特质的假设；其次，设计和编制测量并施测；最后，对测量结果采用相关分析或因素分析等方法进行分析，验证其与理论假设的相符程度。例如，测量对某项工作的满意度，设立了5个指标。从现有的理论来看，工作满意度和同事之间的关系有关，工作满意度较高的人，与同事之间的关系较好；如果用4个指标来测量同事之间的关系，那么工作满意度和同事之间的关系这两组指标之间的相关系数就表示构想效度。再如，美国社会学家在1970年建立了一组测量爱情的指标与一组测量喜欢的指标，让调查对象同时回答关于爱情和喜欢的问卷，在关于喜欢的问题上，调查对象对约会对象的喜欢程度略高于对朋友的喜欢程度；但是在关于爱情的问卷中，调查对象对约会对象的爱则大大超过了对朋友的爱，因此美国社会学家区分了喜欢与爱情的不同，并借助喜欢这个概念测量了爱情这个概念的效度。

构想效度存在一些明显的缺点，即有些构想概念较为模糊，缺乏一致的准则；确定效度时没有明确的操作步骤；没有单一的数量指标来描述有效程度等。所以，构想效度是一个有争议的概念，有人称赞它反映了效度的本质，但也有人批评它实证性不够。但总体来说，构想效度促使研究者把着眼点放在提出假设、检验假设上，使得测量成为理论研究的重要工具，而不再只是实际决策的辅助工具，从而使测量有了更广阔的发展前景。

三、测量信度和效度的关系

测量信度和效度的关系，可以用一句话来概括，即信度是效度的必要条件而非充分条件。

信度是效度的必要条件，是指一个测量要有效度就必须有信度，信度是效度的必要前提，不可信就不可能正确。信度不是效度的充分条件，是指有了信度，却不一定有效度。可信的测量未必有效，而有效的测量必定可信，效度是信度的目标和归宿。任何科学的测量都是信度和效度的辩证统一。

具体来说，在社会调查中，测量信度和效度关系的表现形式有以下三种：

（一）可信且有效

可信且有效的测量是优秀的测量，是社会调查所追求的境界。这种测量的测量工具和测量结果，既可以真实地反映测量对象现存的客观属性和特征，也可以有效地实现测量所要达到的目的。

（二）可信但无效

可信但无效的测量在社会调查中时常出现。其测量工具和测量结果可以真实地反映测量对象现存的客观属性和特征，所以是可信的；但其不能有效地实现测量所要达到的目的，所以是缺乏效度的。例如，某单位评选先进工作者，考察指标只有"遵纪守法""积极参加社会活动""能够很好地完成工作任务"三项。这三项考察指标，反映出先进工作者的客观属性和特征，因此是有信度的，但测量结果不能有效地达到评选先进工作者的特定目的。因为"先进工作者"是一个综合社会指标，包含许多方面的内容，这三项测量指标显然不足以证明某人是先进的，所以，这是一个可信但无效的测量。对于这类社会调查，我们必须进行调整，使测量目的和测量工具完全一致。

（三）不可信且无效

不可信且无效的测量在社会调查中要绝对避免。如果出现这类情况，则说明社会调查的设计方案不能成立，也就是说，测量是缺乏信度的，而不可信的测量是不可能有任何效用的。例如，1936年美国总统大选时，美国的《文学文摘》进行了一次民意测验，测验结果显示兰登将在总统竞选中战胜罗斯福，但最后恰恰是罗斯福以压倒性的优势当选为美国总统。《文学文摘》的民意测验以完全失败告终。之所以如此，是因为调查者漠视了"民意应当是全体选民的意愿"这一基本事实，仅仅以电话号码簿和汽车登记册上的人员为调查对象，而遗漏了那些没有汽车、没有电话的广大贫困群体。很显然，该民意测验就是一次不可信且无效的社会调查。

四、影响测量信度和效度的因素

影响测量信度和效度的因素有很多，其中有些因素的影响较为普遍且明显，有些因素的影响却不易被察觉。一般来说，对测量信度和效度影响较大的因素有以下几个：

（一）调查者的问题

测量是一种人的主观行为，如果调查者不以客观事实为依据，而是从为我所用的角度去设计测量工具，就必然会使测量走上歧途，而这种缺乏信度的测量也必然不会有效度。另外，如果调查者对待工作不认真、不深入，也会导致测量方案设计不周密，出现漏洞，如测量问卷的指导语和陈述不清晰、不严谨，试题的编制不符合调查目的，试题难度不合适，试题的编排不合理，问题及答案数量过少，评分标准不客观，记分错误等，从而降低测量的信度和效度。

（二）调查对象的问题

测量都有其适用范围，并不能覆盖各个社会群体，如果调查对象的样本选择不当，必然会影响测量的信度和效度，上述1936年美国《文学文摘》的民意测验即为一例。此外，调查对象的兴趣、动机、情绪、身体状况以及调查时的环境等，都会影响调查对象对社会调查的态度，进而间接影响测量的信度和效度。

（三）测量的长度

测量的长度是指测量的项目数量。长度适中对保证测量的信度和效度至关重要。测量的项目数量过少，就无法保证取样的代表性，不能反映调查对象的真实态度，同时在每个项目上的随机误差也难以消解；测量的项目数量过多，就会造成调查对象的不耐烦、不专注和不认真，从而影响测量的信度和效度。

（四）测量的难度

测量的难度适中对保证测量的信度和效度也有作用。测量项目太容易，就无法细致区分调查对象的态度差异，从而降低测量的信度和效度；测量题目过难，调查对象可能凭猜测作答，从而也会降低测量的信度和效度。

总之，在社会调查中，我们应当对测量的信度和效度问题予以高度重视，随着调查的进程不断排除各种可能对信度和效度不利的因素，调整和改进不利于信度和效度的调查手段和内容。只有这样，才能保证社会调查的质量。

本章小结

思考题

1. 什么是测量？有效的测量规则必须符合哪些条件？
2. 简述测量的层次及其内容。
3. 什么是操作化？为什么要进行这项工作？
4. 任选一个抽象概念进行操作化，并将其结果编制成测量指标体系。
5. 什么是测量的信度和效度？有哪些检验它们的方法？
6. 测量的信度和效度是什么关系？
7. 影响测量信度和效度的主要因素有哪些？

第五章 抽 样

本章提要

抽样是抽样调查的必要前提，通常是在社会调查的前期准备阶段需要完成的一项重要工作。本章提出了抽样的概念和基本术语，阐释了抽样的作用，重点介绍了不同种类的概率抽样，同时也介绍了非概率抽样的方法，以便学习者在具体调查中恰当地选取使用。同时，为了更好地应用抽样方法，还简要介绍了样本规模。

学习要求

1. 了解：抽样的概念和基本术语；样本规模。
2. 掌握：抽样的作用；概率抽样和非概率抽样。

当今社会最主要和最常用的调查类型是抽样调查，其前提条件就是抽样。因此，抽样通常是在社会调查的前期准备阶段需要完成的一项重要工作。抽样是否科学、是否适用，直接关系着抽样调查的成败。所以，掌握正确的抽样方法是调查者必备的重要技能。

第一节　抽样概述

一、抽样的概念和基本术语

（一）抽样的概念

抽样是指从组成某个总体的所有元素中，也就是所有最基本的单位中，按照一定的方式选择或抽取一部分元素的过程和方法，或者说从总体中按照一定方式选择或抽取样本的过程和方法。例如，从某企业 3 000 名工人所构成的工人总体中，按照一定方式抽取 200 名工人构成样本的过程；或者从某社区 1 000 户家庭构成的居民总体中，按照一定方式抽取 100 户家庭构成样本的过程，都称为抽样。

抽样存在的必要性缘于事物总体所具有的异质性。如果总体中的每个元素在所有方面都相同，即具有百分之百的同质性，那么也就没有必要进行抽样了，因为只要了解了其中一个个体的性质和特征，就等于了解了总体的性质和特征。但是，现实社会中的任何总体都不具备这种情况，相反，任何总体都存在着不同程度的异质性，即所包含的个体千差万别。抽样中的总体通常就是社会中许许多多个人所组成的各种各样的社会群体，而现实社会中从来没有两个完全相同的人。因此，要反映总体的性质和特征，只有通过抽取一定数量个体构成的样本才有可能实现。

抽样存在的合理性是由辩证唯物主义中个别与一般的理论和建立在概率论基础上的大数定律、中心极限定律决定的。这些理论与定律证明，尽管总体所包含的每个个体都不能完全反映总体的性质和特征，却都不同程度地具有反映总体性质和特征的因素，一定数量的这种个体因素的集合，就可以反映和说明总体的性质和特征。正因为如此，抽样成为一种通过部分个体反映总体的性质和特征的有效方法。

（二）抽样的基本术语

在抽样中，有一些常用的基本术语，主要包括：
1. 总体
总体是指构成事物的所有元素，也就是最基本单位的集合。在社会调查中，最常见的总体是社会群体，而个人便是构成社会群体的元素。例如，当我们调查消费者对某品牌电视机的认知情况时，这类消费者的集合就是总体，而每一个消费者便是构成总体的元素。

2. 样本

样本是指从总体中按照一定方式抽取出的一部分元素的集合。一个样本就是总体的一个子集。例如，从某省 10 万名消费者总体中，按照一定方式一次直接抽取 3 000 名消费者进行调查，这 3 000 名消费者就构成该总体的一个样本。在社会调查中，资料的收集工作是通过样本来完成的。样本的调查结果往往被用来推论和说明总体。

3. 抽样元素

抽样元素是指构成总体的每一个最基本单位，也称为抽样分子或个体。社会调查中最常用的抽样元素是个人，除此之外，还可以是家庭、学校、企业和商店等，如相对于全国所有的汽车企业这个总体来说，某汽车厂就是抽样元素。

4. 抽样单位

抽样单位是指一次直接的抽样所使用的基本单位。抽样单位与抽样元素有时是相同的，有时是不同的。例如，上述所举的例子中，单个的消费者既是构成 10 万名消费者这一总体的元素，又是从总体中一次直接抽取 3 000 名消费者的样本时所用的抽样单位；但是，当我们从这一总体中一次直接抽取的不是个人，而是 30 个小组（每组 100 名消费者），并以这 30 个小组作为样本时，抽样单位（小组）与抽样元素（消费者）就不是同一个概念了。

5. 抽样框

抽样框也称为抽样范围，是指一次直接抽样时总体中所有抽样单位的名单。例如，从某工厂的全体工人中，抽取 500 名工人作为样本。那么，该工厂中全体工人的名单就是这次抽样的抽样框；如果从该工厂的所有车间中抽取部分车间的工人作为调查样本，那么，此时的抽样框就不再是该工厂中全体工人的名单，而是该工厂中所有车间的名单了，因为此时的抽样单位已不再是单个工人，而是单个的车间了。

6. 参数值

参数值也称为总体值，是指关于总体中某一变量的综合描述，或者总体中所有元素的某种特征的综合数量表现。在统计中，最常见的参数值是某一变量的平均值。例如，某市下岗工人的平均年龄，即某市全部下岗工人这一总体在年龄这一变量上的综合描述。需要说明的是，只有通过对总体中的每一个元素都进行调查或测量，才能得到参数值。

7. 统计值

统计值也称为样本值，是指关于样本中某一变量的综合描述，或者说是样本中所有元素的某种特征的综合数量表现。统计值是从样本的所有元素中计算出来的，其是相应参数值的估计量。例如，从某市下岗工人中抽取 1 000 名作为样本，所算出的平均年龄，就是关于某市下岗工人样本在年龄这一变量上的综合描述，也是对全部下岗工人的平均年龄的估计量。抽样的目的之一就是通过统计值去估计和推断各种参数值。从一个相同的总体中可以根据不同的抽样设计得到若干不同的样本，所以从每一个样本中得到的估计量，都只是总体多个估计量中的一个。抽样设计的目标就是尽可能使样本的统计值接近总体的参数值。

8. 抽样误差

抽样误差是指用统计值去估计参数值时所出现的误差。这种误差是由抽样本身的特点所引起的。由于无论采取什么样的抽样方式，抽取的样本量有多大，都无法涵盖总体，所以抽样误差是不可避免的。但是，抽样误差可以在样本设计中事先进行控制。

除此之外，抽样中还存在着另一种误差，即在记录、填答和汇总等工作中由误抄、误算等人为过失和违反抽样原则而造成的误差，此误差和这里所说的抽样误差并不是一个概念。

二、抽样的作用

抽样调查是人们由部分认识整体的重要途径，而抽样作为其中一个关键环节，基本作用就在于向人们提供一种实现由部分认识整体这一目标的手段。实际上，抽样在人们的日常活动中发挥着重要作用，人们也在日常活动中自觉或不自觉地运用着抽样。例如，农民在买农作物的种子时，往往从一大袋种子中随手抓一把看看，便知道这批种子的质量；医生只要从患者的身体里抽取一点儿血液，便可以了解患者的全部血液状况。但是，抽样进入社会调查领域，是近代数理统计理论迅速发展的结果。第二次世界大战后，抽样随着计算机技术的突飞猛进而得到大力推广，普遍应用于社会的各个方面。

在社会调查中，抽样主要解决调查对象的选取问题，即如何从总体中选取出一部分元素作为总体的代表。一项社会调查若能采用普查的方式，对总体的全部元素进行了解，那当然最好，但实际上绝大多数的社会调查往往因各种条件限制，而不得不在庞大的总体与有限的时间、人力和经费之间寻求平衡。以现代统计学和概率论为基础的现代抽样理论，以及不断发展、不断完善的各种抽样方法，正好适应了社会调查发展和应用的需要，在有限的时间、人力和经费与纷繁多变的社会之间架起了一座桥梁。抽样的应用，能够使调查者方便、快速地通过部分认识整体。正因为如此，抽样与问卷调查法、计算机技术和统计分析法相结合，形成了社会调查的抽样调查类型，在现代社会中被广泛应用。

关于抽样的作用，有两个相关问题需要特别明确：

第一，抽样和抽样调查不能混为一谈。抽样只是抽样调查的前提和一部分，只解决抽样调查过程中选取调查对象这一个问题，抽样调查的其他问题依靠另外的方法解决。

第二，抽样只是抽取样本的方法，而不是调查方法或者资料收集方法。即使是抽样调查，也不能定义为一种调查方法或者资料收集方法。抽样调查和普查、个案调查一样，只是社会调查的类型或者方式，这些类型所使用的具体调查方法或者资料收集方法包括问卷调查法、访谈调查法、观察调查法、实验调查法和文献调查法等。目前，我国许多调查报告经常使用"采用抽样调查的方法收集资料"之类的语言，甚至部分教科书直接将抽样调查定义为资料收集方法，严格来说，这些说法都是不确切的。

三、抽样的类型

根据具体方法的不同，人们把抽样分为概率抽样与非概率抽样两大类，这是两种有着本质区别的抽样类型。概率抽样是指依据概率论的基本原理，按照随机原则进行的抽样，因而其能够避免抽样过程中的人为误差，保证样本的代表性；而非概率抽样则是指依据调查者的主观意愿、判断或是否方便等因素来抽取调查对象的抽样，其不考虑抽样中的等概率原则，因而可能会产生较大的误差，难以保证样本的代表性。

概率抽样与非概率抽样包括了许多具体的类型，下面是抽样的主要类型（如图 5-1 所示）。

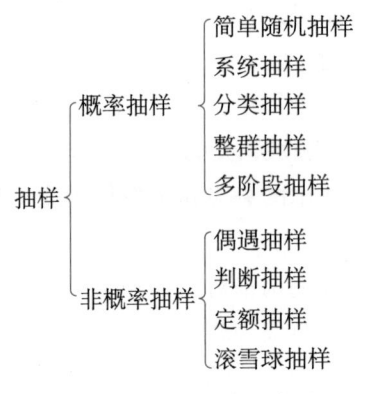

```
            ┌─概率抽样─┬─简单随机抽样
            │         ├─系统抽样
            │         ├─分类抽样
            │         ├─整群抽样
   抽样─────┤         └─多阶段抽样
            │
            └─非概率抽样─┬─偶遇抽样
                        ├─判断抽样
                        ├─定额抽样
                        └─滚雪球抽样
```

图 5-1　抽样的主要类型

四、抽样的程序

虽然不同的抽样方法具有不同的操作要求，但基本都要经历以下程序：

（一）界定总体

界定总体是指在具体抽样前，明确样本所代表的总体的范围与界限。界定总体的范围与界限需要注意以下两点：①这首先是由抽样的目的所决定的。抽样虽然只实施于总体中的一部分个体,但其目的是认识和描述总体的状况与特征,发现总体中存在的规律,因此必须事先明确总体的范围与界限。②界定总体也是保证抽样效果的前提条件。要有效地进行抽样,必须事先了解和掌握总体的结构及主要内容,并依据调查目的明确总体的范围,样本必须取自明确界定后的总体。否则,即使采用严格的抽样方法,也可能抽取出缺乏代表性的样本。例如,我们要对某市企业职工劳动合同执行状况进行抽样调查,就要先明确总体是该市所有企业的所有职工,包括合同工、临时工和农民工,如果只把总体界定为部分企业或某类职工,则从中抽取的样本就无法反映该市企业职工劳动合同执行状况。

(二) 决定抽样方法

不同的抽样方法具有不同的特点和适用范围。因此,我们在具体实施抽样之前,应依据调查目的、总体范围、计划的样本规模和量化精确程度来决定采用哪种抽样方法。应注意,凡是要求从数量上推论总体的抽样调查,都必须采用随机抽样。

(三) 设计抽样方案

设计抽样方案是指在上述工作完成的基础上,根据调查目的、总体范围、抽样方法、样本规模和抽样误差等问题制订各项目的具体操作方案,为抽样工作的顺利进行提供基础。进行抽样方案设计时应当遵循四个原则:目的性原则、可测性原则、可行性原则和经济性原则。

目的性原则是指在进行抽样方案设计时,要以调查课题的总体方案和调查目标为依据,以调查的问题为出发点,从最有利于调查资料的收集,以及最符合调查目的等因素来考虑。可测性原则是指抽样方案设计能够从样本中计算出有效的估计值或者抽样变动的近似值。可行性原则是指抽样方案设计要符合主客观条件,切实可行。经济性原则是指抽样方案的设计要尽可能最大限度地发挥可获得资源的效力,这种资源主要包括调查的时间、人力和财力等。

(四) 制定抽样框

制定抽样框是指依据已经明确的总体范围,收集总体中全部抽样单位的名单,并统一编号。例如,我们要在某单位进行一项在职女职工家务负担的抽样调查,首先,要对总体进行界定,明确总体范围是该单位的在职女职工,而将不符合上述范围的人排除在总体之外;其次,收集或编制一份该单位在职女职工的完整的、既无重复又无遗漏的人员名单,即抽样框,以备下一步抽取样本之用。

当抽样分阶段、分层次进行时,各阶段和各层次的抽样实际上构成了总体之下的子总体,应当再分别建立抽样框。例如,为了解某省农民的生活状况,首先需要从全省100个县中抽取20个县,其次从这20个县中抽取5个乡,最后从每个抽中的乡中抽取 30 个农民进行调查，那么，就要分别收集并编制全省所有县的名单、样本县里所有乡的名单，以及样本乡里所有农民的名单，这样就形成了三个不同层次的抽样框。

（五）实际抽取样本

实际抽取样本是指在上述几个步骤的基础上，严格按照选定的抽样方法，从抽样框中抽取一个个抽样单位，构成样本。抽样工作一般在实地调查之前就应当完成，若研究的总体规模较大或抽样采取多阶段进行，就需要边抽取样本边实地调查。例如，我们要在某市某企业中抽取 200 名职工进行工作满意度调查，而该企业的职工总数不是很大，且易得到全部职工的花名册，就可以事先从花名册（抽样框）中抽取 200 名职工作为样本，待一切准备工作就绪、正式开始调查时，再对这 200 名职工进行调查。但是，如果从该市所有企业中抽取 1 000 名职工进行工作满意度调查，由于职工数量太大，名单难以全部得到，就需要采取多阶段抽样的方法，且需要边抽取样本边实地调查。

（六）样本评估

样本评估是指对样本的质量和代表性进行检验，其目的是防止样本偏差过大导致的失误。评估样本的基本方法是将样本的重要特征及分布情况与总体的同类指标进行对比，若二者之间的差距较小，则样本的质量较高，代表性较大；反之则样本的质量较低，代表性较小。例如，我们从一个有 4 000 名职工的企业中抽取 200 名职工作为样本，并统计出样本中男职工占 76%，女职工占 24%；本地职工占 67%，外地职工占 33%。同时，从企业有关部门那里得到下列统计资料：男职工占 78%，女职工占 22%；本地职工占 64%，外地职工占 36%。两相对比，不难发现二者之间的差距较小，这说明样本的质量较高，代表性较大，能够较好地反映和体现总体的情况，这样的样本就可以放心地用于抽样调查了。

02 第二节 概率抽样

概率抽样又称为随机抽样或等概率抽样，是指总体中每一个元素都具有同等可能性进入样本的抽样方法。采用概率抽样时，每一个元素的被抽概率相等，而且任何元素被抽取的机会是独立的。概率抽样以概率理论为依据，通过随机的机械操作程序取得样本，所以能够避免抽样过程中人为因素的影响，保证样本的客观性。虽然随机样本一般不会与总体完全一致，但其所依据的是大数定律，且能够计算和控制抽样误差，因此能够正确说明样本的统计值在多大程度上适合总体，根据样本调查的结果从数量上推论总体，也可以在一定程度上说明总体的性质、特征。正因为如此，现实生活中绝大多数抽样调查都采用概率抽样来抽取样本。

概率抽样的具体方法有很多，其中较为常用的是简单随机抽样、系统抽样、分类抽样、整群抽样和多阶段抽样。

一、简单随机抽样

（一）简单随机抽样的概念和方法

简单随机抽样又称为纯随机抽样，是指在特定总体中直接抽取 n 个元素组成样本。它是一种等概率抽样和元素抽样方法，最直观地体现了抽样的基本原理。简单随机抽样是最基本的概率抽样，其他概率抽样都以简单随机抽样为基础，甚至可以说是由其派生而来的。

简单随机抽样对总体中的所有元素完全按照随机原则抽取样本，即抽样时不对所有元素进行任何分组排列，抽取样本的数量是事先设定的，被选为样本的元素是从总体中逐个进行抽取的，从而使得总体中的任何元素都有平等的被抽取的机会。为此，必须保证抽样框的合理性和充分性，既不能让某些元素重复进入抽样框而增加被抽取的机会，也不能让某些元素遗漏而失去被抽取的机会，否则就破坏了随机原则。

简单随机抽样分为重复抽样和不重复抽样两类。在重复抽样中，已被选中的元素仍放回总体中，因此在同一样本中，某一元素就有可能不止一次地出现。在不重复抽样中，被选为样本的元素不再放回总体中，因此在同一样本中，每一个元素只能出现一次。当总体足够大时，不重复抽样与重复抽样相差很小，所以在大规模的社会调查中，通常不使用重复抽样。

简单随机抽样的常用方法包括直接抽样法、抽签法和随机数表法。

直接抽样法是指不对总体的各个单位进行任何处理，直接从中随机抽取样本的方法，如工厂的检验员从生产线上随手抽取若干产品进行检验，调查者随意到居民小区的几户家庭进行调查等。

抽签法也称为抓阄法，是指事先编制抽样框，将总体中的所有单位进行编号，分别写在纸条上，将写好的纸条放入容器中摇晃均匀，从中任选一张纸条，直到抽够所需数量为止。该方法简便易行，应用较广。在总体规模和样本数量较多、工作量繁重时，则不宜采用抽签法。

随机数表法是指采用随机数表来抽样的方法，适用于总体规模较大的抽样调查。随机数表是一种由数字 0~9 组成的特殊的数码表格，所有数码不是顺序排列而是随机排列的，一般由计算机生成，生成原则是保证表中每个位置上的数码都有出现的同等可能。目前，社会上流行着从 1 000 个数码到 15 000 个数码的各种随机数表。用随机数表法抽样的具体做法：①根据总体中所有单位的名单编制抽样框。②将抽样框中的所有单位按顺序编号。③根据总体规模选用随机数表，如 1 000 个单位以下选用 3 位数表，10 000 个单位以下选用 4 位数表，或者在较大的随机数表中选定与之相应的数码范围。④从选定的随机数表中，按照任意确定原则（位置任意、方向任意）逐个抽取与样本同等数量的数码。⑤根据抽取的随机数表数码，从抽样框中抽取数码与之相同的单位，最终形成样本。

（二）简单随机抽样的评价

简单随机抽样没有人为因素的干扰，简单易行，是概率抽样的理想类型。但其也有很大的局限性。

第一，在总体同质性较高时，简单随机抽样比较准确、有效；在总体异质性较高时，则不适用。因为在构成总体的元素差异较大时，用简单随机抽样方法抽取的样本在总体中的分布不一定均匀，所以样本很可能误差较大，无法较好地说明总体的性质和特征。例如，调查高校教职工的生活状况就不能采用简单随机抽样。因为高校教职工包括教师、教辅人员、干部等不同群体，彼此之间的生活状况差异较大，所以采用简单随机抽样有可能使样本偏于某一群体，无法反映高校教职工真实的生活状况。

第二，总体所含元素数目太多时，采用简单随机抽样不仅费时、费力和费财，而且很难操作。例如，采用简单随机抽样方法，从北京市全体驾驶员中抽取 1 000 人作为样本，就需要收集北京市全体驾驶员的名单，制成抽样框，仅此一项工作就带来巨大的任务量，其他工作则更难进行。因此，简单随机抽样仅适用于总体所包括的单位较少、又比较集中的情况，如检验超市中某商品质量时的抽样，检查某大学教师的教学水平时的抽样等。不过，从发展的角度来看，简单随机抽样的这个局限性在未来很可能会得到消除。随着计算机技术的日新月异，特别是互联网的飞速发展，所有的信息都可以不受时间、空间的限制，过去烦琐、艰巨的概率排列组合与计算工作，也可以通过计算机瞬间完成，所以简单随机抽样将越来越不受总体规模的制约。

二、系统抽样

（一）系统抽样的概念和方法

系统抽样也称为等距抽样或机械抽样，是指按照一定的间隔距离抽取样本的方法。

系统抽样的方法：①编制抽样框，将总体的所有单位按照一定标志排列编号；②用总体的单位数除以样本的单位数，求得抽样间距；③在第一个抽样间距内随机抽取第一个样本单位，作为抽样的起点；④按照抽样间距依次抽取样本单位，直至抽取到足够的样本单位。例如,某企业有 3 000 名工人,我们要从中抽取 100 名作为样本,这就需要先收集 3 000 名工人的名单,依次编号为 1~3 000,制成抽样框;再用总体的单位数 3 000 除以样本的单位数 100,得出抽样间距 30;然后在第一个抽样间距 1~30 内随机抽取第一个样本单位,假定是 10;按照抽样间距依次抽取样本单位,即 40、70、100……直到抽足 100 个样本单位。若抽取到第 3000 号仍不足所需样本数量,则可以重复抽取。

采用系统抽样时必须注意一个问题,即总体的所有单位不能有规律地排列,否则会使系统抽样产生很大的误差,降低样本的代表性。例如,以某部队的战士为抽样样本,战士的名单一般以班为单位排列,10 人一班,第一名是班长,最后一名是副班长,若抽样间距是 10,则样本或者均由班长(正、副)组成,或者均由战士组成,不具有代表性。因此,采用系统抽样时一定要认真考察总体所有单位的排列情形和抽样间距的关系,如果原有的排列次序影响抽样的话,就应当打乱原有的排列次序或改用其他抽样方法。

(二)系统抽样的评价

同简单随机抽样相比,系统抽样具有以下明显的优点。

第一,当总体规模较大时,系统抽样比简单随机抽样中的随机数表法易于实施,且工作量少。系统抽样不需要反复使用随机数表抽取样本,只需要按照抽样间隔等距离抽取即可。

第二,系统抽样的样本不是任意抽取的,而是按照抽样间隔等距离抽取的,所以抽取的样本在总体中分布得更均匀,抽样误差一般也小于简单随机抽样,换句话说,系统抽样的精确度更高、代表性更强。

系统抽样的局限性与简单随机抽样一样,也仅适用于同质性较高的总体。当总体内不同类别的个体数量相差悬殊时,采用系统抽样抽取的样本代表性可能更差。例如,以某部队全体指战员为总体,由于部队内战士多、干部少,如果用系统抽样按照抽样间隔等距离抽取样本,则可能很少抽中或完全抽不中干部。

三、分类抽样

(一)分类抽样的概念和方法

为了克服简单随机抽样与系统抽样的缺点,解决异质性较高的总体的抽样问题,人们采取了分类抽样方法。分类抽样也称为类型抽样或分层抽样,是指先将总体的所有单位按照不同特征分为若干子总体,然后从每一个子总体中按照简单随机抽样或系统抽样的方法抽取一个子样本(分类样本),再将这些子样本集合为总体样本。

按照确定分类样本数量的不同方式，分类抽样的方法可以分为比例分类抽样和非比例分类抽样两种。比例分类抽样是指分类样本在样本总体中所占的比例与样本在总体中所占的比例相同；非比例分类抽样则是指分类样本在样本总体中所占的比例与样本在总体中所占的比例不同。例如，我们要调查某企业员工的待遇问题，决定从2 000名员工中抽取200名作为样本，由于企业员工中既有管理人员，又有技术人员，还有工人，且三者的数量和待遇差异太大，因此需要采用分类抽样。具体操作步骤是先将所有的管理人员、技术人员和工人划分为三个子总体，假定管理人员共100名，技术人员共200名，工人共1 700名，按照比例分类抽样方法，则应分别抽取10名、20名、170名。我们如果需要重点了解管理人员和技术人员的待遇情况，又认为10名、20名的样本太少，不足以说明问题，就可以采用非比例分类抽样方法，假定每类抽取30名，从而使管理人员和技术人员被抽取的概率大大提高，特征也就更加明显。

分类抽样建立在两个假定之上：①只要类型划分较细，那么同一类型的每个个体都是同质的，样本也可以准确地反映总体的质。②只要类型划分合理，且分配给每个类型的名额符合总体中各类人员的分布，那么样本就可以准确地反映总体的量。这两个假定在理论上是成立的，但在实际应用中，只有分类标准科学、客观，这两个假定才能实现。由于分类通常是人们的主观行为，必须对总体的所有特征及因素进行充分的了解，才能保证分类的准确性和样本的精确度，这对自然形成、特征鲜明的个体类型来说问题不大，如国家、年龄、性别、教育、职业等，但对于非自然形成、特征复杂的个体类型来说，则具有一定的难度。因此，采用分类抽样时，调查者要尽可能考虑各种因素，根据各种因素的不同特征对总体进行分类，并弄清它们在总体中所占的比例，然后依据这种划分以及各类成员的比例去选择样本单位，使样本中的成员在上述各种因素、各种特征方面的构成尽量接近总体。一般来说，人们对复杂事物都是按照多种标准做多种分类或综合分类。例如，研究城镇居民消费结构的变化，既可以按照行业进行分类，又可以按照行业和职业的交叉进行分类，还可以按照行业、职业、性别、年龄等标准综合分类。在符合客观实际的前提下，分类数目应尽可能多，分类越细，则样本的代表性越好。无论怎样分类，其结果都要努力做到同类单位之间同质性最高，不同类单位之间异质性最高，而且不能重复归类、互相交叉或有所遗漏，各类单位数量之和必须与总体单位数相等。

（二）分类抽样的评价

分类抽样具有突出的优点：

第一，分类抽样能够克服简单随机抽样和系统抽样的缺点，适用于个体数目较多、结构较复杂和内部差异较大的总体。分类抽样通过分类把同质性较高的单位集合为一种类型，把异质性较高的单位区分为不同的类型，这样就减少了抽样误差，尤其是按比例分类抽样方法抽出的样本，实际上就等于总体的缩影，从而可以大大提高样本的代表性。

第二，精确度较高。分类抽样可以将内部差异很大的总体分解成一些内部比较相似的子总体，综合每个子总体内抽出的小样本就能较好地代表总体，所以在样本数相同的情况下，分类抽样比简单随机抽样的精确度更高。从另一个角度说，在精确度相同的情况下，分类抽样的样本规模较小，从而可以节约抽样成本。

第三，便于对不同层面的问题进行探索。分类抽样不仅可以了解总体情形，而且可以将每一类看作一个总体进行专项研究。此外，对总体的各类单位还可以采用不同的抽样方法，如对在职职工采用系统抽样方法，对离退休职工采用简单随机抽样方法等，这样就能够更准确、深刻地反映调查对象的本质特征。

第四，便于分工，提高工作效率。分类抽样可以把每一类看作一个相对独立的总体，所以可以由不同的人分别进行抽样，大大加快工作进度。

分类抽样的缺点是分类通常由人们主观判定，因此要求调查者具备较高的素质与较强的能力，必须事先对总体各类单位的情况有较多的了解，而调查者有时在实际工作中难以完全实现，这就可能影响分类的科学性和精确性。

四、整群抽样

（一）整群抽样的概念和方法

整群抽样又称为聚类抽样或集体抽样，是指将总体按照某种标准划分为多个群体，每一个群体为一个抽样单位，再用随机的方法从这些群体中抽取若干群体，并将所抽出群体中的所有个体集合为总体样本。例如，某大型企业有 5 个分厂、30 个车间、12 000 名工人，采取整群抽样方法调查该企业工人的收入状况，具体做法：首先，将工人按照车间分为 30 个群体，并把每一个车间看作一个抽样单位；其次，用随机的方法从 30 个车间中抽取 6 个作为样本；最后，将这 6 个车间的全部工人集合为总体样本。

整群抽样分为等规模整群抽样和不等规模整群抽样，前者总体内所有群体的规模大致相同，后者总体内所有群体的规模则不相同，在社会调查中以后者居多。这种规模差异如果较大，就会对抽样成本预算与精确度测算及实地调查工作造成不利影响，同时还容易产生抽样误差。为了解决这一问题，人们往往采用概率与元素的规模大小成比例的抽样方法，简称概率抽样法（probability proportionate to size，PPS），也称为比例抽样，就是根据每个群体所包含的最终抽样单位的规模来决定各自抽取样本的比例，规模大则抽取样本的比例相对小，规模小则抽取样本的比例相对大，从而保证每个群体中的最终抽样单位都具有被抽中的同等机会。例如，在上述某企业工人收入状况调查中，发现抽取的 30 个群体中，样本规模分别为 100 人到 600 人不等，其差异会影响调查质量，因此采用 PPS 抽样方法提高 100 人车间的抽样比例，并按照不同比例减少其他人数较多的车间的抽样比例，形成最终总体样本。

（二）整群抽样的适用性

整群抽样与分类抽样都是将总体分为一些子群，分类抽样中所有子群均要抽取一个样本，总体样本是各分类样本的集合，即总体样本在各分类样本中均有分布；整群抽样则不然，其是抽取若干子群，并将这些子群的全部个体集合为总体样本。因此，总体样本只分布在部分子群中。在分类抽样中，类与类的差异明显，类内个体则基本同质，所以由各分类样本集合而成的总体样本能够较好地代表总体。整群抽样不一定是按照特征不同进行分类的，由于仅抽取某几个子群作为总体的代表，一旦子群之间的差异较大，那么抽出的几个子群就有可能出现偏差而无法代表总体。例如，要调查某县农民的平均收入，将农民按照自然村分为 60 个子群，由于该县自然村既有在平原地区的，又有在山区的，两者的农民收入相差甚远，如果用整群抽样方法抽取 10 个子群，而抽到的仅仅是其中一种自然村类型，那么显然这个样本就无法代表全县农民的收入水平。所以，整群抽样适用于个体单位之间界限不清的总体，却并不适用于总体各单位界限分明的情况。对于后者，一般采用分类抽样为宜。

另外，整群抽样也不太适用于所含子群总数较少的总体，若总体所含子群总数较少，则所抽取的样本群数也必然较少，这样会导致样本过于集中，有可能降低样本的代表性。所以，当面对这种情况时，应当采用分类抽样或其他抽样方法。

（三）整群抽样的评价

整群抽样的优点是可以通过转化抽样单位提高抽样的应用性，降低成本，提高效率。例如，在一个几百万乃至上千万人口的大城市里进行抽样调查，如果以个人为抽样单位，则需要建立一个几百万乃至上千万人口的抽样框，这在实际中很难操作，即使能够做到，也会耗费很多的时间、人力和财力。在这种情况下，使用整群抽样就是一个很好的选择。我们可以把城市居民委员会作为抽样单位，将抽样单位由个人转换成群体，这样编制抽样框就会省时、省力和节约费用。正因为如此，在许多社会调查中，人们即使有总体的抽样框，但为了节约和提高效率也会采用整群抽样。

整群抽样的最大缺点是样本分布不均匀、样本的代表性较差。因此与其他抽样方法相比，在样本数相同时，整群抽样的抽样误差较大。另外，对整群样本的资料进行分析，如统计推断、假设检验等，也更复杂。

五、多阶段抽样

（一）多阶段抽样的概念和方法

多阶段抽样又称为多级抽样或分段抽样，是指把从总体中抽取样本的过程分成两个或多个阶段进行的抽样方法。它是在总体内个体单位数量较多且彼此间差异不太大时，首先将总体各单位按照一定标准分成若干群体，作为抽样的第一阶段单位，并依照随机原则，从中抽出若干群体作为第一阶段样本；其次将第一阶段样本分成若干小群体，作为抽样的第二阶段单位，从中抽出若干群体作为第二阶段样本，照此类推，可以抽出第三阶段样本、第四阶段样本……直到满足需要为止。最后阶段的样本单位的集合，就是最终形成的总体样本。一般来说，在抽取前一阶段样本时采用分类抽样或系统抽样，在抽取后一阶段样本时采用整群抽样或简单随机抽样。例如，我们要进行一次全国农村家庭平均收入水平的调查，首先，将各个县作为抽样单位，进行第一阶段抽样，抽出一部分县。其次，以乡为抽样单位，从所抽出的县中抽取一部分乡，这是第二阶段抽样。此前均采用分类抽样方法。再次，以村为抽样单位，从所抽出的乡中随意抽取一部分村，这是第三阶段抽样。最后，以家庭为抽样单位，进行第四阶段抽样，从已选出的村中随意抽取家庭样本，集合为总体样本。

在进行多阶段抽样时，应该注意处理好两个关系：一是群体规模与抽样概率的关系。在多阶段抽样过程中，每一个阶段都要划分若干群体作为抽样单位（如上例中的县、乡、村），而每一个群体包含的最终抽样单位（如上例中的家庭）数量往往相差甚远，所以群体规模越小（如上例中的小县、小乡、小村），其最终抽样单位（如上例中的家庭）被抽中的概率就越高；群体规模越大（如上例中的大县、大乡、大村），其最终抽样单位（如上例中的家庭）被抽中的概率就越低，这就违背了概率抽样的基本原则。对于这个问题，人们通常采用PPS抽样方法来保证每个群体（如上例中的县）中的最终抽样单位（如上例中的家庭）都具有被抽中的同等机会。二是群体规模与抽样成本、效率和抽样误差的关系。在多阶段抽样过程中，如果从提高样本代表性、减少抽样误差的角度考虑，抽取样本的群体（如上例中的县、乡、村）应该尽可能多一些。但是，如果从提高效率、降低成本的角度考虑，抽取样本的群体则应该尽可能少一些。因此，应该从实际需要和现实可能出发，在这些问题之间寻求一个平衡点，努力做到多方兼顾。

（二）多阶段抽样的评价

多阶段抽样把全部抽样过程分为若干阶段，分阶段抽取样本，其最主要的作用就在于缩小总体范围，提高抽样效率，降低抽样成本。

在进行大规模社会调查时，如果抽样单位只有一级，如在全国范围内进行以单个工人为抽样单位的抽样调查，则编制抽样框将极为困难，而且样本的分布极为分散，需要耗费巨大的财力、人力和物力。多阶段抽样采用从高级抽样单位到低级抽样单位逐段抽样的方法，能够较好地解决这些问题，如可以先从各省（区、市）抽取一部分企业作为第一阶段样本，再从中抽取一部分车间作为第二阶段样本，最后从中抽取一部分工人，集合为总体样本。这样，原本复杂的抽样工作就变得简单易行。因此，多阶段抽样的最大优点就是可以以最小的人力、财力、物力和最短的时间获得最佳的调查效果，特别适用于范围大、单位多、情况复杂的调查对象。此外，多阶段抽样在各阶段抽样时可根据具体情况灵活选用不同的抽样方法，所以能够综合各种抽样方法的优点，有利于提高样本质量。

多阶段抽样的不足之处是抽样误差较大。每次抽样都必然产生误差，所以抽样阶段越多，抽样误差就越大。因此，为了减少抽样误差，应尽量减少采用多阶段抽样。

03 第三节　非概率抽样

非概率抽样又称为不等概率抽样或非随机抽样，是指调查者根据主观判断抽取样本的方法。它不是严格按照随机抽样原则来抽取样本的，所以失去了大数定律的存在基础，也就无法确定抽样误差，无法正确地说明样本的统计值在多大程度上适合总体。虽然样本调查的结果也可在一定程度上反映总体的性质、特征，但不能用来推论和说明总体的属性与特征。

非概率抽样的具体方法有很多，其中较为常用的是偶遇抽样、判断抽样、定额抽样和滚雪球抽样。

一、偶遇抽样

偶遇抽样又称为自然抽样、方便抽样或便利抽样，是指调查者将在一定时间、一定环境里所能遇到或接触到的元素作为样本的方法，换句话说，就是调查者根据自己的方便，任意将偶然遇到的元素或者那些离自己最近、最容易找到的元素作为样本。例如，在车站码头向候车人做调查，在街头拦住过往行人做调查；在商店门口、展览大厅或电影院等公众场所向进出往来的顾客、观众做调查；在本单位向同事做调查等。另外，在有些调查中，人们不一定愿意接受调查，这时调查者为方便起见，常常将那些自愿被调查的人作为样本。

偶遇抽样的优点是方便、省力，缺点是无法保证总体中的每一个成员都具有同等的被抽中的机会，那些最先碰到的、最容易见到的和最方便找到的对象具有较大的概率被抽中，所以偶遇抽样的样本具有很大的偶然性，代表性差，不能依赖偶遇抽样得到的样本来推论总体。偶遇抽样常用于探索性研究的试调查中。

二、判断抽样

判断抽样又称为主观抽样、目标抽样或立意抽样，是指调查者根据调查目的和主观分析来选择和确定样本的方法。其又分为印象判断抽样和经验判断抽样两种。印象判断抽样，是指纯粹凭借调查者的主观印象来选取样本；经验判断抽样，是指根据调查者以往的经验和对调查对象的了解来选取样本。

判断抽样省略了编制抽样框等前期工作，直接抽取样本可以节省人力、物力和财力，大大提高工作效率。但是，这并不等于说在社会调查中应当尽可能、无条件地采用判断抽样方法。判断抽样是调查者依据主观判断抽取样本的方法，所以能否采用判断抽样，主要取决于调查者的主观条件和调查对象的总体规模。在总体规模较小、调查所涉范围较窄的情况下，如果调查者对总体的情况比较熟悉，分析判断能力较强，技术十分熟练，经验比较丰富，判断抽样就能够既节省人力、物力和财力，又具有较好的效果。例如，陆青华的《丹江口水库移民生活满意度的调查》[①]，以 1978 年前因丹江口水库工程而迁出的移民为调查对象，着重了解他们的生活状况以及对移民生活的满意程度，希望通过对移民生活状况这一敏感而又关键问题的把握，为改善移民工作提供一些有价值的参考意见。这次调查以湖北省宜城市和荆门市部分乡镇的移民为总体，采用判断抽样方法选取调查对象。该调查的指导者王茂福教授对这一带比较熟悉，且得到宜城市和荆门市移民局的热情支持，所以采用判断抽样方法选取样本取得了较好的效果。

判断抽样主要依赖于调查者对总体的了解程度和判断能力，所以样本的客观性无法确定，样本在总体中的分布不一定均匀，有可能会出现较大的误差，代表性也难以判断。因此，在调查的总体规模较大或调查者主观条件不够时，一般不会采用判断抽样方法。调查的总体规模较大，却因调查者的时间和设备有限而无法进行概率抽样时，尽管也可以采用判断抽样方法，但无法保证调查的质量，而且根据其样本所做调查的结果只能说明某些具体问题，不能用来推论总体。

在社会调查中，调查者出于特殊目的也会选用判断抽样方法。例如，在调查问卷设计阶段，为检验调查问题设计得是否得当，调查者常常有意选择一些观点分歧较大的个体作为调查对象。又如，调查者有时会专门选择那些与总体平均水平有较大偏离的个体作为调查对象，以明确产生偏离的原因等。出于特殊目的采用判断抽样的作用在于发现问题、提出假设，而不在于对总体做出说明。

在我国社会实践中，调查者常常采用一种重点调查的方式，即在调查对象的全部单位中选择一部分重点单位进行调查。例如，调查我国轿车工业某方面的状况，就可

---

① 陆青华. 丹江口水库移民生活满意度的调查. 社会杂志，2002 (6): 10 – 12.

以把中国第一汽车集团有限公司、东风汽车集团有限公司、上海汽车集团股份有限公司、中国长安汽车集团有限公司和广汽本田汽车有限公司等大型企业作为调查对象。我国许多学者把重点调查同普查、抽样调查和个案调查并列，作为一种独特的社会调查类型。但严格来说，尽管重点调查的对象是客观形成的重点单位，但这些重点单位是从调查对象的总体中主观选取的，重点调查实际上是采用了判断抽样方法的抽样调查而已。

三、定额抽样

定额抽样又称为配额抽样，是指先根据总体各个组成部分所包含的抽样单位的比例分配样本数额，然后由调查者在各个组成部分内根据配额的多少采用主观抽样方法抽取样本。例如，假设某高校有2 000名学生，其中男生占60%，女生占40%；文科学生和理科学生各占50%；一年级学生占40%，二年级、三年级和四年级学生分别占30%、20%和10%。现要用定额抽样方法依据上述三个变量抽取一个规模为100人的样本，依据总体的构成和样本规模，我们可以得到定额表（如表5-1所示）。

表5-1　定额表　　　　　　　　　　　　　　单位：人

性别	男生（60）								女生（40）							
类型	文科（30）				理科（30）				文科（20）				理科（20）			
年级	一	二	三	四	一	二	三	四	一	二	三	四	一	二	三	四
人数	12	9	6	3	12	9	6	3	8	6	4	2	8	6	4	2

根据表中的数值，我们就可以分别抽出样本单位，并把这些样本单位集合为总体样本。

定额抽样与概率抽样中的分类抽样都是依据某些特征对总体进行的分类，但二者的目的不同、抽样方法也不同。定额抽样注重的是样本与总体在结构比例上的表面一致性，目的在于抽出一个总体的"形似物"，各类间的异质性与同类内的个体间同质性不一定高，其抽样方法是通过主观分析和判断在配额中抽取样本；而分类抽样注重的则是样本与总体在本质特征上的内部一致性，目的在于抽出一个总体的"神似物"，各类间迥然有异，同类内的个体间却基本一致，其抽样方法则是按照概率随机原则在配额中抽取样本。

定额抽样方法的缺点较为明显。由于定额抽样注重的是样本与总体在结构比例上的表面一致性，且是从方便出发进行主观的抽样，所以往往照顾不到总体单位之间的差异性。对于那些单位众多、错综复杂和情况不断更新的调查总体而言，定额抽样的样本很可能出现较大的误差，因此，根据定额抽样样本调查的结果一般不能推论总体。定额抽样通常用于检验理论、说明关系和进行比较等。

四、滚雪球抽样

滚雪球抽样是一种形象、比喻的说法，是指先找少量的、甚至个别的对象进行调查，然后通过这些调查对象再去寻找新的调查对象，照此类推，就像滚雪球一样越滚越大，直至达到调查目的为止。

滚雪球抽样适用于总体中个体信息不充分或难以获得、不能使用其他抽样方法抽取样本的社会调查。对于诸如球迷、歌迷、戏迷、收藏家、同性恋者、乞丐和吸毒者等群体的调查尤为适用。例如，对吸毒者进行社会调查，由于总体的私密性和排外性极强，根本无法使用前述抽样方法抽取样本，只能利用吸毒者之间的关系，采取滚雪球的方式抽选样本进行调查。如果总体规模不大，用不了几次就会接近饱和状况，即后来调查对象再介绍的都是已经调查过的人，从而能够得到很好的调查效果。

滚雪球抽样用于某一特殊群体的调查往往可以取得较好的效果。但是，当总体规模较大、各单位间差异较大时，许多个体就无法被找到，滚雪球抽样很难兼顾各种类型的个体；有时，调查对象会出于某种考虑故意漏掉一些重要个体。这些都有可能导致抽样样本产生误差，因此不能用于说明总体状况。

五、非概率抽样的评价

非概率抽样不是按照概率随机原则，而是根据人们的主观经验和便利条件来抽取样本，每个个体进入样本的概率是未知的，也无法说明样本是否重现了总体的结构。所以，非概率抽样样本的代表性往往较低，有时误差相当大且无法估计，用这样的样本推论总体是不可靠的。

但是，非概率抽样也有其优势：一是在很多情况下，严格的概率抽样无法进行或没有必要。例如，在人流涌动的车站、商店、广场和街道等公众场合，不允许调查者从容地进行概率抽样；对诸如吸毒者之类的特殊社会群体无法确定调查总体，也就无法随机抽取样本；调查目的只是对总体做一般了解和接触或进行片面的研究，没有必要采用概率抽样；调查对象规模大且不断流动，无法获得稳定、准确的抽样框；调查者的时间、人力和物力不足，无力进行概率抽样；等等。在这些情况下就只能采用非概率抽样。二是概率抽样为了保证概率随机原则的实施，对抽样的操作过程要求较为严格，实施起来比较麻烦，费时、费财、费力；而非概率抽样操作便捷，省时、省钱、省力，统计上也远较概率抽样简单。因此，如果调查目的允许，调查者对调查总体有较好的了解，那么采用非概率抽样不失为一种更好的选择。

第四节 样本规模

样本规模又称为样本容量、样本大小，是指样本中包含个体单位的数量。样本规模不仅影响其代表性，而且直接影响调查的时间、人力、财力、物力等。样本规模越大，意味着各种消耗就越大，同时可能受到的限制和障碍也就越多。因此，从抽样的可行性和简便性考虑，样本的规模越小越好。但样本规模过小，就会降低对总体的代表性，加大抽样误差。这就需要在样本规模上寻求最佳平衡点，那么如何确定样本规模，就成为社会调查中的一个难题和一项重要工作。

在统计学中，通常以 30 个单位为界，把样本分为大样本（30 个单位以上）和小样本（30 个单位及以下）。当样本规模大于 30 个单位时，其平均值的分布接近于正态分布，就可以运用许多统计学的公式，也可以运用样本的资料对总体进行推论。但是，对于社会调查来说，30 个单位的样本常常无法满足条件，在许多专家看来，社会调查的样本规模不能少于 100 个单位。因为在社会调查中，调查者不仅需要以样本整体为单位来计算平均数、标准差、相关系数等统计量，更需要将样本中的单位按照不同的指标划分为不同的类别，进而分析不同类别之间的差别。所以，要保证每个子类别中都有一定数量的单位，就必须使整个样本规模维持在一定数量范围内。

社会调查应当选择多大规模的样本，主要取决于以下几点：

一、总体规模

根据抽样原理，样本规模与总体规模越接近，统计值与参数值就越一致、抽样误差就越小、样本的代表性就越高。一般来说，在一定精确度的要求下，总体规模越大，所需要的样本规模就越大。但是，当总体规模达到一定程度后，样本规模就没有必要加大了。据专家测算，总体规模在 10 000 个单位以上时，样本规模对抽样误差的影响就很小。因此，总体规模在 10 000 个单位以下时，样本规模应尽可能大；而对于那些超大规模的总体，仍可以按照 10 000 个单位总体规模来确定样本规模，以避免浪费。

二、样本的精确度

在抽样中，样本规模越小，统计值越偏离于参数值，抽样误差就越大，样本反映总体各类参数的精确度也就越低。因此，抽样中的一项重要任务就是通过控制样本规模来减少统计值与参数值的偏离，提高样本的代表性和精确度。从理论上来说，样本的精确度越高越好，但相应的样本规模也就越来越大，然而并不是随意增加一点儿样本单位就可以提高样本的精确度的。据测算，抽样误差减少 1/2，样本规模就要增加为原来的 4 倍；抽样误差减少 2/3，样本规模就要增加为原来的 9 倍，这对于规模较小的总体来说，尚可操作，因为样本规模较小幅度的增加，便会带来精确度较明显的提高。例如，当样本规模从 100 个单位增加到 156 个单位时（仅仅增加了 56 个单位），抽样误差就由 10% 下降到了 8%。但这对于规模比较大的样本来说难以实施。例如，抽样误差在 2% 时，样本规模为 2 500 个单位；要使抽样误差从 2% 下降到 1%，则需要增加 7 500 个单位，这就意味着时间、人力、财力、物力的消耗也要增加好几倍。而大多数社会调查的抽样并不要求太高的精确度。因此，调查者应当根据必要性和可能性，适当确定样本的精确度；决不能一味追求样本的精确度而增加样本规模，导致时间、人力、财力、物力的巨大浪费。

三、总体异质性

总体异质性对样本规模的影响也十分明显。若想要达到同等的精确度，在同质性较高的总体中抽样时，样本规模可以小一些；在异质性较高的总体中抽样时，样本规模则可以大一些。这是因为总体的同质性越高，表明其在各种变量上的分布就越集中，波动性越小，同样规模的样本对总体的反映就越准确；而总体异质性越高，则表明其在各种变量上的分布就越分散，波动性越大，同样规模的样本对总体的反映就会越差。例如，当总体中的个体的消费差别较小，或者说分布比较集中时，样本中人均消费值的随机波动就较小，抽样误差也就较小。因此，为了提高样本的精确度，人们通常采用分类抽样方法将总体划分为不同的类别或层次，让不同类别或层次的个体在样本中都有代表，并使得抽样误差中基本不存在类别之间的误差成分，而只存在类内各单位之间的误差成分。

四、调查者的时间、人力、财力、物力

确定样本规模要注意调查者的时间、人力、财力、物力。尽管从样本的代表性、精确度考虑，样本规模应尽可能大一些，但一般社会调查的时间、人力、财力、物力是有限的，样本规模必须与之相匹配，否则无法完成抽样，甚至无法根据抽样结果进行调查研究。

本章小结

思 考 题

1. 什么是抽样？抽样有哪些基本术语？
2. 如何理解抽样的作用？
3. 阐述抽样的程序。
4. 针对不同的总体和样本，如何选择不同的概率抽样开展调查工作？
5. 分析非概率抽样各个类型的特点和应用情况。
6. 在社会调查中，如何确定样本规模？

03
第三编

资料收集

第六章 文献调查法

本章提要

　　文献调查法是社会调查中经常采用的方法。一般来说,在社会调查进行之前,都要对该领域的成果即文献资料进行梳理,以形成调查工作的基础;在社会调查过程中,应当注意收集有关的文献资料,摘取所需成分做进一步分析。本章说明了文献及文献调查法的概念和特点,并对文献调查法做出简要评价,同时具体阐述了文献收集、文献信息的摘录和文献分析等内容,以便学习者较全面地掌握文献调查法的相关知识和基本技能。

学习要求

　　1. 了解:文献的概念、种类和特点;文献调查法的特点;文献收集的基本要求;文献调查法的优点和缺点。
　　2. 掌握:文献调查法的概念和基本步骤;文献收集的方法;摘取文献信息的基本步骤、记录文献信息的主要方法;文献定性分析和文献定量分析。

01 第一节 文献和文献调查法

一、文献的概念、种类和特点

（一）文献的概念

所谓文献，最早是指历史典籍，后来又泛指社会中记载信息的一切书面文字材料。在现代信息技术飞速发展的今天，文献被赋予了更广泛的含义和内容，人们把利用各类物质载体记录并用以交流、传播的一切文字、图表、数字、符号、音频、视频等知识信息资料统称为文献。文献必须具有三个特性：①必须具有知识内容的表现。没有知识内容的物体，如空白纸张、空白光碟等就不是文献。②必须具有一定的客观物质载体。仅仅存在于人们头脑中或者口头相传的知识就不能称为文献。③必须具有人类的记录行为。如果只是客观存在的事物，但没有被人们记录下来，也不能称为文献。

文献是人类知识的结晶，是人类积累知识的重要宝库。从认识论来看，一切知识都是从直接经验中得到的。但是，任何人都不可能仅靠直接经验了解一切，绝大多数的知识都是通过间接经验获得的，而间接经验主要就是指各种文献。任何新知识都是在前人成果（主要体现为文献）的基础之上诞生和发展起来的，文献能够超越时间和空间的限制，使人们极大限度地拓宽视野，了解古今中外的各种事物。因此，文献是人们获取知识和认识世界的重要依据。

（二）文献的种类

根据不同的分类标准，可以将文献分为不同的种类。

根据物质载体的不同，可以将文献分为甲骨文献、铜器文献、竹木简牍文献、布帛文献、纸张文献、胶卷文献、磁带文献、光盘文献、磁盘文献、网络文献等。其中，纸张文献一直居于主导地位，但是自20世纪以来，出现的胶卷文献、磁带文献、光盘文献、磁盘文献、网络文献等具有新型物质载体的文献逐渐占据越来越重要的地位。

根据记录手段的不同，可以将文献分为手工型文献、印刷型文献、感光型文献、录制型文献、电子型文献等。手工型文献是指用手工刻、铸、写的文献，如甲骨文献、铜器文献、竹木简牍文献、布帛文献等。印刷型文献是指印刷在一定物质载体（主要是纸张）上的文献，印刷方式包括木印、石印、铅印、油印、胶印、复印等，最常见的印刷型文献是报刊、书籍等。感光型文献是指以感光材料为物质载体，运用照相、摄影等光学技术记录下来的各种文字、图片等。录制型文献是指运用录音、录像等现代技术手段记录下来的各种录音带、录像带、光盘等。电子型文献是指以数字形式将信息存储在磁盘、磁带、光盘或网络等载体上，并通过计算机或网络进行阅读的文献。随着人类科学技术的不断发展，这种基于现代信息技术手段的文献类型还会越来越多。

根据文献加工层次的不同，或者根据文献作者与文献的相关程度的不同，可以将文献分为零次文献、一次文献、二次文献和三次文献。零次文献是指未经加工或未公开的最原始的资料，如信件，手稿，日记，笔记，回忆录，自传，实时记录和会议记录以及现场拍摄、录制的照片，胶卷，录音带，录像带等。一次文献是指作者根据自己的工作或研究成果而编写的文章或制作的音频、视频，其特点是内容具有独创性，或者含有前所未有的发明创造，或者具有新的见解与理论，是科学技术进步的标志。一次文献是对知识的第一次加工，是信息的基础，也叫信息源。一次文献包括：期刊论文、研究报告、会议记录整理、专利说明书、学位论文、调查报告以及音像作品等。二次文献是指他人对零次文献和一次文献进行收集、分析、整理并进行再加工而成的文献，包括各种文字材料和剪接后的录音带、纪录片及其目录、索引、文摘等。三次文献是指科学技术人员在二次文献的基础上，对文献进行阅读、分析、归纳、整理和推理，再加以概括、论述、重织、加工提炼而成的文献，可供人们了解某一学科或专题的进展，了解其过去、现在和未来发展趋势的文献。三次文献主要包括综述、评论、述评、进展、动态、年鉴、专著、指南等。三次文献一般是由专家编写的，文献水平高、专业性强。此外，还有一种简明的分类方法，即把零次文献和一次文献称为原始文献、直接文献或第一手文献，是指由社会事件或社会行为的直接参与者或接触者撰写或记录的文献；而把二次文献和三次文献称为次级文献、间接文献或第二手文献，是指非社会事件或社会行为的直接参与者或接触者撰写或记录的，而是在第一手文献的基础上再加工而成的各类文献。一般来说，第一手文献比第二手文献的信度更高，因为后者是在多次加工的基础上，甚至掺杂了作者带有主观因素的分析和感受之后编写而成的，信度自然会大大降低。所以，调查者在使用文献之前，要注意文献的类别，考察文献的信度和效度。

根据资料来源的不同，可以将文献分为个人文献、社会组织文献、大众传播媒介文献和官方文献。个人文献是指个人编写的日记、信件、自传、回忆录等。社会组织文献是指各种企事业单位、社会团体（如同乡会、同学会、同业协会及宗族、宗教组织等）的规章制度、统计报表、总结报告、族规家谱、教义教条等。大众传播媒介文献是指各种书籍、报纸、杂志、广播影视、网络内容等。官方文献是指各种法律、法规、文件、会议记录、统计资料等。

此外，根据学科领域的不同，可以将文献分为社会科学文献（又可分为经济学文献、政治学文献、社会学文献等）、自然科学文献（又可分为物理学文献、化学文献、生物学文献等）；根据出版发行方式的不同，可以将文献分为公开出版发行文献和内部印发文献；根据保密等级的不同，可以将文献分为公开文献、内部文献、秘密文献、绝密文献等。除此之外，还有一些其他分类方法，但上述分类方法是最主要的。

（三）文献的特点

20世纪以来，特别是第二次世界大战之后，在现代科学技术的推动下，文献出现了一些新的特点：

第一，数量急剧增加。以图书为例，据学者统计，15世纪下半叶，全世界仅出版了约3万种图书，16世纪出版了约25万种图书，19世纪出版了约700万种图书，20世纪出版了约2 500万种图书。20世纪以来，图书给读者提供的信息约等于过去3 000年各种读物所提供的信息总和。这种现象被人们称为"信息爆炸"。

第二，类型日益丰富。随着科学技术的发展，文献的物质载体和记录方式越来越多样化。就物质载体而言，除目前最为普遍的纸张以外，感光材料、磁性材料、热敏材料、半导体晶片及其他金属材料也都陆续成为记载文献的物质载体。就记录方式而言，除目前最为普遍的手工记录、印刷记录以外，摄影、录制、光刻、数码等新型记录方式相继出现，并日益占据重要地位。

第三，速度快、失效快、寿命短。20世纪以来，作为第一生产力的科学技术发展迅猛，从而导致社会各个领域的内容及知识更新极快。大量新文献不断涌现，却又很快落伍，迅速被新的文献取代。

第四，内容重复交叉。由于知识更新速度加快，在同一时期人们的研究课题及研究成果雷同的概率很高，所发表的文献也难免"撞车"。美国情报科学学会曾经对1 588种社会科学期刊进行调查，发现有1 201种期刊刊登的文章出现了重复现象，重复率高达76%。许多类似文献竞相发表，许多类似图书也一再出版，有人将这种现象称为"情报污染"。

第五，质量良莠不齐。由于当代社会发展迅速，人们的生活节奏极快，功利主义盛行，许多文献未经深思熟虑和严格审查就匆忙发表，结果文献的质量良莠不齐，其中虽不乏精粹之作，但也存在大量的"垃圾文献"。

此外，全球化的发展，使文献的语种增多；文献的多样化和急剧增加，使文献的分布异常分散；文献大量涌现但发表渠道不足，使文献的公开化严重滞后，这些也是当代文献的特点。

当代文献的这些特点，一方面有利于人们更深入、全面地认识社会；另一方面加大了人们通过文献认识世界的难度。人们必须多渠道地、广泛地、及时地收集文献，并要花费较大的精力去粗取精、去伪存真，才能在众多的文献中获得真知灼见。

二、文献调查法的概念、特点、地位和基本步骤

（一）文献调查法的概念

文献调查法简称文献法，也称为历史文献法，是指收集、分析和研究各种现存的有关文献资料，从中选取信息，以达到某种调查研究目的的方法。其所要解决的是如何在浩如烟海的文献中选取适用于调查课题的资料，并对这些文献进行恰当分析和使用的问题。

（二）文献调查法的特点

文献调查法具有以下三个显著特点：

第一，历史性。文献调查法不是对正在发生的社会情况进行的调查，而是对曾经发生的事情和已经获得的知识进行的调查。

第二，间接性。文献调查法面对的是各种间接的文献资料，而不是直接介入有关事件，也不是直接接触有关事件的当事人和文献的记录者、编撰者。

第三，无反应性。文献调查法接触的是无知无觉的物（文献），而不是有情绪、有思想的人，在调查过程中不受任何调查对象心理或行为因素的影响。

（三）文献调查法的地位

在社会调查中，文献调查法具有特殊的地位。

第一，文献调查法是最基础和用途最广泛的资料收集方法。任何社会调查的课题选择、探索性研究、方案设计及测量指标体系编制等，都必须先从文献调查入手，以使调查目的更为明确和有意义，使调查内容更为系统、全面和新颖。即使进入到具体的调查阶段，也仍然需要进行文献调查。利用文献调查法可以收集到其他方法难以收集或者没必要用其他方法收集的资料，如某地区的自然概况、历史沿革、统计数据等。在采用其他方法进行调查的过程中，以及在调查后期对收集资料进行整理、分析和撰写调查报告时，人们也常常需要利用文献提供必要的佐证和补充。另外，有些社会调查由于人、财、物或其他客观条件的限制，只能以文献调查法作为收集资料的基本手段。总之，文献调查法对于所有的社会调查来说，都是必不可少的。

第二，文献调查法并不仅仅是一种重要的资料收集方法，还是一种独特的和专门的研究方法，这是与其他调查方法相比最显著的区别。问卷调查法、测量法、访谈调查法、观察调查法、实验调查法等，这些调查方法的主要功能就是收集资料，而对收集到的资料进行整理、分析和研究则是采用一些通用的专门方法来完成。文献调查法却不然，其可以独立完成从资料的收集到分析、研究的全过程。那些旨在再现或分析

历史现象的调查课题，如分析民国时期社会各阶层的生活状况等，或者研究不可能重演的某些社会事件，如战争、犯罪等，或者时间跨度较大的纵贯性课题，如中华人民共和国成立以来农村基层组织的变迁等，只能依靠文献调查法来完成。

（四）文献调查法的基本步骤

长期以来，文献调查法一直以手工操作为主。20世纪50年代以后，人们开始采用计算机等现代技术和设备来处理、存储和利用文献，从而极大提高了文献调查的效率。然而，无论使用何种手段，文献调查法的基本步骤大体一致，包括文献收集、文献信息的摘录、文献分析三个环节。在文献调查法独立或主要担纲的调查中，这些环节缺一不可；而在其他调查方法为主的调查中，文献调查法一般特指前两个环节，文献分析是和其他调查获得资料的分析一并进行的。

文献收集有广义与狭义之分。广义的文献收集是指将文献按照一定方式收集、存储起来，并按照调查需求查找有关文献或文献中包含的信息内容的过程，其包括文献的检索、收集、存储等过程。狭义的文献收集则不包括文献的存储过程。社会调查中文献调查法所采用的是狭义的文献收集。

所谓文献信息的摘录，是指从检索出的文献中摘取并记录与调查课题有关的信息的过程。

所谓文献分析，是指对文献中的某些特定内容进行分析和研究，以了解其中所反映的社会现象、社会事物及其本质、规律，或者了解文献作者和有关人员的思想、感情、态度和行为，以及文献的外在表现形式及内涵等，并进而达到说明调查课题的目的。

02　第二节　文献收集

文献调查法的实施从文献收集开始。只有广泛收集文献，对所需要的文献资料做到心中有数，才能保证文献调查法的顺利进行。在文献收集的过程中，我们必须遵循一些基本要求，掌握一定的方法。

一、文献收集的基本要求

文献收集的基本要求大致如下：

第一，取其精华。按照传统观点，收集文献应尽可能做到全面、无遗漏。但是，在当代"信息爆炸"、文献数量激增、文献分布广泛、文献质量良莠不齐的情况下,应该以求精为上。1980年8月在丹麦哥本哈根召开的国际文献工作联合会第40次大会上,美国文献学家布里伯格提出应当用"以少胜多"的文献收集原则来取代以往"多多益善"或"百分之百"的文献收集原则,这是非常正确的。在众多大同小异的文献中,精选出若干代表作,就能够解决绝大多数调查课题面临的问题。

第二,有的放矢。收集文献必须具有较强的针对性,切忌眉毛胡子一把抓。如果收集的文献中夹杂了太多对完成调查课题无关的成分,不仅会浪费人力、物力、财力,而且会大大降低调查的信度和效度。有的放矢是收集文献的最基本要求。

第三,内容丰富。对某一调查课题而言,文献的涉及面要尽可能宽,种类要尽可能丰富。无论是过去的还是现在的、正面的还是反面的、国内的还是国外的、专题的还是综合性的、本学科的还是相关学科的等,只要是和调查课题有关的文献,都应该进行收集。

第四,形式多样。若在文献收集中,只注重收集文字材料,这显然是不对的。我们既要收集印刷型文献,也要收集录制型文献、电子型文献等;既要注意公开出版的文献,也要注意未公开或内部的文献等。总之,收集的范围应囊括与调查课题有关的所有形式的文献。

第五,系统连贯。从收集文献的内在结构来看,要注意其系统性,不能有明显的漏项或弱项。收集的文献在时序上也要尽可能保证一定的连续性,不能时断时续。必须明确一点:残缺不全的文献不能用来说明任何问题。

第六,注重时效。在"信息爆炸"的今天,对有关调查课题的各种新资料、新信息必须保持高度的敏感性,做到及时了解、及时收集、及时研究、及时利用,否则调查就缺乏时效性,调查成果也就失去了实用价值。另外,应该按照调查课题的时间跨度来决定收集文献的时间跨度。许多课题并不需要追根溯源,如要调查我国目前落实义务教育的情况,就应该重点收集近年来的文献,而没有必要收集十几年以前的基础教育情况(少量背景资料除外)。这样可以事半功倍,既能节省时间和精力,也能快速了解与调查课题有关的各类问题的最新动态。

总而言之,只有满足了上述基本要求,文献的收集工作才能圆满完成,才可能为后续的文献信息的摘录、文献分析等工作奠定坚实的基础。

二、文献收集的方法

(一)文献检索

在文献收集的过程中,首先应当知道在哪里才能找到所需的文献,或者说,如何才能发现这些文献的具体位置。要做到这一点,就必须掌握文献检索的方法。

总体来说，我们可以将文献分为未公开发表的文献和公开发表的文献两大类来进行检索。未公开发表的文献主要有个人写的日记、信件、自传、回忆录等，以及政府部门、企事业单位、社会团体的内部文件、规章制度、统计报表、总结报告，宗族的族规、家谱，宗教组织的教义、教规等。这部分文献相对数量较少，查找的办法也比较单一，我们只能根据已知的线索或主观判断，向个人或有关单位咨询、查找。

公开发表的文献包括各种类型的正式出版文献和仅在互联网上发表的文献，其是文献的主体，数量庞大，调查者必须充分利用现有的图书情报资料和网络资源，到专门的图书情报机构（如图书馆、情报所等）或者上网查找。其检索方法也相对复杂，往往需要借助一些专门的文献检索工具。我们需要着重掌握的也就是检索这部分文献的方法。

1. 人工文献检索

迄今为止，人工文献检索仍然是查找公开发表的文献的主要方法。该方法主要借助两类工具，即有关机构编制出版的文献检索工具和图书情报机构（主要是图书馆）编制的目录。

（1）有关机构编制出版的文献检索工具。按照著录形式，文献检索工具可分为目录、索引、文摘和全文等几种形式。

目录是指对图书或其他单独出版的资料名称的记载，通常以图书、期刊作为单元，并依照一定次序编排而成。按照职能划分，目录可分为出版发行目录、资料来源目录等；按照收录文献种类划分，目录可分为图书目录、报刊目录、标准目录、专利目录等。例如，《全国总书目》《全国新书目》《全国中文期刊联合目录》《中文科技资料目录》《中国学位论文通报》等。

索引是指著录一篇内容上独立的文献的外部特征，包括篇名、作者、作者单位、原文出处、语种、专利号、合同号等，并分类编排而成。例如，《全国报刊索引》《人民日报索引》《中国人民大学复印资料索引》《中国专利索引》，以及美国的《科学引文索引》《社会科学引文索引》等。

文摘是指除了描述文献的外部特征，还对文献的内容特征做较深入的报道，即带有文献的摘要。文摘型检索工具比索引型和目录型检索工具更能深入地揭示文献的内容，因此其报道的速度相对较慢。例如，《新华文摘》《报刊文摘》《中国专利分类文摘》《国际学位论文摘要》《世界专利文摘周报》，以及英国的《科学文摘》、俄罗斯的《文摘杂志》、日本的《科学技术文献速报》等。

全文型检索工具不仅能获取文献的题录信息，而且能得到文献的原文内容，如"中国期刊网专题全文数据库""中国人民大学复印报刊资料库"等。

在上述文献检索工具的指引下，我们可以很快查找到所需文献的有关信息，并可以进一步找到具体文献，从中获得所需要的信息。

（2）图书情报机构编制的目录。图书馆是最主要的图书情报机构。目前，世界上绝大部分文献都收藏在图书馆，因此图书馆仍然是人们最常用的检索途径。图书情报机构不仅可以提供文献的线索，更可以成为获取文献具体内容的直接通道。哪怕人们通过其他途径了解到存在某种文献后，最终往往还是要到图书情报机构去查询该文献的具体内容。

不同的图书馆都有各自的馆藏目录，其一般只列出文献的题目、作者、出处及文种等。目前我国图书馆仍普遍采用卡片式目录，大致包括分类目录、书名目录、著者目录和主题目录四种。

分类目录，是指根据图书的学科特点，按照图书馆所采用的分类法编制的目录。调查者通过分类目录查找文献，可以按类求索，较快地查找到同类学科的有关文献。

书名目录，是指按照图书名称排列的目录。如果调查者知道书名，就可以在最短时间内查找到所需的文献。

作者目录，是指按照作者的姓名排列的目录，同一作者的著作集中在一起，以便了解同一作者著述的全貌。

主题目录，也称为标题目录，是指按照图书的主题排列的目录。图书馆把某一主题的各种图书、期刊等文献资料集中在同一主题词下，可以帮助调查者迅速找到某学科、某专题的所有文献。既不知道所需文献的分类，又不知道书名或作者时，就可以根据调查课题的学科、专题去检索主题目录。

上述各种目录在内部排列顺序上具有不同的方法，中文图书有音序法、笔画法和部首法。音序法，是指以文献标题首字的发音，按照汉语拼音字母的顺序依次排列的编目方法。熟悉汉语拼音的人可以使用此法。笔画法，是指按照首字笔画并结合笔顺加以排列的方法。不熟悉汉语拼音的人可以使用此法。部首法，是指依照首字形体及偏旁构造排列的方法。在外文图书中，英语与俄语目录是按照原文字母顺序排列的，日文目录是按照五十音图顺序排列的，其他语种的目录也有各自特有的排列方法。掌握了这些具体方法，查找文献就会变得十分方便。

2. 计算机文献检索

计算机用于文献检索的研究始于20世纪50年代初。20世纪60年代中期，人们主要利用单台计算机的输入、输出装置进行过期文献的追溯检索和新文献的主题检索，以及提供脱机检索服务。20世纪70年代初，计算机检索进入联机检索阶段，单台存储信息的主机可通过通信线路连接多个检索终端，利用分时技术，使多个用户可以同时与主机"对话"，即进行文献检索。我国多数图书情报机构建立的可在计算机上阅读的机读检索工具（磁带式目录）即属此类。进入20世纪80年代以后，计算机信息检索进入"信息—计算机—卫星通信"三位一体的新阶段，即国际联机信息检索阶段，使信息、文献不受地区、国家限制而真正实现全世界信息资源共享。到了20世纪80年代末90年代初，用光盘制成的数据库取代了一部分联机检索市场，特别是计算机信息检索已逐渐发展成计算机网络（互联网）检索系统。互联网上提供联机信息检索服务的数据库已从文献型逐步过渡到数值型和事实型数据库，而且全文型数据库也开始不断增加；数据库内容的存储形式也向多媒体方向发展，从单纯的字符模式过渡到图文并茂的图形模式，后者是可以提供大量实时声音和动画的文献存储模式。

目前，计算机文献检索是指利用互联网进行的文献检索。在互联网上查找文献，主要包括下列两种方式：

第一，登录专门网站检索。目前，国内外绝大多数图书情报机构、政府部门、学校、科研机构、大众传媒机构和企事业单位都有自己的网站，其中建有各种数据库。只要按照其网址上网登录，即可找到有关文献信息；即使不知道其网址，但只要按照其中文或外文名称登录，一般也可以达到文献检索目的。例如，查找我国国情的相关资料，就可以登录"中国统计信息网"。再如，中国国家图书馆已有专门的网站，并且建立了数字图书馆，人们只要上网登录，即可检索有关文献目录，甚至可以直接阅读到有关文献。除此之外，更方便的是利用专门的文献检索网站进行文献检索，常用的专门的文献检索网站主要有中国图书网、中国国家图书馆·中国国家数字图书馆、国家哲学社会科学文献中心、国家科技图书文献中心、中国知网、全国图书馆参考咨询联盟、万方数据库、掌桥科研、爱学术、鸠摩搜书、谷歌学术镜像、剑桥大学机构知识库、创世纪图书馆、古腾堡图书馆、开放存取资源图书馆等。

第二，利用大型门户网站的搜索引擎查找文献。具体操作办法主要是主题概念（文献名称或主题词）检索。在检索过程中，如果检索提问式只有一个主题概念，那么计算机就直接根据该主题概念所对应的提问特征标识在数据库的倒排文档中进行搜索、类比和匹配，得到相对应的文献特征标识后，再根据文献特征标识后的文献存取号，在顺排文档中找到相对应的文献，即所需要的检索结果；如果检索提问式是带有逻辑运算的多个主题概念，那么计算机就会先在数据库的倒排文档中找到这些主题概念所对应的文献特征标识，再根据逻辑运算符的要求，对这些文献特征标识后的文献存取号集合进行比较、匹配和取舍，实现多个文献特征标识的逻辑运算，运算结果得到符合要求的文献存取号，根据这些存取号在顺排文档中找到相对应的文献，即最后的检索结果。用户可以根据计算机输出的检索结果反馈信息来修改检索提问式，以期得到最满意的结果。

计算机文献检索使用起来非常便捷，而且可以找到大量并未公开出版、只在网上公开发表的个人文献、官方文献和机构文献等。但是，目前许多网络资源尚在建设之中，文献还不系统、不完全。许多机构由于种种原因，未能把全部文献在网上发表，所以这种方法虽然具有很多优点，却还不能取代其他文献检索方法。这一点需要引起特别注意。

除上述文献检索方法以外，还有一种简便的参考文献查找法，也称为追溯查找法，即根据作者在专著中所列的参考文献目录，或在专著中所引用的文献名目，追踪查找有关文献资料的方法。该方法的具体做法是从已经掌握的文献资料入手，根据文献中所列的参考文献目录和所引用、介绍的文献名目，直接查找一些较早的文献；再利用较早文献中所列的参考文献目录和所引用、介绍的文献名目，去查找更早一些的文献。如此逐步地扩大查找范围，直到查找到比较完整的文献资料为止。

参考文献查找法具有查找的文献比较集中，省时、省力的优点，而且往往能及时捕捉到一些最新的研究成果。相对于一次文献而言，任何检索工具总具有一定的滞后性。因此，参考文献查找法虽然不如人工文献检索所得的文献全面和广泛，但仍很有效。

另外，在实际工作中，往往将上述几种方法交叉采用，称为综合查找法，也称为循环查找法或分段查找法，即将人工文献检索、计算机文献检索和参考文献查找法结合起来，循环查找。具体来说，可以先采用人工文献检索和计算机文献检索查找出有用的文献资料，然后根据这些文献中列出、引用的参考文献名目，去查找更早一些的文献；也可以先采用参考文献查找法，查找出更早一些的文献，然后采用人工文献检索和计算机文献检索来扩大查找文献的范围，如此分阶段地交替使用这些方法，直到满足需求为止。

总而言之，我们查找文献要尽可能以人工文献检索为主。参考文献查找法和综合查找法比较适合缺乏检索工具、图书情报机构的部门或地区使用。计算机文献检索在目前则仍是其他查找法的重要补充。

（二）文献收集的主要途径和一般方法

当我们能够灵活、熟练地使用上述文献检索方法发现所需文献的出处时，其后的文献收集就变成一件顺其自然、非常简单的事情了。目前，文献收集的途径主要有个人、机构和互联网三种。我们应该针对文献的不同来源和出版、收藏情况，采取不同的方法查找文献，并通过这三种途径进行文献收集。

一般来说，对于未公开发表的文献，若属于个人收藏品，如个人的日记、信件、自传和回忆录等，可以根据线索主动联系文献所有者，在征得其同意后再采取租赁、借用和复印等办法收集；若是机构收藏品，如企事业单位、社会团体的规章制度、统计报表和总结报告，宗族的族规、家谱，宗教组织的教义、教规，或者官方不宜公开的各种规章制度、文件、统计数据等内部资料，则可以按照一定程序和规定，采取向有关单位直接索取、文献交换、复印和租借等方法收集，某些特别的历史档案则可以到专门的档案管理机构通过借阅、复印等方式收集。此外，在某些特殊情况下，还可以通过上级主管部门征集、调拨等方式进行文献收集。

对于公开发表的文献，若是正式出版发行的各种书籍、刊物、磁带和光盘等文献资料，可以到图书情报机构和可能收藏这类文献的单位、读者那里去借阅，或者从有关数据库中下载，当然也可以直接购买。另外，对那些虽未正式出版发行，但已经在互联网上公开发表的文献，如个人撰写的各种文章，大众传媒机构因版面不够或其他问题未刊印的稿件，政府部门的官方网站、社会组织和企事业单位的网站中发布的各种文章和统计资料等，可以通过网上下载或复制的方式来收集。

第三节 文献信息的摘录

通过检索发现并收集到文献之后，下一步的工作就是摘取和记录与调查课题有关的信息。

一、摘取文献信息的基本步骤

摘取文献信息一般包括以下基本步骤：

（一）浏览

浏览是指在文献收集告一段落后，应将收集到的文献资料全部阅读一遍（包括对录制型文献的观看或收听），以对文献有一个初步认识，即大致了解文献的内容，初步判明文献的价值。

浏览的关键是速度要快。据统计，一般人的阅读速度是平均每分钟 300～400 个字，而浏览的速度则要快得多，争取做到几十分钟翻完一本数十万字的文献。为此，应注意以下几点：①要粗读而不要精读，即争取做到一目十行，迅速了解文献的大概内容、基本思路和主要精华，而不去反复揣摩句意。②只读文献中的"干货"，即只注意文献的主要观点和有关数据，跳过那些无关紧要的过渡段落、引文和推理过程等。③要全神贯注、思维敏捷，即浏览时精神保持高度集中，同时大脑要高速运转，眼睛看到哪里，耳朵听到哪里，大脑就想到哪里。④要善于抓住重点、迅速突破。在浏览文献的过程中，不能始终保持一种频率通读全文，而要以文献的重点部分作为切入点，并对重点内容投入多一些的时间、精力。浏览文献时要重点关注作者、提要、目录、前言（或序）、后记（或跋），以及注释、图表、参考文献、索引等，浏览论文或其他体例的文献则要重点关注篇幅、标题、主要观点、论证和数据等。只要抓住了这些重点内容，就能够尽快了解文献的概况，并对文献价值做出初步的估计，对文献其他部分的浏览速度也可以大大加快。

（二）筛选

筛选是指在浏览的基础上，根据调查课题的需要，从收集的文献中选出可用部分。

筛选时应当注意以下几点：

第一，要注重文献的质量。文献的质量又称为文献的信度和效度，即文献的可靠性和有用性。一般来说，公开出版发行的各类文献、在互联网上公开发表的官方机构和社会组织的文献、未公开出版发行的官方机构和社会组织的内部文献等，这些文献的质量比较有保证，调查者根据调查需要从中筛选文献即可。而未公开出版发行的个人文献和在互联网上公开发表的个人文献则要慎重对待。这部分文献固然也有许多极富价值的内容，但往往作者存在某种动机和社会价值取向导致某些文献出现事实的失真或观点的偏颇；有些文献内容不是原始资料，又不说明转引出处，从而并不具有实际使用价值。所以，在筛选这部分文献时，一定要仔细甄别，做到去伪存真、选优汰劣。

第二，要注重文献的代表性。调查者应反复比较所选文献，从时间的角度，选出不同时期的代表作，尤其要选用那些最先论述某一问题的原始文献和最近论述某一问题的新作；从内容的角度，选出阐述不同事实或不同观点的代表作。在筛选时，要特别注意那些著名出版单位出版的文献和权威作者的文献。总之，要选取那些最能说明问题的优质文献。

第三，要从应用的角度区分文献的层次。在筛选时，可以把全部文献预设为必用、应用、备用、不用等几个部分，先从大量文献中筛选出备用的文献，剔除不用的文献，再从备用的文献中筛选出应用的文献，最后从应用的文献中筛选出必用的文献；也可反向操作，从选取必用的文献逐步扩大到选取备用的文献，最后剩下的就是不用的文献。区分文献层次，对于文献的使用具有很大的实际意义。

对决定不用的文献，也不要轻易抛弃。因为在其后的调查过程中，往往会发现不用的文献中也存在着原来被忽视而实际上非常有用的信息。

（三）精读

精读是指要认真、仔细地阅读筛选出的可用文献，同时着重在理解、联想和评价文献等方面下功夫。文献越重要，就越要注重对文献的精读，特别是需要反复阅读、思考必用的文献和应用的文献。在精读时，不但要认真理解文献所阐述的观点，详细了解文献所引用的事实，而且要将其与其他文献进行反复对比和研究，对文献所阐述的观点和所引用的事实同调查课题的关系进行客观判断和全面评价，并在此基础上进一步明确对调查课题有价值的信息。

（四）记录

记录是指把在精读中确认的有价值的信息记录下来，以供进一步分析、研究。记录信息最基本的要求就是及时，最好精读与记录同步进行，边看边记、边听边记，或者读一部分记一部分。如果记录太滞后，不仅会事倍功半，而且容易丢掉在精读中产生的思想火花。

二、记录文献信息的主要方法

长期以来，最常见的文献类型是印刷型文献，因此传统记录文献信息的方法主要是印刷记录法，包括标记、批注、抄录、编制纲要和撰写札记等。

（一）标记

标记是指直接在书上做记号。记号分为很多种，常用的几种标记方法如下：

着重号，表示关键性的字词；直线，表示比较重要的内容；曲线，表示特别重要的内容；夹线，表示定义或经典论述；叹号，表示对某些内容很欣赏；问号，表示对某些观点存有疑问；三角号，表示一段文字中并列的几个观点；双圈号，表示一段重要内容的结束。

此外，还可以根据自己的习惯做记号，可边读边记。标记具有简便、省时的优点。

（二）批注

批注是指在文献正文上方的空白处（书眉或天头）或正文下方的空白处（地脚），标注简单的订误、校文、音注、心得、体会、评语或疑问等。这种记录方法和标记一样，可边读边记，相对简便。

（三）抄录

抄录是指把文献中有价值的信息原封不动地照抄下来。一般做法就是把信息抄录在卡片上。除此之外，还可以将信息抄录在活页纸或专用笔记本上。抄录时，一定要注明作者、书名或篇名、卷次、页码、出版单位、出版日期等，否则会影响日后的使用；还要注明抄录信息的主题，以便于问题的归类。另外，在抄录信息的卡片上进行批注，简要说明自己的看法，这样有利于进一步分析和研究抄录的信息。

（四）编制纲要

编制纲要是指把文献的框架结构、基本观点、主要事实和数据等，用概括性的语句和条目依次记载下来。这种方法便于掌握文献的全部内容和逻辑结构，加深对文献思想脉络的认识。编制纲要实际上就是文献的缩写，已具有了加工、整理的性质。在编制纲要时，必须注意不能打乱原文的结构和逻辑顺序，也不能曲解原意和任意发挥，否则这一工作就没有任何意义了。

（五）撰写札记

撰写札记是指阅读文献后，将心得、感想、批评、疑点、意见等撰写成文。札记是一种最高级的记录形式，实际上已带有初步研究的性质。

现代科学技术的发展使得文献的外延不断扩大，除印刷型文献以外，还先后出现了录制型文献、电子型文献等。同时，传统记录信息的方法也随之发生了重大变化。除了标记、批注和撰写札记仍然常见，抄录、编制纲要等记录方法已逐渐退出历史舞台，取而代之的是高效的计算机记录和简便易行的复印、扫描、网上下载等方法。人们可以利用现代信息技术手段，将收集的文献先存入计算机中，然后进行摘录、编排和其他处理工作。这些现代记录方法能够使调查者节省大量的时间和精力，极大地促进了当代社会调查的发展。

第四节　文献分析

在主要依靠文献资料说明问题的社会调查中，文献分析是一项至关重要的工作。文献分析分为两大类，即文献定性分析和文献定量分析。

一、文献定性分析

文献定性分析是指通过对文献内容的分析，来揭示文献所反映事物的性质、本质特征及发展规律的方法，也就是说，其探讨的是文献"讲什么"。文献定性分析是目前最常用的一种文献分析方法。其特点是注重对文献的个案研究，不太注重所用文献的样本大小与完整程度；注重对文献内容的深层解释，不太注重文献的外在形式、表面内容和量化构建；注重文献作者的动机与影响效果，不太注重文献内容的表达方式。

文献定性分析的步骤如下：

第一步，整理资料。将摘录的文献资料按照问题的不同分别归类，排列出大致的顺序并加以编号。在这一过程中要注意鉴别文献资料的真伪，进一步保证其可靠性。

第二步，分析和明确文献资料与调查主题的关系。要仔细、反复推敲整理好的文献资料，厘清文献资料的内在逻辑关系，从中归纳出精准的概念，并进一步由概念演绎成推理，即形成基本观点。要认真思考这些基本观点及其内容与调查主题的关系，明确说明调查主题的要义及逻辑层次和逻辑顺序，形成调查课题的理论架构。必须强调的是，这一步骤是文献定性分析的重中之重，绝不能一蹴而就，必须要经过从"资料—观点—主题"到"主题—观点—资料"的多次反复分析才能真正做好文献定性分析。

第三步，最终确定调查课题所需文献的内容及用途。在这一步骤中，要根据调查课题的理论架构，对文献资料做进一步的筛选，通过反复比较，判断其应用价值，最终确定文献资料的必用部分，舍弃无用部分，并明确如何使用这些文献资料，或主要依靠这些文献资料直接得出调查结论，或以之辅助其他调查方法得出调查结论。

二、文献定量分析

文献定量分析是指对各种文献的显性内容进行客观的、系统的和定量的描述。所谓显性内容，是指各种文献外在的、表面的内容，如文献的文字、装帧方式、形状和其他表现形式等，而不是文献内在的内容，也就是说，显性内容注重的不是文献"讲什么"，而是文献"如何讲"。"进行客观的、系统的"描述是指文献定量分析要求调查者根据预先设定的计划，采取特定的步骤对文献内容进行如实的描述；而"定量的描述"说明文献定量分析方法的基本性质是定量，其主要作用在于通过文献中某一现象的出现频次、所占比重、所居位置等来说明某些问题。

文献定量分析的程序和基本方法大致如下：

（一）抽样

文献定量分析从抽样开始。抽样的总体是所有与调查课题有关的文献。抽样可以采用各种方法，较常用的是简单随机抽样、分类抽样及多阶段抽样。抽样可按照以下顺序进行：首先是名称抽样，如从所有报刊或电视台中抽取若干种；其次是单位抽样，如从所抽报刊的所有期号中抽取若干期号，或者从所抽电视台的所有时段中抽取若干时段；最后是内容抽样，如从所抽期号或时段中抽取某些方面的内容，还可以在时间、地点、规模、颜色、频率等其他概念层次上进行抽样，形成最终样本。

（二）确定记录单位

记录单位也称文献观察单位，是指具体记录的计量单位。文献的主题、项目、人物、词组、概念、句子、段落等都可以作为记录单位。确定记录单位的过程实质上就是归类的过程，必须遵循穷尽性和互斥性原则，即囊括所有相关资料，而且资料之间不能交叉或混淆，只能分别归于其中某一类。因此，记录单位要通过对文献认真、反复地斟酌，并根据文献具体内容的各个共同因素而确定。例如，我国社会调查专家风笑天以 1952—1956 年、1961—1965 年、1978—1981 年、1986—1989 年共计 208 期《中国妇女》杂志中 316 篇人物通讯报道的 325 位女主人公为抽样样本，根据提炼出的共同因素确定记录单位，包括年龄、文化程度、政治面貌、行业、职业、劳模状况、主要事迹等内容。[①]

---

① 风笑天. 变迁中的女性形象：对《中国妇女》杂志的内容分析. 社会杂志, 1992（7）：13-19.

（三）编录

编录是指为确定的各个记录单位制定或赋予数字符号（数值），并将这些数字符号按照一定顺序排列，制成编码单，以便于量化分析和统计。下面是一份节选的关于电影中人物的编码单（如表6–1所示）。

表6–1 关于电影中人物的编码单

电影名称_____   电影编号_____

人物姓名_____

人物描述_____

1. 居住国
（1）中国
（2）外国
（3）不详

2. 国籍
_____

3. 民族
（1）汉族
（2）少数民族（_____族）
（3）其他（_____）

4. 性别
（1）男
（2）女
（3）不详

5. 年龄
（1）儿童
（2）少年
（3）青年
（4）中年
（5）老年
（6）不详

6. 角色
（1）正面主角
（2）反面主角
（3）正面配角
（4）反面配角
（5）一般角色

（四）计量分析

在确定记录单位和完成编码后，就可以进入定量分析中最重要的计量分析环节。计量分析的方法主要包括计词法、概念组分析法、空间分析法和语义强度分析法。

1. 计词法

计词法是计量分析中最简单、最常用的方法，主要用于以单词、主题、类型为记录单位的调查。具体做法是统计这些单词或代表主题、类型的关键词在各个样本中出现的频数和比例，然后进行比较。例如，我们可以设定一组关于青少年犯罪的单词，抽选10家报刊的法制专栏作为样本，统计样本中的这些单词，若样本中这些单词出现的频数和比例为零，则说明报刊对青少年犯罪的问题漠不关心；若频数较少和比例较低，则说明报刊对这类问题的关注度不够；若频数较多和比例较高，则说明报刊对这类问题比较重视。再如，为了说明大众传媒机构关注婚外情问题的不同角度，我们可以分设两组单词，一组单词与法治观念有关，另一组单词与道德观念有关，所选样本是两家电视台全年有关婚外情的节目，然后计算这两组单词在节目中出现的频数和比例，这样就能够发现两家电视台关注婚外情问题的角度，即哪家更注重法治观念、哪家更注重道德观念。

2. 概念组分析法

在文献定量分析中，以单词作为记录单位过于简单，以主题、类型作为记录单位过于笼统，在这种情况下就可以采用概念组分析法。它是指将与分析内容有关的关键词分成各个小组，每组代表一个概念，同时也是理论假设中的一个变量。该方法的记录单位仍是单词，并依此计算频数和比例，但分析时的变量都是概念组。例如，我们做出以下假设：在社会经济发展受阻、经济犯罪率较高时期，人们往往把经济犯罪与社会价值相联系；在社会经济发展顺利、经济犯罪率较高时期，人们往往把经济犯罪与经济本身相联系。为了证明这一假设，我们可以将"经济犯罪""经济""社会价值"三个变量定义为下列概念组（如表6-2所示）。

表6-2 概念组

经济犯罪	经济	社会价值
贪污	收入提高	社会公德
行贿受贿	通货膨胀	传统观念
经济诈骗	收入减少	法纪约束
走私	物价稳定	家庭影响
偷税漏税	商品丰富	个人修养

分析的方法就是收集上述两个时期内五年间（或更长时间）登载在主要报刊上的有关文章，以文章为调查单位计算单词出现的频次。由于分析时的变量是概念组，当某个单词出现时就当作其概念组出现了一次，分析时只需要看单词出现的总频次即可。如果根据计量结果得知，在社会经济发展受阻、经济犯罪率较高时期，多数文章把经济犯罪与社会价值相联系；在社会经济发展顺利、经济犯罪率较高时期，多数文章把经济犯罪与经济本身相联系，则上述的假设成立。

3. 空间分析法

空间分析法常用于对大众传播媒介文献的分析，是指通过计量某一内容在多篇文献构成的样本中所占的篇幅、位置等，分析其在文献中所处的地位。例如，计量某一内容是在电视、广播的黄金时段播出还是在其他时段播出，播出长度为多少；是在报纸的头版发表还是在其他版面发表，居于版面的哪个位置；是在刊物的哪个位置，篇幅多长等。计量结果就可以说明该内容重要与否。

4. 语义强度分析法

上述三种方法一般适用于说明事物的量的区别，而在需要说明事物质的差异程度或人们态度的强弱程度的分析中，难以适用。在这种情况下，就需要采用语义强度分析法。它是指按照记录单位质的差异程度给予相应的加权数，并根据其统计结果，说明文献及其所代表的人们对某一问题的态度。

语义强度分析法是指根据词汇的语义分出强度层级，再分别给予加权数的方法。例如，"热爱"比"爱"的强度高；"爱"又比"喜欢"的强度高，假设"喜欢"的加权数为"+1"，则"爱"的加权数为"+2"，"热爱"的加权数为"+3"，这种方法可以将许多文献分析引向深入分析。再如，在社会调查中通过其他分析方法发现，对某一事物持肯定态度的人和持否定态度的人数量相当，为了分析人们更加具体的看法，就可以采用语义强度分析法对"肯定"和"否定"做进一步分析。如果持否定态度的人是"不满意"，而持肯定态度的人是"支持"，则表明虽然持两种看法的人数大致相当，但在具体态度上还是有程度差别的。

文献定量分析在当前非常盛行，甚至有人认为只有它才称得上真正的文献分析。这种说法虽然在一定程度上反映了文献分析的现状，但失之偏颇。实际上，文献定性分析不可能被取代。无论怎样，人们利用文献进行分析，大多是以记载的内容来说明某些问题，这就决定了文献定性分析的重要地位。

第五节 文献调查法的评价

文献的来源不同、形式不同，收集和分析文献的方法不同，这使得文献调查法具有许多区别于其他调查方法的特点，并由此形成了文献调查法的优点和缺点。

一、文献调查法的优点

第一，文献调查法具有间接性、无反应性的特点。各种形式的文献调查法都不需要直接同人打交道，只需要面对那些已经存在的文字材料、数据资料及其他形式的信息材料。所以，在整个社会调查中，调查对象不会因调查者的影响而违背初衷，调查者也不会因调查对象不予配合而束手束脚。虽然资料收集工作有可能因为调查者的主观因素而产生偏差，但问题不会出自文献资料本身。

第二，文献调查法的费用较少、效率较高。文献调查法的费用虽然依据文献类型、分布状况和获取文献的难易程度等而有所不同，但是，其一般不需要太多的调查者，不需要特定的仪器、设备，也不需要组织社会性活动。因此，文献调查法比其他类型的调查方法所需费用要少得多，且其基本不受时间、空间的限制，可以迅速收集到较大的样本，效率较高。尤其在信息技术日益发达的今天，文献调查法的效率是其他调查方法难以比拟的。

第三，文献调查法可以研究那些年代久远及无法再现或接触不到的调查对象。对于历史事件、犯罪事实等，都属于不可能再现的调查对象，这就需要查找以不同形式记录下来的文献。利用文献调查法，调查者可以对其进行深度的调查，这是其他社会调查方法无法做到的。

第四，文献调查法适用于时间跨度大的纵贯剖析或趋势分析。由于其他调查方法所面对的都是现实的社会现象或社会事物，往往难以进行此类研究，即使对近几十年来某一事物的发展变化情况进行调查，也会因为调查对象年事已高、记忆力衰退等而得到不理想的调查结果。文献调查法则不同，其可以充分利用既有的文献资料完成调查工作。

第五，文献调查法成功的概率较高。其他调查方法一旦设计不周或准备不足即可能失败，需要推倒重来。这不仅会造成极大的浪费和错过调查的最佳时机，还常常会因为主客观条件的变化而无法实现。文献调查法却不存在这类问题，即便在调查过程中发现不妥之处，也能及时调整文献收集工作，甚至重新进行文献收集都十分便捷。尤其在现代信息技术非常发达的今天，文献调查法的优势更加明显。

二、文献调查法的缺点

第一，难以判断和把握文献的价值及质量。由于绝大多数文献都是由调查者之外的其他人编制而成的，其形成过程也无法根据调查的需要加以控制，无论是个人的日记、信件，还是大众传媒上的各种文献，乃至官方的统计资料，都可能因为作者的偏见及文献形成过程中的客观限制，影响文献资料的准确性、全面性和客观性。这不仅使文献的鉴别、选择和分析工作异常艰巨，而且很可能影响调查的信度和效度。

第二，对于一项专门的社会调查来说，既有的文献往往不够系统、全面，无法充分说明问题。特别是历史性文献，通常都是支离破碎的。如果调查的是现实问题，可以通过其他调查方法收集足够的资料来解决问题。但如果调查课题涉及无法再现的社会事实，就不可能通过其他途径补充资料，那么调查的最终结果也是无法达标的。

第三，有些文献很难获得，且往往越有价值的文献越难收集。例如，图书馆收藏的孤本、善本和原始影音资料等，一般人无法接触到；涉及个人隐私的日记、信件等，往往不便公之于众；某些政府机构、社会组织的文件、决议、记录、统计数字等，也常常属于不允许公开的内部机密。因此，对于某些社会调查来说，往往会缺乏最有力的文献资料的支持。

第四，许多文献并非为调查课题的需要而编制的，因此缺乏标准化的形式，难以摘录和分析。报纸、杂志等文献的形式相对固定，摘录和分析起来比较容易。但是，其他类型的文献内容庞杂，长度、语言、表现形式等多种多样，摘录和分析起来异常困难，也不易进行必要的对比分析和研究。

本章小结

思考题

1. 什么是文献？它有哪些特点？分为哪些种类？
2. 什么是文献调查法？为什么说它在社会调查中具有特殊的地位？
3. 文献收集应当如何进行？
4. 文献信息的摘录应当如何进行？
5. 什么是文献定性分析？怎样进行文献定性分析？
6. 什么是文献定量分析？怎样进行文献定量分析？
7. 文献定性分析和文献定量分析是什么关系？
8. 如何评价文献调查法？

第七章 问卷调查法

本章提要

本章介绍了问卷调查法的概念及特点；说明了调查问卷的基本结构，并详细描述了调查问卷各个结构的具体内容；同时介绍了一种特殊类型的问卷——量表；对问卷调查法的实施内容也做了明确的阐释；还评价了问卷调查法的优缺点。通过学习这些内容，学习者可以初步掌握问卷调查法的相关知识。

学习要求

1. 了解：问卷调查法的主要优点和主要缺点。
2. 掌握：问卷调查法的概念及特点；调查问卷的基本结构；量表；问卷调查法的实施。

01 第一节 问卷调查法的概念及特点

一、问卷调查法的概念

问卷调查法也称为问卷法,是指调查者运用统一设计的调查问卷向调查对象了解情况或征询意见的调查方法。其中,调查问卷是社会调查中收集资料的一种工具,其主要形式是精心设计的问题表格,用以测量调查对象的特征、行为和态度,以及社会事物、社会现象的有关情况。根据调查问卷分发和回收形式的不同,可将问卷调查法分为直接发送法(访谈发送法)和间接发送法(报刊发送法、电话发送法、网络发送法和邮政发送法);根据问卷填答方式的不同,可将问卷调查法分为自填式问卷调查法和代填式问卷调查法两种。问卷调查法在社会调查中具有重要作用,现代社会最常用的抽样调查使用的主要调查方法就是问卷调查法。美国著名社会学家巴比认为问卷是社会调查的支柱。英国著名社会学家莫泽认为社会调查十有八九是采用问卷方法进行的。

二、问卷调查法的特点

问卷调查法具有以下特点:

第一,标准化,即按照统一设计且具有一定结构的问卷进行调查。

第二,大多是间接调查,即调查者不与调查对象直接见面,而是由调查对象自己填写调查问卷;但在某些特殊情况下,调查者也可以与调查对象直接见面进行调查。

第三,一般是书面调查,即调查者采用书面形式提出问题,调查对象也使用书面形式回答问题。

第四,常用于抽样调查,即调查对象是通过概率抽样或非概率抽样选取而来的,调查对象一般比较多。

第五,特别适用于定量调查,即通过样本统计量推论总体,但也常常作为定性调查的手段。

问卷调查法虽然在社会调查中被广泛应用,但其并非万能的工具,而是具有一定的适用性:

第一,适用于大规模的抽样调查和资料的定量分析。在社会调查中,问卷调查法通常与大规模的抽样调查及资料的定量分析相联系。许多社会调查都是"抽样—问卷调查—定量分析"三者的结合体,这是现代社会调查中最常见的方式,也是最重要的方式。它与观察调查法、实验调查法、访谈调查法、文献调查法等有着明显的区别。

第二，适用于成分单一的总体。问卷调查法的适用性通常受到调查对象总体构成情况的影响。在成分较为单一的总体中，由于人们的社会背景相同或相似因素较多，调查问卷的设计相对容易。相比而言，在成分较为复杂的总体中，人们的社会背景相差较大，调查问卷的设计就相对困难。因此，问卷调查法在成分单一的总体中更为适用，如学生、教师、士兵等。

02 第二节 调查问卷的基本结构

一份调查问卷除了应该有反映调查内容的标题，通常还应该包括封面信、指导语、问题及答案、编码和其他内容等。

一、封面信

我们先看下面一封封面信：

亲爱的同学：

　　你好！

　　为了使你在网上快乐地学习，并给你的课余生活增添一分轻松和愉悦，将我校学生活动搞得有声有色，我校教学服务中心委托信息管理系草拟了校园网使用情况调查。我们从学校各系中抽取部分同学作为代表，希望你能如实、认真地填写。本调查无须填写姓名，答案也没有正确与错误之分。请你根据实际情况，在每题的答案中选择一项打钩（如没有特殊说明，每题都只有一个答案）。

　　衷心感谢你的支持与合作！

某某大学信息管理系
2004 年 5 月

联系电话：

负责人：

从上述封面信中，我们不难看出这是写给调查对象的一封短信。

（一）作用

通常封面信的篇幅并不长，但在整个调查问卷中具有相当重要的作用。其作用就在于向调查对象介绍和说明调查者的身份、调查目的等内容。一份质量好的封面信能够吸引调查对象参与填写调查问卷，也能够使他们如实地填写调查问卷，特别是对于采用邮寄等间接方式进行的社会调查来说，封面信的作用会更大。

（二）内容

第一，调查的主办单位或个人身份。调查者的身份既可以在封面信中说明，也可以通过落款说明，即说明"我是谁"。落款一定要注明主办单位或个人身份，不能只写"网络教学调查组"等缺少实体的名称。因为人们看到这种缺少实体的名称，仍然搞不清问卷是哪里来的、干什么的，从而对调查产生很多疑虑，影响调查问卷的质量。如果能附上单位地址、电话号码、网址等信息则更好，因为这样更能体现调查者的诚意，体现调查的正式性和组织性，有利于获得调查对象的信任与合作。

第二，调查的内容和范围。封面信要说明调查的大致内容，即说明"调查什么"，通常只要用一句话指出调查内容的范围即可。封面信介绍的调查内容与调查问卷的调查内容要保持一致，不能封面信中说调查这个问题，而调查问卷中问的却是另一个问题。

第三，调查目的。调查目的是非常重要的内容，即说明"为什么调查"。调查目的要叙述得当，有利于调动调查对象的积极性和责任心。调查目的的陈述不宜过于空泛，如"为了社会的进步和发展"之类的用语，而应该说明调查的实际意义，如"此次调查是为了了解人们对国产轿车的使用情况，提高国产轿车的质量"等。

第四，调查对象的选取方法和对调查结果的保密措施。为了打消调查对象对调查的疑虑，封面信中最好能说明调查对象的选取方法和对调查结果的保密措施。

（三）语言

封面信的篇幅不宜过长，以两三百字为宜，应该尽量使用概括性的语言，明确地说明调查的实际内容。同时，语言表达要亲切、中肯。在封面信的结尾，应真诚地向调查对象表示感谢。

二、指导语

指导语是用来指导调查对象如何填答问卷的各种解释和说明，其作用相当于一台新设备的使用说明书。调查问卷的指导语可详可略，应根据实际情况而定。简单的指导语如"请您根据自己的实际情况在合适的答案号码上打钩"。

指导语分为卷头指导语和卷中指导语。卷头指导语一般以"填答说明"的形式出现在封面信之后。参考以下例子。

填答说明

1. 请在每个问题后面适合自己情况的答案序号上打钩，或在问题后面的横线上填写适当的内容。
2. 问卷每页右边的数码及短横线用于计算机统计，不必理会。
3. 如无特殊说明，每个问题只能选择一个答案。
4. 请自主填答问卷，不要与他人商量。

卷中指导语则是针对某些特殊问题所做的特定指示，如"从第11题到第30题可选多个答案"等。

三、问题和答案

问题和答案是调查问卷的主体部分，其主要包括三种基本类型，即开放型问答、封闭型问答和混合型问答。

（一）开放型问答

开放型问答是指对问题不提供任何备选答案，而由调查对象自己随意填写。例如，您认为目前社会保障制度有何问题？您对于惩治腐败有何看法？

开放型问答允许调查对象充分、自由地按照自己的方式发表意见，所以能够最大限度地发挥调查对象的主动性和创造性，而调查对象的回答往往是自然流露，内容丰富生动。开放型问答用于了解人们对社会问题的看法颇为适宜。当然，开放型问答也具有一定的缺点，具体如下：

第一，要求调查对象具有较高的知识水平和文字表达能力，因此对调查范围和调查对象会产生一定的限制作用。

第二，调查对象可能因花费的时间和精力较多而不愿意答卷或敷衍了事，从而降低调查问卷的回复率和有效率。

第三，回答的标准化程度较低。对于同一个问题，人们的回答往往是五花八门的，所以调查者难以进行编码和分类统计，不利于进行定量分析。

（二）封闭型问答

封闭型问答是调查问卷最常用的形式，其是将问题的几种主要答案，甚至一切可能的答案全部列出，然后由调查对象从中选取一种或几种答案作为自己的回答，而不能选择这些答案之外的回答。采用封闭型问答时，一般都要对回答方式做出某些指导或说明，这些指导或说明大多用括号括起来附在相关问题的后面。

1. 封闭型问答的具体方式

封闭型问答的具体方式多种多样，其中常用的有以下几种：

第一种，填空式，即在问题后面的横线上或括号内填写答案的形式。这种问答方式适用于各种答案比较简单的问题。参考以下例子。

您的年龄_____。

第二种，两项式，即只有两种答案可供选择的形式。这种问答方式适用于互相排斥的二选一式的定类问题。参考以下例子。

您的性别？（请在适当的括号里打"√"）

男（　）女（　）

第三种，列举式，即在问题后面设计若干条填写答案的横线，由调查对象自己列举答案的形式。这种问答方式适用于答案互不排斥的定类问题。参考以下例子。

请问您的爱好？（请列举最重要的3个）

1. _____   2. _____   3. _____

第四种，选择式，即列出多种答案，由调查对象自由选择一项或多项的形式。这种问答方式适用于答案互不排斥的定类问题。在列出的几种答案中，可以规定选择一项，也可以规定选择多项。参考以下例子。

您最希望学校在哪些方面加以改进：_____。

（1）教学质量　（2）学术水平　（3）校园面貌　（4）伙食　（5）其他

第五种，顺序式，即列出若干种答案，由调查对象将各种答案进行排序的形式。这种问答方式适用于同类问题和同类答案的定序问题。参考以下例子。

您关心的社会热点问题有哪些？（请按照关心程度给下列问题编号，关心最多的为1，最少的为6）

□环境污染　　　□社会治安　　　□教育改革　　　□贫富分化
□社会公德　　　□官员腐败

第六种，等级式，即列出不同等级的答案，由调查对象根据自己的意见或感受选择答案的形式。这种问答方式适用于表达意见、态度、感情的等级或强烈程度的定序问题。参考以下例子。

您对目前的社会治安是否满意？（请根据您的感受在下列适当的横线上打"√"）

① 很满意_____　② 比较满意_____　③ 无所谓_____
④ 不满意_____　⑤ 很不满意_____

第七种，矩阵式，即将问题和答案排列成一个矩阵，由调查对象通过对比回答问题的形式。这种问答方式适用于同类问题、同类回答方式的一组定序问题。参考以下例子。

您希望政府在哪些方面加以改善？（请在适当的方格内打"√"）

	非常迫切	比较迫切	不太迫切	不需要	无所谓
① 交通	□	□	□	□	□
② 住房	□	□	□	□	□
③ 环保	□	□	□	□	□
④ 医疗	□	□	□	□	□
⑤ 治安	□	□	□	□	□
⑥ 教育	□	□	□	□	□

第八种，表格式，即将同类的几个问题和答案编制成一个表格，由调查对象回答的形式。表格式实际上是矩阵式的一种变形，下面是关于几部电影的调查表（如表7-1所示）。

表7-1　关于几部电影的调查表

电影	非常好	比较好	一般	不太好	很不好	不知道
甲方乙方						

续表

电影	非常好	比较好	一般	不太好	很不好	不知道
不见不散						
集结号						
大腕						
手机						
天下无贼						

这种问答方式也适用于同类问题、同类回答方式的一组定序问题。

2. 封闭型问答的优点

其答案是预先设计的、标准化的，对调查对象的文字表达能力和知识水平无特殊要求，不仅填写方便，节约答卷时间，而且有利于调查对象正确理解和回答问题，能够提高问卷的回复率和有效率。因为调查对象在开放型问答中往往不愿意表达自己的观点，但对已有答案的问卷却能进行真实的选择。除此之外，还可以进行数据化处理，便于统计分析，因此适用于定量研究。

3. 封闭型问答的缺点

设计比较困难，特别是一些比较复杂的、答案很多或答案不太清楚的问题，很难设计得完整、全面，一旦设计有缺陷，调查对象就无法正确回答问题。封闭型问答的问答方式比较机械，没有弹性，难以适应复杂的情况，难以发挥调查对象的主观能动性；其填写方式比较容易，调查对象可能会任意填写自己不懂甚至不了解的问题，从而降低答案的真实性和可靠性。

（三）混合型问答

所谓混合型问答，是指封闭型问答与开放型问答的结合，其实质上是半封闭、半开放的问答类型。这种问答方式综合了开放型问答和封闭型问答的优点，同时避免了二者的缺点，多用于定量研究与定性研究相结合的调查中。参考以下例子。

您认为目前我国国产电视机的质量好不好？（请在适当的方格内打"√"，并在横线上写明原因）

① 好　　　　　　□
② 难说　　　　　□
③ 不好　　　　　□
为什么？

四、编码

编码，是指对每一份问卷、问卷中的每一个问题和每一个答案编定一个唯一的代码，并以此作为数据处理的依据。

编码的主要任务：

第一，给每一份问卷、每一个问题、每一个答案确定一个唯一的代码。

第二，根据调查对象、问题、答案的数量编定每一个代码的位数。例如，调查对象在 100 人以下，就编定 2 位数；调查对象在 100 人以上 1 000 人以下，就编定 3 位数。其中，1 位数为 1~9，2 位数为 10~99，3 位数为 100~999，4 位数为 1 000~9 999。同理，根据问题、答案的数量分别编定位数。

第三，设计每一个代码的填写方式。参考以下例子。

调查对象的地址、类别和户的编码，可以设计为

省编码	地市编码	县市编码	乡镇编码	村编码	类别编码	户编码
A1	A2	A3	A4	A5	B1	C1
□□	□□	□□	□□	□□	□□	□□

问题、答案的编码，可以设计为

Q1 您的性别：
01 男　□　　02 女　□

Q2 您的文化程度：
a1 文盲　　　　　　　□　　a2 小学　　　□　　a3 初中　　　□
a4 高中或中专、技校　□　　a5 大专　　　□　　a6 大学本科　□
a7 硕士　　　　　　　□　　a8 博士　　　□　　a9 博士后　　□

编定编码是对问卷整理和分析的依据。问题、答案的编码有前编码和后编码之分，封闭型问答的答案，在设计问卷时就设计了代码，称为前编码；开放型问答的答案，一般在调查结束后根据答案的具体情况再编定代码，称为后编码。

五、其他内容

除了上述内容，调查问卷还包括一些相关资料，如调查问卷的名称、审核员编号、调查日期、调查对象地址、调查对象合作情况等。

第三节　量表

一、量表的概念与特点

除了上述一般的调查问卷，人们还常常使用一种特殊的问卷，即量表。调查问卷是对有关调查对象的各种概念所进行的测量，其中问题基本都是围绕操作化形成的各

项指标而制定的,包括主观性指标和客观性指标。由于主观性指标含有很大的主观判断成分,准确性和可靠性比较难把握,难以进行定量分析。为了解决这一问题,人们设计了一种专门用于主观性指标的问卷——量表,作为在经验层次上对社会现象进行主观评价的具有结构强度顺序的测量工具。

量表的主要特点如下:

第一,量表能够通过间接的、定量的方式测量那些难以直接观测和客观度量的人们的主观态度和观念,特别是测量态度和观念的不同程度和差异。社会调查中的许多指标,如离婚率、犯罪率、教育程度、性别等都不包含主观判断的成分,所以一般不使用量表测量这些指标。但对新政策的态度、对某政府官员的评价等含有主观判断成分的测量就适用量表。

第二,量表通常由多项指标综合而成。也就是说,其测量的是多个变量的指标。例如,测量球迷对足球的爱好程度,可以使用是否参加某个球迷组织、是否熟悉足球规则、是否阅读足球书刊、一定期间内现场观球的次数、一定期间内观看电视转播比赛的次数等指标来测量,这些指标综合在一起就构成了一个问题群,可以反映出球迷对足球的爱好程度。

第三,量表通过对不同变量分别赋予相应的分值,使之能够反映变量的差异程度。也就是说,量表所列指标的指标值必须以按照一定强度顺序排列的分值来表示,这是量表和其他测量工具之间的最大区别。例如,上述对球迷的测量,若使用一般的调查问卷测量,每一个回答既可以用分值表示,也可以不用分值表示;若使用量表测量,每一个回答都必须赋予一个分值,并用总的累积分值来表示调查对象的态度。表7-2就是一个对有关足球问题的态度量表,其中"是"被赋予分值1,"否"被赋予分值0,并用每个人回答的累积分值来表示他对足球的爱好程度。

表7-2 对有关足球问题的态度量表

指标	是	否
你经常阅读足球书刊吗	1	0
你经常去现场观看足球比赛吗	1	0
你经常和别人谈论足球吗	1	0
你经常看电视转播足球比赛吗	1	0
你参加了某个球迷组织吗	1	0
你熟悉足球规则吗	1	0

二、量表的类型

量表在现代社会调查中的应用十分广泛,类型也多种多样。从内容上看,最主要和最常用的类型是态度量表,此外还有能力量表、智力量表、性格量表、工作成绩量表、社会地位量表等多种类型。从形式上看，最常见的是总加量表、语义差异量表和累积量表，这些量表和一般调查问卷相比，在问题和答案的设计方式上有所不同。

（一）总加量表

总加量表又称为里克特量表，是目前使用最广泛、最简单的量表，于1932年由美国社会心理学家里克特在原有类似量表的基础上改进而成。总加量表的主要功能是测量人们对某一事物的看法和态度。其形式是提供关于某一问题的若干陈述，每一项陈述都设定不同等级的答案，由调查对象进行判断和选择。其中的每一个答案都被赋予一个分值，总的分值就可以说明调查对象的表态程度。单个调查对象的总分值，说明的是个人的总的态度倾向；如果把全体调查对象的分值相加，再除以调查对象的人数所得的平均值，说明的则是全体调查对象的平均态度倾向。

根据可选答案数量的不同，总加量表一般分为两项选择型量表和多项选择型量表两种形式。两项选择型量表只设两个可供选择的答案（如"同意"和"不同意"）；多项选择型量表通常设"非常同意""同意""说不好""不同意""非常不同意"五个等级的答案以供选择。多项选择型量表的答案类型较多，能够更清楚地反映调查对象在态度上的差别，所以比两项选择型量表的应用更加广泛。

根据陈述内容所代表的态度倾向的不同，总加量表又分为完全正向型量表和正向与反向混合型量表两种形式。完全正向型量表的陈述内容代表的是同一种态度倾向，正向与反向混合型量表的陈述内容则代表的是两种完全相反的态度倾向。完全正向型量表中所有答案的分值都是一样的，如都是"1"或"0"；正向与反向混合型量表中正向陈述与反向陈述的答案的分值则完全相反，如正向陈述依态度强弱分别赋予"5""4""3""2""1"，反向陈述依态度强弱则分别赋予"1""2""3""4""5"。由于正向与反向混合型量表中正向陈述与反向陈述之间能够起到互相比较和检验的作用，可以更准确地反映人们的态度倾向，因此，其比完全正向型量表的作用更大。以下是对于抽烟行为的态度量表（如表7-3所示）和对于大学生谈恋爱的态度量表（如表7-4所示）。

表7-3 对于抽烟行为的态度量表

指标	同意	不同意
1. 抽烟是一种个人的不良行为	1	0
2. 抽烟影响他人的健康	1	0
3. 抽烟会导致多种疾病	1	0
4. 抽烟这种行为必须杜绝	1	0
5. 抽烟者应该受到公众的谴责	1	0
6. 抽烟者应受到严厉的处罚	1	0

表7-3中的答案只设"同意"和"不同意",分值一律为"1"或"0",所以该量表是两项选择型量表;同时,表中的陈述内容都表现了谴责抽烟行为的同一种态度倾向,所以其又是完全正向型量表。

表7-4 对于大学生谈恋爱的态度量表

表述内容	非常同意	同意	说不好	不同意	非常不同意
1. 对大学生谈恋爱应当坚决反对	5	4	3	2	1
2. 大学生谈恋爱会破坏学校正常秩序	5	4	3	2	1
3. 大学生谈恋爱完全是个人的事,别人无权干涉	1	2	3	4	5
4. 大学生谈恋爱对学校形象没有影响	1	2	3	4	5
5. 大学生谈恋爱会损害学校形象	5	4	3	2	1
6. 对大学生谈恋爱应当给予处罚	5	4	3	2	1
7. 大学生谈恋爱会影响本人的学习成绩	5	4	3	2	1
8. 大学生谈恋爱不会影响他人的学习成绩	1	2	3	4	5
9. 应当引导大学生正常谈恋爱	1	2	3	4	5
10. 对大学生谈恋爱不应当强行制止	1	2	3	4	5

表7-4中的答案设"非常同意""同意""说不好""不同意""非常不同意"五个等级,所以该量表是多项选择型量表。表7-4中的部分陈述内容,如"对大学生谈恋爱应当坚决反对"等,是对"反对大学生谈恋爱"持肯定态度的正向陈述;"大学生谈恋爱完全是个人的事,别人无权干涉"等陈述,则是一种对"反对大学生谈恋爱"持否定态度的反向陈述,同时,正向陈述依态度强弱分别赋予"5""4""3""2""1",反向陈述依态度强弱则分别赋予"1""2""3""4""5",所以表7-4又是正向与反向混合型量表。

设计总加量表的具体步骤如下:

第一步,确定主题。确定总加量表的主题,并根据测量内容或变量收集大量与主题相关的问题,然后从中筛选出一组问题进行加工,作为量表的陈述内容。

第二步,确定答案及其分值。为每一条陈述设计相应的答案,答案从两个到多个不等。赋予每个答案一个分值。如果是正向与反向混合型量表,必须注意正向陈述与反向陈述的答案分值是相反的,而且通常在一个量表中,正向与反向答案应各占一半。

第三步,试调查。从调查对象中抽出一部分人进行测试,以便及时发现量表设计中可能存在的问题。其中最重要的是检查每道题的分辨力,具体方法是先计算出每一个被测者的全部答案的总分值,再从中选出分值排名在前25%的被测者和后25%的被测者,分别计算他们在每道题上的平均分,两者相减所得的差即分辨力系数。例如,对一个单位中的40人进行测试,分值最高的10人,第一题的分值分别是5、4、4、5、

5、4、5、4、4、5，分值最低的 10 人第一题的分值分别是 2、2、1、1、1、2、2、1、2、1，那么分值最高的 10 人第一题的均分为 4.5，而分值最低的 10 人第一题的均分为 1.5，两者相减为 3，即第一题的分辨力系数是 3。分辨力系数越小、说明这一题的分辨力越低。分辨力较低的题目要删除，分辨力较高的题目则要保留。总加量表的题目一般保持在 5~20 个即可。

第四步，确定正式量表。对经过试调查保留下来的题目、答案和分值应做进一步的审核，然后制定出完整的、正式的总加量表，以备后面的调查使用。

总加量表最明显的优点包括：①容易设计；②适用范围比其他量表更加广泛，既可以用来测量具体概念，也可以用来测量一些其他量表所不能测量的复杂概念和抽象概念；③总加量表的回答形式便于调查对象表达对某一问题的态度。

总加量表最主要的缺点是不够精确。因为其是以各个问题的总分值代表一个人的表态程度，只能大体上区分个体间的态度差异，却无法进一步描述其中的细微区别。

（二）语义差异量表

语义差异量表又称为语义分化量表，最初是由美国心理学家奥斯古德等人在研究中使用的，直到 20 世纪 50 年代后才发展起来。在社会学、社会心理学和心理学研究中，语义差异量表被广泛用于文化的比较研究、个人及群体间差异的比较研究以及人们对周围环境或事物的态度、看法的研究等。

语义差异量表的具体操作是设计一系列形容词及其反义词，作为对立的两端，在每一对形容词和反义词之间又设有若干等级，并分别赋予一定的分值，让调查对象进行选择，以此了解调查对象对观念、事物或人的态度、看法。下面是对于办公环境的感觉量表（如表 7-5 所示）。

表 7-5 对于办公环境的感觉量表

指标	非常	十分	有点儿	说不上	有点儿	十分	非常	指标
良好的	1	2	3	4	5	6	7	恶劣的
安静的	7	6	5	4	3	2	1	嘈杂的
现代的	7	6	5	4	3	2	1	传统的
温馨的	7	6	5	4	3	2	1	冰冷的
明朗的	7	6	5	4	3	2	1	晦暗的
高雅的	7	6	5	4	3	2	1	粗俗的
和谐的	1	2	3	4	5	6	7	杂乱的

对测量结果，既可以统计单个调查对象的总分值，了解其感觉和评价；也可以统计调查对象整体的平均数，了解调查对象整体的感觉和评价。在使用语义差异量表时，要特别注意尽可能涵盖概念、事物或人的各个层面。

语义差异量表的缺点是询问比较模糊，程度上的差异较难把握，而且在形成量表的过程中，容易受到个人经验等因素的影响。但尽管如此，语义差异量表仍然是有效的，特别是涉及调查对象整体的平均数时，能够中和一些偏见与极端的看法，所以用其对各种群体进行对比与评价是比较有用的。

（三）累积量表

累积量表又称为古特曼量表，是以色列心理学家古特曼于 1944 年最先使用的。它的前身是鲍格达斯社会距离量表。鲍格达斯社会距离量表是由美国社会心理学家鲍格达斯于 1925 年创制，主要用来测量人们对种族群体的态度，后来也用来测量人们对职业、阶层等的态度。为了测量人们对艾滋病患者的容纳程度，学者制作了一个鲍格达斯社会距离量表（如表 7-6 所示）。

表 7-6　对艾滋病患者容纳程度的鲍格达斯社会距离量表

指标	愿意	不愿意
1. 居住在同一个地区	1	0
2. 居住在同一个小区	1	0
3. 一起参加社会活动	1	0
4. 互有来往	1	0
5. 成为邻居	1	0
6. 成为同事	1	0
7. 成为好朋友	1	0
8. 结婚	1	0

表 7-6 中的各项指标之间有一个顺序结构，即后一项指标都是建立在前一项指标基础之上的。如果某人愿意与艾滋病患者结婚，自然也愿意与其成为好朋友、同事和邻居；即使某人不愿意与艾滋病患者结婚，但如果愿意与其成为好朋友，自然也可以与其成为同事和邻居，照此类推。鲍格达斯社会距离量表的优点在于极大地简化统计过程，是一个经济、实用的量表。但是，由于该量表的测量指标都是根据调查者的主观经验而确定的，且直接使用，难免失之偏颇。所以，古特曼把鲍格达斯社会距离量表改进成累积量表，并把累积量表用于更广泛的领域之中。

累积量表最主要的特征和鲍格达斯社会距离量表最主要的特征类似，即量表中前一等级的指标建立在后一等级的指标基础之上，只要支持某个较强的指标，就一定会支持较弱的指标。与鲍格达斯社会距离量表的不同之处在于，累积量表不是一种现成可用的量表，而是需先依据数据构筑标度，再建立量表。

累积量表的设计步骤如下：

第一步，就某一调查主题提出若干测量项目，即根据测量的特征选择若干问题，并做出陈述。

第二步，每个陈述的答案均为"同意""不同意"。

第三步，让部分调查对象进行问题填答，收集数据，通过分析筛选原定项目，一般来说，凡是80%以上的调查对象"同意"（或"不同意"）的陈述，均属于不能很好区分态度和违反等级结构原则的陈述，应予淘汰。

第四步，划定测量的等级结构，把保留下来的陈述按照等级顺序排列，给出答案并计分（如"完全同意"计5分，"同意"计4分，"不知道"计3分，"不同意"计2分，"完全不同意"计1分），并制成量表。

第五步，计算答案的一致性系数，检验量表的有效性。一致性系数又称为再现系数，是指调查对象保持一致性回答的百分比，计算公式：一致性系数 = 1 − 反常回答数/总回答数。如果一致性系数等于或大于90%，那么累积量表是有效和可用的，否则就是不成立的。

累积量表是由一组单向性的问题组合而成的，往往只能反映某一特定人群的态度，在另一类群体中却不一定适用，而且设计过程比较烦琐，具有一定的难度。所以，累积量表在现实生活中的应用并不广泛。

04 第四节 问卷调查法的实施

问卷调查法的实施包括设计调查问卷、选择调查对象、分发调查问卷和回收调查问卷等过程。

一、设计调查问卷

设计调查问卷是在前期准备阶段完成的，也是在确定调查指标体系等工作的基础上进行的。进入设计调查问卷的阶段后，需要根据前期确定的具体的调查指标，并按照一定原则，认真设计调查问卷的问题与答案。设计调查问卷的传统方法是卡片法和框图法。

卡片法是先把每一个问题和答案写在一张卡片上，一题一卡；再根据调查主题将卡片分成若干类，并根据调查问卷的逻辑结构安排各类卡片的顺序；然后按照询问的顺序将每类卡片依次排序，从便于调查对象答卷的角度出发，反复检查这种排序是否妥当，并对不妥之处进行调整；最后把确定的问题和答案依次记录，形成调查问卷初稿。

框图法是先根据研究假设和所需资料，画出调查问卷各个部分及其顺序的框图；再设计出每一部分的具体问题和答案，并将其排序；然后从便于调查对象答卷的角度出发，对所有问题和答案进行检查、调整或补充；最后将确定的结果整理成文，形成调查问卷初稿。

这两种方法的不同之处在于，前者是从具体问题过渡到总体结构，后者是从总体结构演化到具体问题。二者各有优缺点，但既无高下之分，也无矛盾之处，调查者可以根据自己的习惯和方便任选其一，也可兼而用之。设计调查问卷在过去一般用手工完成，需要花费很多的精力和时间，但是现在人们用计算机便可操作，实际上省去了制作卡片等烦琐的环节，大大提高了工作效率。

（一）问题的设计

调查所要询问的问题是问卷设计的主要内容。尽管前期的调查指标群已经大体确定了调查问卷中的问题，但要真正将调查指标转化为科学的调查问卷，还必须了解问题的设计原则、问题的种类、问题的结构安排、问题的表达和相关问题的接转等。

1. 问题的设计原则

为了提高调查问卷的回复率、有效率和回答质量，设计调查问卷的问题时应遵循以下原则：

第一，客观性原则。这是指作为主体的调查者在调查问卷的设计过程中，既要从实证性、客观性的要求出发，坚持"价值中立"原则，尽可能减少主观因素的影响，以达到如实反映社会现象本来面貌的目的；同时，又要从调查对象是具有特定社会背景的人这一现实出发，充分发挥自己作为调查者的主观能动性，通过深入体验调查对象生活的环境，去熟悉和了解他们的心理活动、思维方式、生活习惯和社区意识，以便更好地用调查问卷去测量他们的行为和态度，收集到更多相关的资料。为此，在设计调查问卷时，调查者要从研究目的和需要出发，尽可能全面、详细地提出问题。

第二，目的性原则。这是指设计的问题必须紧紧围绕调查目的来进行，不能漫无目的地胡乱设计。例如，在调查农民的生活状况时，如果出现了"您如何评价村委会主任的工作"之类的问题，就脱离了调查的目的。

第三，必要性原则。这是指设计的问题应该是必要的，并以够用为度。若问题数量过少，就无法说明所要调查的问题；若问题数量过多，不仅会加大工作量和调查成本，而且会降低调查问卷的回答质量、回复率和有效率，不利于正确说明所要调查的问题。因此，问题数量要控制在能够说明问题的程度。例如，在调查城市居民的消费情况时，如果仅仅设计衣、食、住、行等项目，就不足以说明问题，因为医疗和子女教育问题已经成为当代社会人们的主要支出项目；但调查问卷中不需要设计购买收藏品、现场观看明星演出等问题，因为这些毕竟只是少数人的行为，不足以说明城市居民的消费情况。

第四，对象性原则。这是指设计问题时要充分注意调查对象的特点，应从调查对象的角度出发。也就是说，所设计的调查问卷要顾及调查对象的时间、精力等因素，符合调查对象的读写、理解、记忆和计算等能力，避免出现浪费时间、精力的超大型问卷或调查对象无法回答的复杂问卷。例如，对知识分子的调查问卷可以使用"产业结构调整""消费水平""收入结构"这样的术语，但这些术语对一般农民则不适用。

第五，自愿性原则。这是指设计问题时必须考虑调查对象是否自愿回答问卷。凡是调查对象不可能自愿、真实回答的问题，都不应该正面提出，如"您是否虐待过妻子？""您是否有过受贿行为？""您是否吸过毒？"等。调查对象一般都不可能自愿地对这类问题做出真实回答，所以问卷中不宜正面提出这类问题。

第六，具体性原则。这是指问题的内容要具体，不要抽象、笼统。例如，"您有怎样的价值观？"对于"价值观"这样一种抽象、笼统的问题，人们的看法往往大不相同，调查对象难以作答，即使勉强回答出来了，也无法进行科学的分析。

第七，单一性原则。这是指问题的内容要单一，在一个问题中不能同时询问两件事情，或者说不能把两个或两个以上的问题合并在一起。例如，对于"您公司聘用外地人和女职员吗？"这一问题，可以有都聘用、都不聘用、只聘用外地人和只聘用女职员四种回答；再如，对于"你们单位的同事是否喜欢爬山？"这一问题，也会出现几种不同的回答。对于这类涉及多个答案的问题，往往很难准确把握，调查者也无法从中收集到真实的调查资料。

2. 问题的种类

调查问卷中的问题基本上可以分为背景性问题、客观性问题、主观性问题和检验性问题四类。

第一类，背景性问题。背景性问题主要是指调查对象个人的基本情况，是对调查问卷进行研究的重要依据。背景性问题主要包括性别、年龄、民族、文化程度、婚姻状况、职业、行业、职务或职称、收入、宗教信仰和党派团体，还包括调查对象的其他基本情况，如家庭人口、家庭类型和家庭收入等。

第二类，客观性问题。客观性问题是指已经发生和正在发生的各种事实和行为。例如，"您家有没有轿车？""去年您全家的年收入是多少？"等，这些都是事实方面的问题。又如，"您今年看了哪些电影？""你喜欢通过何种方式购物？"等，这些都是行为方面的问题。

第三类，主观性问题。主观性问题是指人们的思想、感情、态度和愿望等一切主观方面的问题。例如，"您对住房改革有何看法？""您对自己目前的工作是否满意？""您希望北京市交通部门采取哪些改革措施？"等，如果要了解这类问题的强弱程度，则要使用量表。

第四类，检验性问题。检验性问题是指为检验回答是否真实、准确而设计的问题。这类问题一般安排在调查问卷的不同位置，通过互相检验来判断回答的真实性和准确性。例如，在调查问卷中先问："您的工龄为多少？"之后再问："您哪年参加的工作？当时的年龄多大？"又如，先问企业收入，再问企业的纳税情况；或者先问企业的纳税情况，再问企业收入等。

在上述四类问题中，背景性问题在任何情况下都不能缺少，因为其是对调查对象进行分类和对不同调查对象进行比较研究的重要依据；其他三类问题，则依照调查目的、调查内容而选用。例如，家庭调查以客观性问题为主，民意测验以主观性问题为主。一般来说，只有比较复杂的调查问卷才需要设计检验性问题。

3. 问题的结构安排

为了便于调查对象回答问题，以及便于调查者对调查资料的整理和分析，调查者往往需要精心安排问题的结构，即问题的排列方式。设计问题时，一般可采取以下几种排列方式：

第一种，按照问题的性质或类别排列。一般来说，应该把背景性问题放在问卷的前面或后面，把其他问题按照性质和类别相对集中，一类一类地分别排列，而不要把不同性质或类别的问题混杂在一起。该排列方式便于调查对象有条不紊地回答问题，以免因为调查对象回答问题的思路经常中断而影响调查质量。

第二种，按照问题的复杂程度或困难程度排列。问题的排列应该先易后难，由浅入深；先客观事实，后主观判断；先一般问题，后特殊问题；先封闭型问题，后开放型问题。特别是敏感性强、涉及个人隐私的问题应该放在问卷的后面。该排列方式既有利于增强调查对象回答问题的信心，也有利于把回答逐步引向深入，而不至于让调查对象中途放弃填答。

第三种，按照问题的时间顺序排列。在遇到有关时间的问题时，调查者应该根据调查对象的过去、现在和将来的时间顺序来排列。当然，也可以反过来，先询问当前的有关问题，再由近及远地追溯过去的情况。需要注意的是，设计的问题不应该来回跳跃，否则会打乱调查对象回答问题的思路。

在通常情况下，问题都是按照一定逻辑来排列的。但是，有时调查者为了防止调查对象受思维定式的影响，经常会故意把一些问题的时间顺序颠倒，或者分别安排在问卷的不同部分。特别是检验性问题，更应该分散在问卷的各个部分，否则就难以起到检验的作用。总之，问题的排列不是一成不变的，调查者可以根据调查的具体需要，在遵循以上三种排列方式的基础上灵活应用。

4. 问题的表达

把握好问题表达的技巧，对于提高整个问卷的质量至关重要。由于问卷一般是自填式的，调查对象只能根据问卷的具体内容来理解问题和回答问题。因此，调查者在设计问题时要注意以下几点：

第一，通俗易懂。问题的语言要通俗易懂，不要使用鲜见的语言或过于专业化的术语。例如，对一般人不要使用"您是育龄妇女吗？""您家的消费结构怎样？"等语句。

第二，简明扼要。问题的语言要尽可能简明扼要，不要冗长、啰唆。对简明扼要的问题，回答率和有效率一般都较高；对冗长、啰唆的问题，容易含混不清、产生歧义，回答率和有效率也会大大降低。

第三，准确清晰。问题的语言要准确清晰，这有两层意思：一是不能使用模棱两可、含混不清的词语。例如，不能使用"也许""好像""可能""经常""有时""偶尔"等。问题的语言必须准确，如"经常"可表达为每周1次或更多，"有时"可表达为每月1至2次，"偶尔"可表达为每季度1次或更少等。二是问题的答案不能有歧义。例如，"您单位的一把手能起到作用吗？"就是一个有歧义的问题，因为"作用"有好有坏。这类问题让人无法回答。

第四，客观中立。表达问题的态度要客观中立，不能有诱导性或倾向性的语言。例如，"您喜欢做光荣的人民警察吗？"这种表达方式包含了明显的倾向性或诱导性，调查对象在趋同心理的支配下往往做出肯定回答，但不一定是自己的真实看法。若改为"您喜欢警察这一职业吗？"则比较恰当。

第五，非否定句式。要避免使用否定句式表达问题。由于人们一般习惯使用肯定句式提出问题和回答问题，因此使用否定句式的问题往往令人费解。例如，"您是否不赞成不提高农产品价格？"这种表达方式就不利于调查对象理解和回答问题。

5. 相关问题的接转

有些问题的相关程度较高，为了保证回答的系统性和便于统计，需要对这些问题进行特殊的处理，即进行相关问题的接转。一般来说，相关问题的接转有以下几种方式：

（1）用文字说明。参考以下例子。

您购买轿车了吗？　　① 有　　② 无

（若无，请直接答×题）

（2）分层次排列。参考以下例子。

您是否在业余时间参加健身活动？

① 是　　□

为什么？＿＿＿＿＿＿＿＿＿＿＿＿＿＿＿＿＿＿＿＿＿＿＿＿＿

② 否　　□

为什么？＿＿＿＿＿＿＿＿＿＿＿＿＿＿＿＿＿＿＿＿＿＿＿＿＿

（3）用框格表示。参考以下例子。

您是否出过国？

① 是（　　）

② 否（　　）

如果是：您第一次出国是＿＿＿＿＿＿年？

（4）用线条连接。参考以下例子。

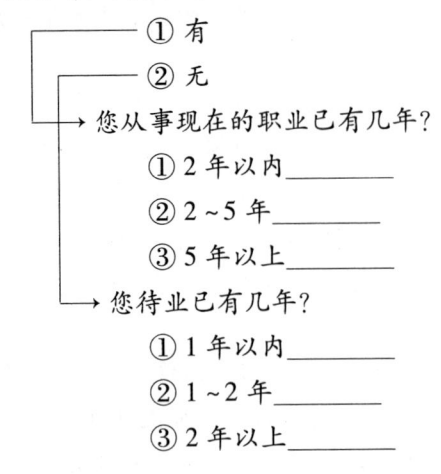

您是否有正式职业？
┌─── ① 有
├─── ② 无
│   您从事现在的职业已有几年？
│   ① 2 年以内_____
│   ② 2~5 年_____
│   ③ 5 年以上_____
└─→ 您待业已有几年？
         ① 1 年以内_____
         ② 1~2 年_____
         ③ 2 年以上_____

（二）答案的设计

答案的设计也是影响整个问卷质量的重要因素。在设计答案时要遵循以下原则：

第一，简捷性原则。设计的答案必须简捷、明晰，避免使用冗长和含混不清的语句，否则会引起歧义或产生谬误。

第二，相关性原则。设计的答案必须与问题相关，不能答非所问。例如，问题是"您认为理想的婚姻是怎样的？"，结果答案中出现了"单身"，二者之间就没有相关关系。

第三，同层性原则。设计的答案必须属于相同层次（类别）。如果问题是"您希望就读哪类大学？"，答案就应该是综合类、理工类、社科类、医科类和农科类等，而不应该是北京大学、清华大学、中国人民大学和中国农业大学等。

第四，穷举性原则。设计的答案必须穷尽所有的可能。如果询问婚姻状况，答案只有已婚、未婚，这就违背了穷举性原则，因为答案中忽略了离异、丧偶等情况。当答案过多时，可以只设计几种主要的答案，然后加一个"其他"即可，这样就遵循了穷举性的原则。

第五，互斥性原则。设计的答案必须是互相排斥的。如果问题是"您的行政级别是什么？"答案是科级、县团级、处级、厅局级、地师级、省军级和部级等，这就不符合互斥性原则，因为"县团级"与"处级"，"厅局级"与"地师级"不是互相排斥的，而是兼容的。

第六，可行性原则。设计的答案必须是调查对象能够回答且愿意回答的。若是调查对象难以理解、回忆、计算和表达的答案，或者是调查对象不能够、不愿意回答的隐私性、敏感性的答案，就不符合可行性原则。

（三）试用和修改

设计好问卷以后应当进行试调查，即邀请一些试调查对象填答问卷。往往要在此基础上对问卷做若干次修改后，才能进行正式调查。问卷的试调查对象一般是由问卷设计者亲自选择的，具体方法有两种：一种是客观检验法，即在正式的调查总体中抽取一个小样本进行试调查；二是主观评价法，即将问卷复制若干份，分送给有关专家或调查对象中的高水平者进行评价。试调查与正式调查的不同之处在于，试调查的着眼点不是试调查对象如何填写问卷，而是要求试调查对象根据经验和认识对问卷的各个方面提出意见，以便发现问题、完善问卷。

二、选择调查对象

在社会调查中，调查对象对调查结果的影响很大。而在问卷调查中，这种影响就显得更加直接和普遍，也更加突出和复杂。

首先，作为客体的调查对象在年龄、性别、职业和文化程度等方面的差异，以及他们对问卷调查的态度和认识，都会影响调查的适用性和有效性。由于不同的人具有不同的社会背景、生活方式、价值观和社会阅历，因此，他们对于同一种事物往往会有不同的认识和反应。而人们对于问卷调查的认识和反应，特别是调查对象对某一项问卷调查的认识和反应，可以说是决定问卷调查能否成功的关键因素。社会调查离不开调查对象的合作与支持。对于问卷调查来说，这种合作与支持更是不可缺少的。一般来说，对问卷调查比较熟悉的调查对象、有一定文字理解能力和表达能力的调查对象，以及初次或较少接受问卷调查的调查对象，回答问卷的积极性较高；其他类型调查对象的积极性就较低，甚至不予回答。如果调查对象选择不当，就会直接导致问卷调查难以进行。例如，关于就业问题的问卷调查，如果主要在离退休人员中进行，就必定失败。

其次，调查对象自身的各种特征，也会使得一项问卷调查执行的难易程度和结果的有效程度大不一样。例如，在青年人中进行一项问卷调查，比起在老年人中进行同样的问卷调查，执行上往往要容易一些，但在效果上要差一些，这是因为青年人在总体上比老年人文化程度更高，对新事物的了解更多、接受更快，因而他们承担和完成问卷调查的客观条件相对好一些，会更快进入角色。但是，青年人受生理、心理、处世态度和行为方式等因素的影响，他们在主观条件上不如老年人那么认真、那么负责，从而影响问卷调查的质量。再如，在工人、农民中进行问卷调查，同时也在学生、教师及其他知识分子中进行同样的调查，两项调查结果往往大相径庭。在上述两种情况下，遇到的困难也不同，问卷设计、调查手段等也会不同。

因此，选择调查对象，特别是不同文化程度的群体，一定要注意其间的差别。总体来说，我国男性公民的文化程度高于女性公民；城市居民的文化程度高于农村居民；文教科卫人员及行政干部的文化程度高于工人和商业人员，而工人和商业人员的文化程度又高于服务业人员及农民。这些群体无论是在阅读能力、理解能力，还是表达能力方面，都有较大的差异，因而对问卷调查的适应状况也有所不同。因此，调查者要根据调查目的、调查总体、问卷内容和难易程度等，对调查对象加以认定，努力选择最适合的、较单一的社会群体。至于调查对象的数量，如果总体规模不大（如一个机关、一个村、一个班级和一个小区等），则可把其全部成员作为调查对象。如果总体规模较大，则可采用抽样方法选择调查对象。由于问卷调查的回复率和有效率一般不可能达到100%，因此调查对象的数量应多于调查期望值的20%。例如，假定调查期望值是300人，那么调查样本应多于360人。

三、分发调查问卷

分发调查问卷有多种方式。自填式调查问卷或随报刊投递，或邮局寄送，或直接送发，或网络传达；代填式调查问卷可安排调查员电话访谈或登门访谈。分发方式对调查问卷的回复率有重大影响。实践证明，随报刊投递问卷和网络传达问卷的最终回复率一般为10%~20%，邮局寄送问卷的最终回复率一般为30%~60%，电话访谈问卷的最终回复率一般可达50%~80%，直接送发问卷的最终回复率可接近100%。因此，在条件许可的情况下，应尽可能采取电话访谈、直接送发的方式进行问卷调查。但有的社会调查对回复率要求不高，或者条件不具备，则可以视调查的需要和方便而具体选择调查问卷的分发方式。

四、回收调查问卷

回收调查问卷是问卷调查的重要环节。提高问卷回复率和保证问卷的质量是问卷调查的主要任务。

对于大多数问卷调查来说，问卷的高回复率是调查效率的保证，关系到整个问卷调查的成功。有多种因素会影响问卷的回复率，诸如调查者的客观地位、调查对象的具体情况、调查课题的吸引力、问卷设计的质量、调查方式和调查者的努力程度等。要提高问卷的回复率，就必须选择具有吸引力的调查课题、挑选恰当的调查对象、提高问卷的设计质量、采取回复率较高的分发方式等。此外，还应注意以下几个问题：

第一，要争取权威性、知名度较高的机构支持。调查者的权威性和知名度往往会影响调查对象对调查的信任程度和回答意愿。一般来说，党政机关主办的调查回复率较高，企事业单位主办的调查回复率较低；上级机关、专业机构主办的调查回复率较高，一般性机构主办的调查回复率较低；集体或单位主办的调查回复率较高，个人主办的调查回复率较低。因此，要提高问卷回复率，应尽可能选择权威性、知名度较高的机构作为调查者，或者获得它们对问卷调查的公开支持。

第二，要尽可能通过宣传增加调查的吸引力。调查课题是否具有吸引力，往往会影响调查对象的回答意愿和兴趣。实践证明，凡是与社会重大问题、热点问题、涉及人们切身利益的问题及特殊性质的问题等相关的问卷调查，往往都会引起调查对象的浓厚兴趣和回答积极性，问卷的回复率就较高；反之，回复率就较低。因此，根据不同时期、不同地区和不同对象的实际情况，采取一定的方式，利用各种媒介，宣传所要进行的问卷调查的特殊意义，调动调查对象的兴趣和积极性，是提高问卷回复率的一个重要条件。在直接送发问卷的调查中，调查员还应该向调查对象当面详细说明，这将大大提高问卷的回复率和有效率。

第三，要对问卷的回收进行主动追踪。特别是初始回复率较低的网络传达问卷、随报刊投递问卷和邮局寄送问卷等，在规定的回复时间之后，应每隔一周向调查对象发出1次提示通知或者催复信件（每次的内容应有所区别）。一般在发出1～3次的通知或者催复信件后，回复率将达到一定的高度。

第四，要认真研究无回答和无效回答现象，并采取必要的后续措施。问卷调查总会出现无回答和无效回答的现象，针对这两种现象应进行认真分析，并尽量加以解决。对于直接送发问卷的无回答现象，应当立即弄清楚无回答的原因。有的问卷是通过相关机构下发的，就应通过相关机构了解无回答的原因。网络传达问卷、随报刊投递问卷和邮局寄送问卷是无记名作答的，所以对无回答的原因难以把握，但并不是束手无策。例如，随报刊投递问卷可以根据回复问卷的邮戳，弄清哪些地区的回复率高，哪些地区的回复率低，然后派人到回复率低的地区有重点地访谈报刊订阅户，弄清楚问卷回复率低的原因。邮局寄送问卷除采用上述办法以外，还可以在寄发问卷的同时附上回寄问卷的信封，并在信封上编号，这样根据回寄信封的情况就能判断无回答的具体对象，再具体分析他们无回答的原因。在弄清楚无回答的原因后，就可以有针对性地采取补救措施，争取使无回答者继续作答。对无效回答的现象进行研究，应先严格审查回收的每一份问卷，从中择出所有无效问卷，再以这些无效问卷为主要对象，仔细分析无效回答的原因、类型和频率，弄清楚哪些是个性问题，哪些是共性问题。一般来说，凡属共性问题的都与问卷的设计有关，或者是问题选择不当，或者是问题的结构不够合理，或者是问题的表述不准确，或者是回答方式不符合实际，或者是对回答的指导和说明不清楚，或者是问题的接转不明晰等。根据分析的结果，可以对问卷进行必要的调整，然后二次发送问卷进行调查，从而使问卷的回复率和有效率得到提高。

在问卷回收中，除了要注意问卷的回复率，还必须认真审查每一份问卷的质量。如果对回收的问卷不经审查就直接加工整理，往往会使一些不合格的无效问卷或有严重缺陷的问卷混迹其中，造成中途被迫返工，或者降低调查的质量。所以，只有经过认真遴选，坚决淘汰一切无效问卷，把调查资料的整理加工工作建立在有效问卷的基础上，才能保证调查结论的可靠性和科学性。

完成上述程序后，问卷调查才算告一段落。在此基础上，对问卷调查所收集的资料的整理、分析和研究工作，才能够正常进行。

第五节　问卷调查法的评价

一、问卷调查法的主要优点

问卷调查法的优点主要包括以下几点：

第一，省时、省力和省钱。采用问卷调查法时，无须对调查对象逐一访谈和交谈，可以组织较少的调查者在较短的时间内同时调查很多人，操作方法简单、效率较高，特别是采用邮局寄送或网络传送等方式，可以不受地域的限制，使调查的空间更加广阔，能够用较小的投入取得较大的收获。

第二，有利于获得调查对象的支持和配合。采用问卷调查法时，调查对象无须署名，也不与他人发生直接关系，回答的隐秘性较强，可以大大减轻调查对象的心理压力。特别是对社会敏感性问题、个人隐私和社会禁忌等进行调查时，调查对象往往难以向陌生人描述具体内容，因此不宜采用其他调查方法。而采用问卷调查法可以充分尊重调查对象的个人隐私，从而有利于调查对象反映自己的真实情况。

第三，便于对调查结果的深入分析。问卷调查法所获得的原始资料很容易转换成数字，特别便于用电子计算机进行定量分析。在社会调查向定量研究发展的趋势下，这一点显得尤为重要。

第四，避免偏见、减少误差。在其他调查方法中，调查者之间存在种种差异，对同一社会现象会产生不同的观点，所以社会调查容易受到人为因素的干扰而产生各种误差。而在问卷调查法中，每个调查对象得到的是完全相同的问卷，问题表达、题目次序、答案类型和回答方式等都是一样的，也就是说每个调查对象面对的是同一个调查主体，这就避免了因调查者过多引起的干扰，减少人为因素的影响，有助于真实地反映社会客观情况。

二、问卷调查法的主要缺点

问卷调查法的缺点主要包括以下几点：

第一，调查对象的范围受到一定限制。由于问卷是通过文字形式显现的，为了保证问卷结果的真实、可靠，就要求调查对象能够看懂问卷，理解问题及答案的含义，能够正确选择填答问卷的方式。但是，并不是所有人都具备这种能力，因此一些文化程度较低的人往往被排除在外。这样，调查对象的范围就受到了限制，有可能影响问卷调查法的代表性。

第二，回复率难以保证。在问卷调查法中，大量调查问卷采用的是间接发送法，这就比较依赖调查对象的合作程度。如果调查对象对调查的内容兴趣不大，或者态度不积极、责任心不强，或者遇到一些突发事件无法完成问卷，问卷的回复率就会受到很大影响。

第三，调查结果的可靠性难以保证。很多问卷都是在调查人员不在场的情况下填答的，所以答题环境无法控制。有时调查对象并非亲自作答，而是与别人商量着作答。对问题理解不清时，他们也无法得到调查者的指导，各种错答、误答和缺答的情况在所难免。这可能使问卷调查的质量较差，可信度不高。这是当前问卷调查法面临的主要难题。

由于问卷调查法存在上述缺点，即使我们在当代社会调查中要大量使用这种方法，也不能对其过于依赖和迷信，而是要根据调查的具体情况灵活应对。当客观情况能够保证问卷调查法顺利进行，并且获得的资料质量可靠时，我们可以重视这种调查方法；但是如果情况不理想，我们就要采取措施，兼用其他调查方法以补不足，或者干脆改用其他调查方法。

本章小结

思考题

1. 什么是问卷调查法？在什么情况下采用问卷调查法？请举例说明。
2. 问卷调查法的基本结构是怎样的？请举例说明。
3. 问卷调查法的问题和答案有哪些类型？分别适用于哪种类型的调查？
4. 什么是量表？其适用范围如何？主要有哪些类型？
5. 怎样实施问卷调查法？在问卷调查中，应注意哪些问题？
6. 问卷调查法有哪些优缺点？

第八章 访谈调查法

本章提要

本章阐释了访谈调查法的概念和类型，详细介绍了结构式访谈、非结构式访谈、个别访谈、集体访谈具体实施过程，并对几种重要的访谈类型进行了简要评价，最后就如何选择和培训访谈者提出了意见。通过本章的学习，学习者可以大致了解和掌握访谈调查法的基本知识和基本方法。

学习要求

1. 了解：各种访谈调查法的优缺点；选择和培训访谈者的主要内容。
2. 掌握：访谈调查法的概念；结构式访谈、非结构式访谈的概念、类型及特点；个别访谈的实施；集体访谈的种类和实施。

访谈调查法简称访谈法，是指由访谈者根据调查要求与调查目的，按照访谈提纲或问卷，通过个别访问或集体交谈的方式，系统而有计划地收集资料的一种调查方法。该调查方法是访谈者与访谈对象双方的互动过程。所谓"访"，是指主动地探望他人；所谓"谈"，是指与他人对话。

访谈调查法本来特指直接的、面对面的口头交流，但随着现代信息技术的发展，目前已增加了电话访问、网上交流等间接访谈方式。

在社会调查中，调查者既可以依靠访谈调查法收集资料，也可以将访谈调查法与其他调查方法结合运用。一般来说，后者往往效果更佳。

访谈调查法按照操作方式和内容，可以分为结构式访谈和非结构式访谈；按照访谈对象的人数，可以分为个别访谈和集体访谈。

01 第一节 结构式访谈

结构式访谈又称为标准化访谈、问卷访谈，是指按照统一设计的、具有一定结构的问卷所进行的访谈。该访谈的特点是整个访谈过程是严格控制和标准化的。访谈对象按照统一的标准与方法选取，访谈中所提的问题及其顺序、提问的方式、对疑问的解释以及调查结果的答案记录都严格遵守问卷的要求或访谈任务书的要求，甚至连访谈的时间、地点和周围环境等外部条件也要同访谈任务书保持基本一致。访谈所获资料如有计划外的内容，则不能用于结论。从这些特点看，结构式访谈可以说是在问卷调查法的基础上演变而来的。

结构式访谈并不流行，一般是辅助问卷调查法，用于某些特殊的调查对象，如无法独立填答问卷的残疾人和文化水平极低的群体等，这些特殊的调查对象就需要调查者持问卷访问代填。另外，在某些特殊场合或出于某种特殊目的，也需要应用结构式访谈。例如，通过电视直播一些较敏感的访谈类节目，或者急需一些可靠的问卷调查结果等，就会用到这一方法。

结构式访谈的优点：便于对访谈结果进行统计分析，便于对访谈对象的回答进行对比研究。由于在访谈调查法中，访谈者必须当场与访谈对象直接交流，这样就能够控制调查环境和调查过程，避免他人代答或与人商量填答等弊端，可以随时督促和核对访谈对象的回答，还可以对某些特定问题进行深入调查，从而最大限度地提高问卷的回复率，降低来自访谈对象的误差，提高调查结果的信度和效度。此外，通过直接观察，可以获得一些对访谈对象的经济收入、身份和能力等方面的感性认识，分辨其回答的真实程度，对所获资料和答案进行评估。

但是，结构式访谈也存在一定的局限性：

第一，访谈内容缺乏弹性和灵活性。事先设定的问卷难以恰当地反映复杂多变的社会现象。

第二，访谈形式比较呆板。访谈双方的活动被严格限制在一定范围之内，访谈者难以临场发挥，访谈对象的回答也比较被动，不利于充分发挥访谈双方的主观能动性。

第三，不利于深入调查。结构式访谈的标准化使之利于定量分析，但是不太利于定性分析。统一设计的问卷一般只涉及访谈者主观认定的几个重要方面，且访谈内容确定，往往不能对社会的深层问题进行继续探讨，也不能根据访谈过程中发生的变化探讨新的问题，所以有时反映问题不够全面，难以综合地、多层次地把握问题，容易使调查流于表面化。

第四，访谈的质量较难控制。结构式访谈多用于大规模的社会调查，就需要大量的访谈者，而访谈者对问题的理解和处理方式往往难以保持一致，因此对访谈者的选择和培训要求极高，访谈者一旦出现问题，就会严重影响访谈的质量。

02 第二节 非结构式访谈

非结构式访谈又称为非标准化访谈、深度访谈和自由访谈。它是一种无控制或半控制的访谈，事先没有统一的问卷，而只有一个题目、大致范围或问题大纲，由访谈者与访谈对象在这一范围内自由交谈，具体问题可在访谈过程中边谈、边形成、边提出。它对于提问方式、提问顺序、记录方式和外部环境等没有统一的要求，可根据访谈过程中的实际情况进行安排。社会调查中的访谈绝大多数都是非结构式的。

同结构式访谈相比，非结构式访谈最主要的特点是弹性大和自由度大，能够充分发挥访谈者和访谈对象的主动性、积极性、灵活性和创造性，有利于适应千变万化的客观情况，有利于应对调查设计方案中没有考虑到的新情况、新问题，有利于对社会问题进行较深入的探讨。在非结构式访谈中，双方可以围绕访谈题目进行自由、深入、广泛的交谈和讨论，访谈者能够从中获得大量启发性的资料，获得与调查问题有关的丰富的社会背景材料和对访谈对象生活、行动的生动感受，从而对所调查的问题进行更深入、更全面的了解。

但是，非结构式访谈易受访谈者的影响。由于这种访谈方式自由度很大，访谈者常常会自觉或不自觉地将主观意见带入访谈中，访谈者的态度、素质和经验也会影响访谈的结果。例如，访谈者听到访谈对象的观点与自己的观点相悖时，可能在表情或手势上流露出不以为然的样子或对访谈对象进行反向引导；访谈者在开放型问答的记录中掺入自己的主观意见；访谈者怕麻烦、不负责等不当行为。因此，非结构式访谈对访谈者的要求较高。

另外，非结构式访谈较难控制访谈结果，而且比较费时，访谈结果也不宜用于定量分析。因此，其多用于个案调查，常和观察调查法一起在定性调查中使用。

非结构式访谈因实施方式不同，通常分为以下几类：

一、重点访谈

重点访谈又称为集中访谈，是指集中于某一特定问题的访谈。所谓重点，不是指对访谈对象的重点挑选，而是指访谈所侧重的内容。它通常针对的是访谈对象在一定情境中因为受到某种刺激而产生的特殊反应，调查者从这些特殊反应中获取信息，再进行分析、解释。其具体做法是先将访谈对象安排到预先设置好的情境中，如让访谈对象观看一部影片、听一段音乐、读一本书等，以使他们对即将到来的访谈内容有所感受，也可以事先不做这种安排，而是选择那些曾经历过这一情境的人作为访谈对象，然后对他们进行访谈，访谈的重点是他们对情境的认识和感受。

重点访谈考察的是访谈对象在一定情境中的反应，所以访谈者需要事先对情境本身有所研究，即通过深入分析这一情境的主要因素、模式及条件等，得出若干假设，并根据这些假设提出若干侧重点（指标），然后根据这些侧重点（指标）进行访谈，收集访谈对象的经历或特殊感受等相关资料。由此观之，重点访谈实际上是一种半结构式访谈，并不是完全非结构的，即重点访谈虽然没有事先确定问卷或访谈书，但主题和侧重点是事先规定好的。在实际的访谈中，访谈者也往往预设一些问题，既有封闭型的、又有开放型的，由访谈对象根据这些问题陈述自己的经验和认识。访谈者可以根据情况随时调整原定问题和提出新问题，以获得预料之外的新资料。

重点访谈适于调查人们由某种特殊经验而引起的态度变化，常被社会心理学家用来研究大众传播的效果，如某种宣传引起的反应。但是，此法的使用需要访谈者具有一定的技巧和想象力，对访谈者的素质要求极高，所收集的资料分析、解释的难度较大，而且大多数资料独特性强，因此重点访谈不适用于推论总体和定量分析。

二、深度访谈

深度访谈又称为临床式访谈，是指为收集个人特殊的经验、动机及情感等资料所做的访谈。深度访谈最初用于罪犯调查、精神病人调查等个案调查，目的是做出临床诊断，挽救罪犯和治疗患有精神疾病的人，后来广泛用于对普通个人的生活、行为、动机和态度等的深入调查。

深度访谈与重点访谈相似，都是一种半结构式访谈。深度访谈是灵活多变的、没有一定的规律，但事先也会选取问题的某些方面作为访谈重点。例如，调查儿童失学问题的人员提出了一个假设：儿童失学的原因之一是家庭生活困难。于是，在深度访谈中，访谈者询问的问题就会围绕着儿童的家庭生活状况展开，如家庭的经济来源、收入、家庭人口和家庭必要开支等，再辅以一些其他问题，就能够获得大量的必要信息。在深度访谈中，也经常会出现出乎意料的信息，访谈者可以像重点访谈那样，就这些出乎意料的信息进行充分交流和探讨，使调查更加全面和深入。

深度访谈常用于个人生活史的调查。访谈者通过深度访谈，对某一社区或群体中的全部或部分个体的生活经历和各方面生活情况进行详细了解，然后将不同个体的相关资料进行统一整理与归纳，总结出共同点和不同点，并以其中典型的个案作为描述和解释的例证，由此反映该社区或群体的社会生活状况及个体的心理、思想、态度和观念等。例如，我国社会学家陈达于1946年对上海工人生活的调查，主要就是通过对200多名上海工人的深度访谈而得到他们的生活史记录来完成的。

三、客观陈述式访谈

客观陈述式访谈又称为非引导式访谈，是指让访谈对象客观地陈述对自己和周围社会的认识，即鼓励访谈对象对自己的信仰、价值观、行为以及生活环境等进行客观的陈述。客观陈述式访谈常用于了解有关个人、组织和群体的客观事实及访谈对象的主观态度等。

在客观陈述式访谈中，最重要的就是要避免访谈者的主观因素对访谈对象的影响，使访谈对象能够自由地谈论其最深层次的主观思想，甚至使其自然流露出自己都不愿承认的感情。此时的访谈者只是一个听众。访谈一般从中性的简单提问开始，如"请谈谈您现在居住小区的环境如何？"在访谈过程中，访谈者的提问主要是为了防止访谈中断，所以要使用中立的简单插入语，如"是吗？""为什么？""能举个例子吗？""能再说一说吗？"访谈者从访谈对象那里获得客观资料后，进行加工，形成对这些资料的某种解释。为避免这种解释受到访谈对象不正确观念的影响，访谈者必须对访谈对象的背景、价值观和态度进行较为深刻的理解和分析，否则就无法判断所获资料的真伪或价值。

03 第三节 个别访谈

个别访谈是指对访谈对象进行单独访谈，是访谈调查法中最基本和最常用的类型。个别访谈既可以采取结构式，也可以采取非结构式；既可以是访谈者与访谈对象面对面口头交谈的直接调查，也可以是电话或网络访谈的间接调查。间接调查式的个别访谈不与访谈对象见面，访谈中牵扯的问题较少，方法较简单，成功率和应用率也相对较低。因此，目前最常用的是直接调查式的个别访谈。

一、个别访谈的实施

个别访谈的实施一般包括访谈准备、接触访谈对象、正式访谈和结束访谈四个环节。

（一）访谈准备

在访谈准备阶段，我们应该做好以下工作：

第一，确定访谈的大致内容。访谈前，访谈者需要根据调查目的和理论假设，确定访谈中需要了解的问题，决定访谈的范围，准备访谈提纲，并将这些内容具体化为一系列访谈问题，同时还要充分准备与调查内容有关的各种知识。如果访谈者只能对访谈对象进行一次访谈，那么访谈计划一定要周详，争取能够与访谈对象深入交谈，提高访谈对象回答问题的积极性，以获得丰富、深刻的资料和捕捉有价值的新信息，触发新的思想，并能够对资料的真伪做出判断。如果是结构式访谈，访谈前还要编制统一的问卷及访谈手册，并据此对访谈者进行培训，使其明确访谈目的、要求和步骤，掌握特定的访谈方法，对可能出现的问题找到应对对策。

第二，选择适当的访谈对象。访谈对象是访谈调查法中互动双方的一方和调查资料的提供者，其选择是否恰当，对整个调查的成败影响极大。选择适当的访谈对象，应当以有利于获得所需要的真实信息为原则。首先，访谈对象的范围应当与所调查问题的范围一致或相关。例如，调查人民群众对物价改革的看法，就要以收入一般的普通百姓为主要访谈对象，而不能以高收入者或贫困者为访谈对象。其次，访谈对象可以通过抽样的方法确定。一般来说，访谈对象都是根据调查目的及群体特性采用主观抽样选取。最后，访谈对象选定后，要尽可能了解其现状，如性别、年龄、职业、文化程度、经历、专长、思想状况、身体状况和精神状况等，这对于顺利开展访谈、与访谈对象建立良好的交谈气氛、提高访谈的信度与效度等大有好处。

第三，拟定访谈程序表。在确定访谈对象后，应当拟定实施访谈的程序表。程序表主要用来对访谈过程中的工作与时间进行安排。程序表主要包括访谈前应当阅读哪些文献资料，了解哪些背景情况；访谈对象应当如何联系和安排，有无特殊环境或特殊人物应当事先处理；访谈地点应当安排在哪里；何时进行访谈，大约需要多长时间，访谈中何时休息，访谈时如何控制进度；访谈中可能出现哪些问题，如何应对等内容。

第四，准备访谈工具和其他必备用品。这是访谈者在访谈准备阶段进行的最后一项工作。访谈工具主要分为两类：一类是普通工具，如笔、纸、调查表格、调查说明书、问卷和调查区域的地图等；另一类是特殊工具，如照相机、录音机、录像机、计算器和计算机等。究竟需要准备哪些访谈工具，主要取决于访谈的记录方式。一般来说，访谈记录方式包括手工记录和机器记录（包括录音机记录和录像机记录等）。手工记录的优点是访谈所需要的经费较少，不需要购置仪器及设备，只要有笔、纸即可；缺点是记录的速度较慢，在访谈对象语速较快时，一些重要信息容易遗漏，而且容易掺杂访谈者的个人情感。机器记录的优点是记录完整、准确，既有利于访谈者集中精力提问和对访谈对象进行观察，又有利于访谈者及时发现新问题和产生新思路；缺点是访谈成本较高。通过比较这两种记录方式，只要有条件就应当采用机器记录的方式。至于其他必备用品，主要指能够证明访谈者身份的有效证件和上级机关所发的公文、介绍信等。

第五，取得有关部门的支持。采用访谈调查法进行调查时，最好能与调查对象所属的政府机关、派出所或街道等有关部门取得联系，在对方的支持下进行调查。例如，当调查范围是一个小区或社会组织时，通常先和该小区或社会组织的领导者洽谈，以争取他们的支持。特别是需要挨家挨户进行访谈时，这一程序更是不可缺少的。如果是规模较大、涉及面较广的调查，最好在调查前邀请地区或单位负责人召集并主持群众大会，向群众阐明调查的目的和意义，了解群众的反应和要求，以使调查获得群众的配合。

（二）接触访谈对象

访谈者初次接触访谈对象可以通过打电话或网上交流等方式来实现，但如果没有访谈对象的熟人或有关部门介绍，则最好采用直接见面的方式，因为其他非面对面的方式遭拒的概率相对较高。在接触访谈对象时，首先要进行自我介绍，证明自己的身份；然后说明访谈目的及访谈意义，争取访谈对象的支持，如能引起他的兴趣则更好。还应告诉访谈对象选择他的原因：或者根据其特点主观选取的，或者依据科学方法随机抽样，使他体会到自己在调查中的作用。此外，有必要说明访谈对象所说的一切将予以保密，并且不会另做他用，以消除其顾虑。这些做法的主要目的是与访谈对象建立较好的联系，使其自愿参与访谈。

在访谈者与访谈对象初次见面时，很容易出现不自然、拘束的尴尬局面。为了避免这一点，访谈者在访谈中面带微笑和对访谈对象表示礼貌是非常重要的。在自我介绍的过程中，访谈者既不能板着面孔，也不能媚俗，只有诚恳的态度才能争取到访谈对象的支持与合作。另外，要注意一些细节问题。例如，对访谈对象的称呼，一定要入乡随俗、亲切自然，否则容易引起访谈对象的反感，影响访谈的正常进行。一般来说，初次见面的人，不能直呼其名。再如，请求访谈对象接受访谈时，一定要用"希望您抽点儿时间谈谈这个问题"之类的句式，而不要用"我能和您谈谈吗？"或"您现在有时间吗？"等容易被访谈对象立刻拒绝的表述。

为了能够顺利接触访谈对象，事先应对其基本情况有所了解，如访谈对象的文化水平、脾气秉性、所属民族及爱好特点等。访谈者如果根据事先了解的情况，认为直接向访谈对象进行调查比较困难，则可以采取一些迂回的办法接触访谈对象。例如，在与访谈对象一起工作、劳动、学习、旅游、聚餐等共同活动过程中逐步接触访谈对象;通过寻求访谈对象在同乡、同学、同行、共同经历、兴趣和爱好等方面的共同语言来接触访谈对象;从关怀访谈对象到帮助访谈对象解决实际困难来接触访谈对象;等等。直到与访谈对象建立初步感情和信任后,再说明来意,进行访谈。这些接触访谈对象的方式虽然耗时、费力、效率低,但成功率较高,在某些情况下很有必要。

(三) 正式访谈

在接触了访谈对象且得到其同意后,就可以立即进入正式访谈。有些调查涉及的问题较多、较复杂,可以先把调查提纲或问卷留给访谈对象进行准备,另约访谈时间。就一般的访谈而言,应尽量争取一次完成。

访谈的过程就是访谈者提问与访谈对象回答的互动过程。访谈者对访谈过程的有效控制是访谈成功的关键,而提问方法与行为方式、访谈记录是控制访谈过程的重要因素。

1. 提问方法

访谈者在提问时,常用的控制方法主要包括以下几点:

第一,从简单问题入手。访谈对象开始回答问题时总有一个心理酝酿过程,因此访谈者提问的问题应从简单逐渐向复杂过渡,切忌一开始就提出一些复杂的问题。开始时顺利,能使访谈对象信心倍增,双方协调互动,这时才可以转入深度访谈。为了营造融洽的访谈气氛,访谈者也可以在进入正题前先和访谈对象聊聊家常,如询问访谈对象的籍贯、住房、家庭和爱好等。

第二,提问有序。如果是结构式访谈,就应该严格按照访谈之前拟定的访谈提纲,由简至繁地按顺序进行访谈。如果是非结构式访谈,也要根据所谈问题的内在逻辑结构进行提问。例如,在谈论事件变迁问题时,应该按照事件发生的先后顺序进行提问,否则容易影响所谈问题的系统性,遗漏某些重要的内容。这一点对于那些访谈经验不足的人来说尤为必要。

第三,适时追问。追问是访谈的一项重要技能。在访谈中,有时访谈对象的陈述会存在一些疑点;有时对问题的回答含混不清甚至前后矛盾,不能自圆其说;有时出于顾虑对问题避而不谈或轻描淡写;有时回答不够完整或未能充分阐明某些重要内容;有时访谈者希望访谈对象讲出访谈提纲中未涉及的新内容。这些都需要进行追问。追问可以让访谈者和访谈对象真正互动起来,使访谈更加全面和深入。掌握追问技巧对访谈者来说有一定难度,不仅要求访谈者思维敏捷且发散性强,而且要求访谈者把握好追问的时机。追问应在发现问题后尽快进行,若间隔时间太久容易导致信息流失,但又绝不能生硬地打断访谈对象的陈述,否则会引起对方的反感。追问的正确做法是顺其自然,当访谈对象的陈述告一段落或出现停顿时,要不露痕迹地进行追问。有时候,为了检验访谈对象所陈述的某些内容、观点的真实性和可靠性,也可以将关于这些问题的提问记下来，放在整个访谈的最后环节进行。

第四，题目转换自然。在访谈中，有时访谈者需要从一类题目转换到另一类题目。这种转换如果太突然，往往会使访谈对象因为毫无心理准备而产生困惑。为了避免这种情况，通常需要访谈者提一些过渡性的问题，使题目自然转换。例如，从家庭关系问题转向工作问题时，可以问："您的家庭生活真好，在工作上也一样好吧？"或者"您的家庭生活虽然不太愉快，但工作上还好吧？"再如，从工作问题转向业余爱好问题时，可以问："您的工作这么紧张，业余时间怎么安排呢？"

第五，注意引导。在访谈中，访谈对象有时会没完没了地重复同样的内容，有时则会跑题，这就需要访谈者及时进行引导，使访谈步入正确的轨道。引导时切忌使用生硬的、刺激性的语言，如"你跑题了""这个问题不用再谈了""我问的不是这个问题"等，以免使对方产生抵触情绪。在这种情况下，访谈者应选择适当时机，礼貌而巧妙地转移话题。例如，可以将访谈对象偏离主题的内容加以总结："您刚才谈的是某某问题，很好，现在请您再谈谈某某问题。"以此把话题引向正确的轨道。也可以从访谈对象偏离主题的内容中选取一两个跟主题有关的问题进行提问，如"您刚才谈的某某问题是怎么一回事？"还可以采用动作方式，如给访谈对象端茶倒水以中断谈话，当谈话重新开始后，提出新的问题，在不知不觉中改变话题。

在引导中还有一种特殊的形式，即复述。当出现以下两种情形时，复述是很有必要的。一种是当访谈对象回答得支支吾吾，看上去对所提的问题不甚理解或未听清楚时，就需要对问题进行复述。这种复述的节奏要慢，使访谈对象有反应、理解的余地。另一种是访谈者对访谈对象的讲述不明其意或未听清楚时，就要复述访谈对象的回答，以引导访谈对象纠正、解释或再讲述准确、完整的内容。

第六，保持客观中立。在访谈中，要尽力做到客观中立，提问不能带有明显的倾向性，不能对访谈对象的答案进行诱导，如"您看这个问题是不是应该这样理解……"；也不要掺杂带有情感的字眼，如"先进""落后""自由""保守"等。只有这样，才能保证访谈结果的真实、可靠。

第七，特殊问题特殊处理。对于一些难以启齿的敏感性问题或涉及访谈对象隐私的问题，一般不要直接提问，否则容易刺激访谈对象，致使访谈破裂。比较可行的方法是访谈者要站在第三者的角度上回答有关问题，或者事先设计几种回答写在纸上，让访谈对象选择。如果经多方努力，访谈对象仍不愿谈论这些问题，访谈者就不要一味强求。

第八，语言表达方式要恰当。提问的语句越简单越好，做到用简短的提问获取充分的回答，而不是用冗长的提问获取简短的回答。提问的语言应该尽可能通俗化、口语化和地方化，尽量避免使用学术术语、书面语言、"官话"和"套话"等。此外，访谈者要根据访谈对象的特点，灵活掌握提问的语速和语气。例如，对一般人进行提问，语速要适中、语气要平和；对孩子进行提问，语速要较缓、语气要亲切；对老人进行提问，语速要放慢、声音要稍大。

2. 行为方式

在访谈中，访谈者还可以通过自己一定的行为影响访谈过程。

礼貌、谦虚、诚恳和耐心是访谈者自始至终都必须具备的品质。例如，无论访谈对象的回答怎样跑题或啰唆，访谈者都不能表现出厌烦，而只能用前述引导的方法改变局面。这种行为方式可以获得访谈对象的好感，对于访谈的顺利进行意义极大。

访谈者要善于运用表情和动作控制访谈进程。访谈对象如果看到的是一张毫无表情的脸，就会认为自己的话不被访谈者重视，从而失去谈话的兴趣。访谈者的表情过于严肃，也会使访谈对象产生紧张感，从而影响问题的回答。因此，访谈者的表情一定要生动，能够根据访谈对象所谈情境而变化。例如，当谈到访谈对象的挫折、不幸时，访谈者要有同情和惋惜的表情；当访谈对象谈到自己遭遇的不平之事时，访谈者要有义愤的表情；当访谈对象谈到一些难以启齿的隐私时，访谈者要有理解的表情；当访谈对象谈到自己的成绩或得意之事时，访谈者要有高兴的表情等。访谈者还要注意一些动作细节对访谈对象的影响。如果访谈者提出问题后一直目不转睛地盯着访谈对象，往往会使访谈对象局促不安，张不开嘴；如果访谈者提出问题后目光转向自己的笔记本，做出一副准备记录的样子，往往会使访谈对象从容许多。相反，当在访谈对象侃侃而谈时，访谈者不看着对方，只盯着自己的笔记本，会使访谈对象误以为自己的话令人厌倦，从而中止陈述；相反，访谈者目光专注于访谈对象，会使访谈对象感到一种认同，从而滔滔不绝地说下去。再如，访谈者在访谈对象陈述时连连点头、匆匆记录，这些动作都可以鼓励访谈对象继续谈下去；访谈对象的回答离题太远时，访谈者则可以停止记录，这种动作会起到制止的作用；在访谈对象回答后，访谈者感到内容不全，则可以停止发问，用期待的表情示意对方继续说下去等。

3. 访谈记录

访谈记录是一项需要特别注意的专门工作。结构式访谈的记录比较简单，只需要按照规定的记录方式，把访谈对象的回答记录在事先设计好的表格、问卷上即可。非结构式访谈的记录则具有不同的记录方式，其中最理想和最便捷的方式就是机器记录，其优点是资料完整，不带偏见，而且不会破坏访谈者与访谈对象之间的互动，访谈者可以边听边想，从访谈对象的陈述中发现新的重要信息，提炼出一些重要观点。但是，有些访谈对象不愿意采用这种方式，所以手工记录仍然是最常用的记录方式。手工记录又分为当场记录与事后记录两类，当场记录是指边访谈、边记录，其优点是资料较完整、客观，但因为需要埋头记录，则有可能影响访谈者与访谈对象之间的互动，失去由访谈对象表情、动作及陈述所传达的新的重要信息，无暇对访谈对象的陈述内容进行提炼。事后记录是指在访谈之后依靠回忆进行记录，可以避免当场记录的缺点，但容易遗漏许多重要信息，也容易使访谈者的主观认识混入其间。当然，访谈者可以采取一定的补救措施，如事先设计好问题，依序访谈，访谈后再依序回忆等，但即便如此，也无法完全解决问题，所以一般情况下不采用事后记录的方式。

访谈者若采用当场记录的方式，应该在访谈后及时进行仔细检查，追记当场漏记或不完整的内容，注释或说明当场简记的内容。访谈者若采用机器记录方式，应当在访谈结束后核查一遍，看看是否有因机器故障而漏记的情况，最好能够将音像记录转为文字资料。另外，访谈者对访谈记录应该进行初步的内容编排，以便于调查工作后期的资料整理与分析。

（四）结束访谈

一般的访谈时间不宜过长，以1~2小时为宜。访谈者在访谈中应集中精力，争取在尽可能短的时间内解决问题。一旦访谈目的基本达到，就要立即终止访谈，千万不要等到双方都感到非常疲倦，谈话难以继续进行时才结束。如果访谈目的已经达到，访谈对象谈意仍浓，那么也没有必要强行打断访谈对象，可以适当延长访谈时间，待话题告一段落后，访谈者再趁机结束访谈。结束语通常采用客气的语言，如"今天的谈话非常愉快，您看还有什么要补充的？"等。最后，要礼貌地和访谈对象告别，并向访谈对象表示衷心的感谢。

二、个别访谈的评价

（一）个别访谈的优点

第一，访谈者与访谈对象互动，收集的资料更为深入。个别访谈最主要和最常用的方式是面对面的直接访谈，访谈者与访谈对象的社会交往、相互作用和相互影响贯穿于调查过程的始终，可以促使话题不断扩展、深入。个别访谈的这种优点是其他调查方法所不具备的。访谈者通过和访谈对象互动，能够获得其他调查方法所不能获得的资料。因此，个别访谈在社会调查中能够发挥其他调查方法所不可替代的作用。

第二，灵活性大、适用性强。个别访谈既能用于定量研究调查，又能用于定性研究调查；既可以用于大规模调查，又可以用于小规模调查；既可以了解主观动机、感情和价值等方面的问题，又可以了解客观事实；既可以了解当前资料，又可以了解历史资料；既可以用于验证某种假设或理论，又可以用于提出假设和理论；既可以获得语言提供的信息，又可以获得大量非语言提供的信息；既可以用于文化水平高的调查对象，又可以用于文化水平低的调查对象。因此，与其他调查方法相比，个别访谈应用起来更灵活，弹性更大，实用性更强，且有利于对问题进行多方面的探索。

第三，环境可以控制，资料的质量可以保证。当访谈对象对问题不理解或有所误解时，访谈者可以及时引导和解释；当访谈对象的回答不全面或不准确时，访谈者可以当面追问；当访谈对象的回答出现明显错误时，访谈者可以及时纠正，而且可以确保访谈对象独立回答问题不受干扰。因此，个别访谈可以提高调查工作的效度和信度。

（二）个别访谈的缺点

第一，个别访谈是一种较复杂、较难掌握的社会调查方法，对访谈者的要求较高。个别访谈是一种面对面的社会交往，因此具有很强烈的个人色彩，即访谈的成败在很大限度上取决于访谈者个人的综合素质。访谈者的人际交往能力、访谈技巧的熟练程度以及对访谈过程的有效控制能力对于访谈非常重要；访谈者的语言表达、表情以及动作等可能影响访谈结果。另外，访谈双方不同的价值观、社会经验、社会地位及思维方式等主观因素对访谈者保持客观公正和中立也是很大的挑战。而对于一般的社会调查来说，选择或培训一定数量的合格的访谈者是一件相当困难的事情。

第二，访谈范围受到一定限制。个别访谈的访谈对象无法匿名回答问题，因此对于敏感性问题、尖锐性问题和隐私问题，访谈对象一般不愿当面回答，即使回答也不一定真实，这些都会对访谈结果产生不利影响。对于这类问题不宜采用个别访谈进行调查，即便要采用这种调查方法，其效果也远不如自填式问卷调查法或测量法，甚至不如文献调查法。

第三，访谈规模受到一定程度的限制。个别访谈用时较长，需要的人力较大、费用也较高，这就注定个别访谈的规模不会太大。

04 第四节 集体访谈

集体访谈也称为会议调查法，是指访谈者邀请若干访谈对象，通过集体座谈或集体回答问题的方式收集资料的调查方法。它本质上是个别访谈的一种扩展形式，同个别访谈一样，都属于双向传导的互动式调查。集体访谈既可以是结构式访谈，即按照统一问卷回答问题，也可以是非结构式访谈，即自由访谈；既可以是访谈者与访谈对象面对面的直接调查，也可以是书面咨询或电话会议、网络会议等间接调查。由于电话会议和网络会议存在一些技术和条件方面的特殊要求，虽然很常用，但尚不普及，目前最流行的还是面对面的集体访谈。在某种特殊情况下，访谈者也可以采用书面咨询式的集体访谈。

集体访谈是比个别访谈更高一个层次的调查方法，也是一种更复杂、更难掌握的调查方法。它面对的不是单个的访谈对象，而是同时面对多个访谈对象。集体访谈不仅是访谈者与多个访谈对象互相作用的过程，而且是若干访谈对象之间互相影响、互相作用的过程。因此，访谈者在集体访谈中不但要注意访谈对象对访谈者言谈举止的反应，还要注意访谈对象之间的互相影响。这就要求访谈者不仅要有熟练的谈话技巧，而且要有驾驭会议的能力。

一、集体访谈的种类

按照调查目的不同，集体访谈可以分为两类：

一类是以了解事实为主的访谈，即着重于对事实的客观描述与披露，而不去探讨深层次的问题和研究对策。

另一类是以研究问题为主的访谈，即着重于对已知事实进行深入分析和探讨，发现其原因，认清其性质和规律，并提出相应的对策。

按照调查内容的不同，集体访谈可以分为两类：

一类是综合性访谈，即包含许多问题和内容的访谈，比较全面和系统，但往往不够深入。

另一类是专题性访谈，即访谈内容比较单一或集中，探讨的问题比较深入，目前流行的焦点访谈即属此类。

按照调查方式的不同，集体访谈可以分为两类：

一类是直接访谈，即口头的、面对面的调查。

另一类是间接访谈，包括电话会议、网络会议和书面咨询等。其中，书面咨询是集体访谈中的一种特殊方式，又称为德尔菲法。

德尔菲是古希腊阿波罗太阳神殿所在的城名，被认为是古希腊预言家活动的场所，具有极大的权威性。20世纪40年代，美国兰德公司的研究人员设计出了一种预测方法，由于预测的准确性较高，因而被称为德尔菲法。德尔菲法的具体做法是将要预测的问题写成含义明确的调查提纲，分别送给选出来的专家，请他们用书面形式作答；专家在背靠背、互不通气的情况下，独立作答，然后以无记名方式反馈给预测机构；预测机构汇总专家的意见，进行定量分析，然后将结果反馈给专家；专家根据反馈的结果，重新考虑原定的预测意见，然后以书面形式反馈给预测机构。经过这样3~4轮的循环，预测意见就逐渐趋向集中，最后形成集体的预测结论。德尔菲法的主要特点是匿名性、反复性、定量性和集体性，这些特点说明其实际上是一种间接的书面集体访谈。德尔菲法的最大优点是排除了面对面访谈中各种社会心理因素的干扰，使调查结论更准确地反映被调查专家的共同意见。

按照访谈对象发表意见的形式不同，集体访谈可以分为两类：

一类是各抒己见式的访谈，即访谈对象可以充分发表自己的意见，但不允许对别人的意见进行评价。20世纪50年代以来，在预测性调查中被广泛应用的"头脑风暴法"，就是这种访谈类型的代表。其主要做法是：①主持人简要说明会议主题，提出讨论的具体要求，并严格规定讨论问题的范围。②要求与会者自由发表意见，但不得附和或反驳别人的意见，以激发与会者的创造性思维。③鼓励与会者汲取别人的观点，不断修改、补充和完善自己的意见，提出新观点。要求修改或补充自己观点者可优先发言。④主持人不发表意见和表明倾向，以免妨碍会议的自由气氛。这类集体访谈的主要功能是促进发散性思维和创造性思维的产生，而不在于寻求统一的结论。各抒己见式的访谈特别适用于寻求新观点、新途径和新方法的调查研究。

另一类是讨论式的访谈，其代表是"反向头脑风暴法"（也称"质疑头脑风暴法"）。反向头脑风暴法是常用于对初步形成的设想、意见和方案等进行可行性研究的一种会议形式。其主要程序和做法与头脑风暴法有许多一致之处，但核心规则截然相反。反向头脑风暴法禁止与会者对已提出的设想、意见和方案进行确认论证，只允许提出各种疑问或批评意见。其内容主要是提出原设想、意见和方案不能成立或无法实现的理由，或者说明实现原设想、意见和方案可能存在的种种制约因素，以及排除这些制约因素的方法和必要条件等。与会者既可以互相研讨、互相补充，又可以互相诘难、互相争论，直到没有问题为止。最后，主持人要归纳意见，并对其进行全面的分析、比较和评估，进而形成一个具有可行性的统一结论。

二、集体访谈的实施

集体访谈的实施程序一般分为三个阶段，即前期准备阶段、具体实施阶段和后期总结阶段。

（一）前期准备阶段

集体访谈的参与人员较多，安排和组织起来较麻烦，会议时间也有限，因此，访谈者做好会前各项准备工作是非常重要的。前述个别访谈的准备工作也大多适用于集体访谈。此外，还应特别注意以下几点：

第一，明确访谈会的主题。访谈会的主题要简明、集中，最好一个会议一个主题，而且主题应该是访谈对象共同关心和比较了解的问题，否则访谈对象的意见就会过于分散或简单，访谈也就很难做到系统和深入。

第二，拟定访谈纲目。这是开好访谈会的必要条件。访谈者应当在访谈会开始前根据访谈会的主题认真考虑具体内容，拟出详细的访谈纲目。访谈纲目应该包括需要了解和可能需要了解的所有问题。它不仅是访谈对象发表意见的重要根据，也是访谈者控制会议的指南。

第三，确定访谈会的规模。访谈会的规模，主要取决于调查内容的需要和访谈者驾驭会议的能力。以了解具体情况为主的访谈会，规模可以适当大一些；以研究问题为主的访谈会，规模可以适当小一些。访谈者驾驭会议的能力较强，参加会议的人数就应该多一些，反之，就应该少一些。访谈会的规模，通常以 5~7 人为宜。

第四，确定与会人员。与会人员包括访谈者与访谈对象。与个别访谈不同，集体访谈的访谈者应当具有一定的地位与身份。如果访谈会的规模较大，访谈者可以适当增加。访谈对象是访谈会顺利进行的关键，因此要认真挑选有代表性和敢于发表意见的人作为访谈对象。具体来说，以了解具体情况为主的访谈会，要选择与调查内容直接相关的当事人、知情人和主管人参加会议；以研究问题为主的访谈会，则要选择有相关实践经验和理论研究且能够发表独特见解或不同观点的人参加会议。为了提高访谈会的效率，保证访谈效果，在选择相关人员并征得其同意后，应当尽快将访谈会的主题、调查纲目、具体要求和到会人员的名单送达全体访谈对象，以使他们做好必要的准备。

第五，确定访谈会的场所和时间。访谈会的场所应该方便访谈对象前往，环境比较安静、舒适。访谈会的时间要视调查内容而定，但应尽可能短。如果是电话会议或网络会议，则要事先做好技术准备，而且一般应当进行预演。

（二）具体实施阶段

集体访谈的具体实施方式与个别访谈大体相同，只是对访谈过程的控制和访谈的效率要求更高。这是访谈会成功的关键。为此，在集体访谈的具体实施阶段，访谈者应当采取以下做法：

第一，引导访谈对象尽快进入角色。访谈会刚开始时，由于访谈对象对环境陌生或者与会者之间互不熟悉，往往会出现短暂的沉默期。为了打破僵局，访谈者在访谈会开始时可以简要说明会议的目的、意义、内容和要求，对某些问题做出解释，并简要介绍与会者的基本情况，鼓励访谈对象消除疑虑、踊跃发言。另外，最好在会前与一些访谈对象达成共识，访谈者讲完后就可以邀请他们率先发言，这样就能迅速调动访谈对象的情绪。

第二，创造活跃的会议气氛。访谈会不能开得平平淡淡，不能变成轮流表态或简单、呆板的一问一答。为此，访谈者在会议初期应当使用一些简短的插话或解释，鼓励访谈对象大胆发表意见；引导访谈对象互相补充、启发，甚至争论，努力形成一种友好信任、生动活泼和自由民主的会议气氛。

第三，客观公正、平等待人。在访谈会中，访谈者必须尊重、保护和平等对待每一个访谈对象，绝不可以过分夸赞某些人的发言，漠视其他人的发言，避免使一部分访谈对象产生孤立感或压抑感；既要避免出现少数人垄断话语权、多数人无法发言的局面，也要防止出现意见一边倒，少数人无法充分发表意见的倾向。为了使访谈会顺利进行，访谈者不仅要善于发现问题和提出问题，创造自由探讨的气氛，而且必须坚持民主、平等的原则，调动所有访谈对象的积极性。

第四，谦恭、中立。访谈者切忌盛气凌人，尽量不要多讲话，而是要认真听取访谈对象反映的各种情况和意见。访谈者绝不能充当"裁判员"或"评论员"的角色，对访谈对象的发言，不应该表示肯定或否定；对访谈对象之间的争论，也不应该表示自己的看法或倾向。这样，可以避免访谈对象的发言受外来因素影响而产生偏差，使访谈对象有充分发表言论的机会，能够展开平等争论，从而有利于访谈的深入。

第五，牢牢把握会议的主题。访谈会一旦讨论热烈，就很容易偏离主题。这时，访谈者应当寻找恰当的时机，巧妙地把访谈对象的讨论点拉回到会议主题上来。一般做法是接着某一访谈对象的话尾，插话转移话题，或者围绕调查主题提出新的问题，形成新的议论中心。这种对会议方向的及时引导和控制，是提高集体访谈效率的重要方法。

第六，协调关系、化解矛盾。在访谈会中，访谈对象之间有时会因为争论过于激烈而产生一些矛盾，使双方产生隔阂或互不信任、互相戒备，从而破坏访谈会的良好气氛乃至正常秩序。在这种情况下，访谈者一定要保持冷静与沉稳，安抚矛盾各方，化解矛盾，妥善做好协调工作，并用其他话题引导访谈对象，以保证访谈会继续进行。如果几经努力仍协调无效，也不要勉强从事，而应当采取恰当方式及时结束会议，待以后时机成熟时再召开二次访谈会。

第七，做好会议记录。为保证访谈资料的客观和完整，访谈会可以派专人（最好有速记技能）进行会议记录，应尽可能采用机器记录。即便如此，访谈者也应该在同一时间进行手工记录，因为访谈者做记录并不仅仅是备忘，更重要的是向访谈对象传递一种鼓励和认同信息，有利于提高与会者的积极性。

第八，及时结束会议。访谈会达到了预期目的，即应当及时结束会议。会议结束时，访谈者应当对会议情况做简要小结，还应当向所有访谈对象提出加强联系的希望，为以后可能需要进行的个别访谈预留后路。最后，访谈者还要对访谈对象的合作表示衷心感谢，并郑重告别。

（三）后期总结阶段

访谈会结束后，仍有一些工作需要及时完成，主要包括以下方面：

第一，及时整理会议记录。访谈者应当仔细检查记录是否完整、准确，及时追记当场漏记或不完整的内容，注释或说明当场简记的内容。针对记录员记录的情况，访谈者要根据自己的记录或记忆及时进行对比审查，对记录的失真、遗漏或错误之处加以补充或更正。对机器记录的情况，访谈者要核查一遍，看看是否有因机器故障而漏记的地方。另外，最好将音像记录转为文字资料，并加以初步的编排，以便于调查工作后期的资料整理与分析。

第二，资料审核。访谈对象在访谈会上口头提供的信息难免有不具体、不真实和不准确之处，因此，访谈者在会后要对有关事实和数据认真审核，以保证调查资料的可靠性。

第三，会议总结。会议总结的内容主要是回顾和分析访谈会的进程、访谈对象的表现、每个访谈对象的态度及其评价，并对调查结果进行认真评估，以便及时发现其中的问题，并采取一定的补救措施。

第四，补充调查。如果在资料审核与会议总结的过程中发现有遗漏的、错误的关键事实和重要数据，或者发现了新情况、新问题和新线索，访谈者应该采取个别访谈或其他调查方式进行补充调查。对于那些因故未出席会议的人、会上未发表意见或言犹未尽的人，在选择补充调查的对象时应予以重点考虑。

三、集体访谈的评价

集体访谈是个别访谈的一种扩展形式，因此，对个别访谈的评价也基本适用于集体访谈。除此之外，集体访谈还具有自身的优点和缺点。

集体访谈的优点主要包括以下几点：

第一，省时、省力，效率较高。由于集体访谈不是对访谈对象逐个进行调查，而是同时对多个人进行调查，因此能够节省时间和人力，在较短的时间里获得较多的社会信息。

第二，探讨问题较全面。集体访谈是多人之间的多向互动，因此，可以集思广益，了解到比较广泛的客观事实，较为全面地揭示事物的本质、特征及发展规律，探寻解决问题的途径和方法。

集体访谈的缺点主要包括以下几点：

第一，收集的意见不够充分。在集体访谈中，有时会出现少数人（往往是职位较高、权力较大或能言善辩的人）垄断会场的情况，其他人则很难充分发表意见；更为常见的是多数与会者意见一致时，少数持不同意见者往往沉默不语，或者在从众心理的驱使下违心地附和大家的意见。在这种情况下，如果访谈者的洞察力和控制力不强，就无法改变现状，调查结果也就无法反映全面的、真实的情况。

第二，不宜了解个人问题或特殊问题。集体访谈适用于探讨与会者共同关心的问题，与会者个人关心的问题则往往不会引起大家的兴趣。某些敏感性问题、威胁性问题、保密性问题和隐私性问题，也不便在访谈会上当众谈论。

第三，了解的事实往往不够细致。由于人多嘴杂且时间有限，因此集体访谈对客观事实的描述往往是粗浅的。就了解事实的深入、细致程度而言，集体访谈不如个别访谈。

05 第五节　访谈者的选择和培训

访谈者是访谈中的主持者和关键人物，访谈结果的好坏在很大程度上取决于访谈者的个人品质、特征和能力等。特别是非结构式的个别访谈和集体访谈，对访谈者的要求更高。因此，选择和培训符合调查要求的访谈者，是一项非常重要的任务。

一、访谈者的选择

一般来讲，应当尽可能选择那些经过专门训练、具有一定实践经验和理论水平及知识水平、对调查问题有所了解的人作为访谈者，如经过社会调查方法训练和实践锻炼的高学历者或有关专业的大学生。事实证明，这样的访谈者能够大大提高调查的质量，降低调查的成本。

具体来讲，选择访谈者的条件包括以下两部分：

（一）一般条件

一般条件是指所有访谈者都应该具备的共同要求，主要包括：

第一，诚实的品质。这是访谈者必须具备的最基本的素质。诚实一方面表现在忠实地遵守工作原则，不能随心所欲，为所欲为；另一方面表现在忠实于访谈的客观事实，不能在访谈过程中和访谈结果中掺杂个人的臆测成分。

第二，较强的综合能力。称职的访谈者应当具有多方面的能力，主要包括观察能力、辨别能力、表达能力、适应能力、组织能力及协调能力等。只有较强的综合能力，才能及时发现和妥善处理访谈中可能发生的各种情况，保证访谈具有较高的质量。

第三，活泼、开朗的性格和谦逊的形象气质。一方面，访谈者要活泼、开朗，这样容易产生亲和力，迅速打开局面。另一方面，访谈者要保持谦逊的形象气质，在访谈过程中要充分尊重访谈对象，时刻以虚心求教、亲近平和及沉稳的姿态出现，切忌自以为是、居高临下。

第四，勤奋和坚韧不拔的精神。实地访谈相当辛苦，尤其是在访谈对象比较多、需要逐一走访或者访谈环境比较恶劣时。此外，在访谈过程中访谈者往往会遇到许多困难和挫折。例如，有关部门不予支持，访谈对象的冷淡对待、拒绝或刁难，以及缺乏一些必要的物质条件等。这就要求访谈者吃苦耐劳、辛勤工作、百折不挠、知难而进。

第五，认真的工作作风。访谈者不能粗枝大叶、马马虎虎，而要非常认真，既能够对访谈各个环节的安排做到有条不紊、细致周到，又能够对访谈的每一项记录做到一丝不苟、完整而精确。

第六，很强的责任心和浓厚的兴趣。访谈是一项历时较长的调查工作，经过几次相同内容的访谈后，这项调查工作就会变得枯燥。如果访谈者产生厌烦情绪，就必然影响调查的质量。因此，始终保持高度的工作热情，是对访谈者的一个重要要求。要做到这一点，访谈者必须具有很强的责任心，同时也要对该项访谈具有浓厚的兴趣。责任心不强或对访谈内容缺乏兴趣的人，工作热情势必不高，即使其他条件再好，也不适合作为访谈者。

第七，一定的学历背景。实践证明，访谈者的学历越高，访谈的效果就越好。一一般来说，学历越高的人掌握的理论、知识和技能就相对较多，适应面就较宽，有利于同各个层次的访谈对象沟通和交流，也有利于灵活运用各种访谈技巧，还有利于把访谈引向全面和深入的讨论。所以，在选择访谈者时，应有一定的学历要求，而且调查的问题越复杂，学历要求就应越高。

（二）特殊条件

特殊条件是指不同性质、不同内容的访谈对访谈者的不同要求，主要包括：

第一，性别。一般来说，对男性进行的访谈应以男性访谈者为宜，对女性进行的访谈则应以女性访谈者为宜；对社会地位较高、社会影响较大者进行的访谈，应以男性访谈者为宜；在访谈生活、婚姻和家庭等问题时，应以女性访谈者为宜；在访谈经济、政治和军事等问题时，则应以男性访谈者为宜。

第二，年龄。通常是青年访谈者对青年进行访谈，年龄较大的访谈者对中老年人进行访谈。对于领导人、社会名流、知识分子的访谈，以及对社会重大问题的访谈，访谈者不宜太年轻。

第三，籍贯。选择访谈者时，要充分考虑我国各民族、各地区的风俗习惯和语言等，还要考虑城乡间的差异。为此，要尽量选择本民族的、当地的人作为访谈者。通常，访谈者与访谈对象的背景越接近，访谈效果也就越好。除此之外，社会调查中还经常要注意民族、宗教等政策性问题。

第四，知识结构。从理论上讲，访谈者的知识结构与访谈内容越接近越好。但就绝大多数访谈而言，一定由专家作为访谈者既不现实也无必要，只要访谈者具备一定的文化水平，通过事先准备对访谈涉及的知识内容有大致的了解，即可胜任访谈工作。然而，某些涉及特殊领域、特殊问题和尖端知识的研究性访谈，如探讨我国金融政策改革的访谈等，访谈者必须具有深厚的专业知识功底，否则就无法和访谈对象平等对话，访谈也就无法深入。

必须说明的是，上述条件是访谈者的理想标准，在现实社会里基本不存在这种十全十美的人。任何人都存在着这样或那样的缺陷，但只要大体符合要求，就是一名合格的访谈者。因此，在选择访谈者时决不能苛求，否则就会一无所获、贻误战机。

二、访谈者的培训

如果访谈具有一定的规模，就需要较多的访谈者。当访谈者是一个群体时，即使每一个个体的基本素质较高，也必须加以培训，以统一思想、统一步调，提高其访谈技能，增加其专业知识，尽可能消除访谈过程中出现的偏差，保证访谈的质量。

访谈者培训的步骤大致如下：

第一，编制访谈手册或文件。访谈手册或文件的内容包括调查目的、意义，访谈的主题、内容及其范围，访谈的时间、地点，访谈对象的数量及每个访谈者的工作量，调查的步骤和阶段，提供的各种条件和待遇，访谈的方式和基本技能。

第二，开会统一思想。由访谈的主要领导向全体访谈者介绍访谈的基本思路和有关情况，并提出基本要求。

第三，强化学习。先由访谈者认真阅读访谈手册、访谈问卷或提问纲要及其他与该项调查有关的材料，然后由访谈指导者对上述资料进行逐条讲解和提示，并与访谈者一起就有关问题进行讨论，最后对全体访谈者进行一定形式的考核。

第四，模拟访谈。可以找一些社会上的普通人作为试验对象，让每个访谈者进行实际演练，也可以在访谈者之间进行一对一的演练，次数根据演练效果而定。其目的是发现和解决在实际访谈中可能出现的潜在问题，使访谈者熟悉访谈内容与提高访谈技能。在演练时，访谈指导者应当自始至终从旁观察与协助，并严格检验访谈效果。每次演练之后，全体访谈者与访谈指导者应结合模拟访谈，讨论存在的各种问题，并提出解决办法。

第五，培训总结。先由访谈的领导、负责培训的有关人员和专家对培训的过程和效果进行评估，根据培训期间发现的问题，对原访谈方案进行必要的修正和调整，然后向全体访谈者传达总结内容，并提出新的访谈要求。至此，培训即告结束，访谈者就可以进入正式的访谈了。

本章小结

思 考 题

1. 什么是访谈调查法？它有哪些主要类型？
2. 结构式访谈有哪些优缺点？
3. 简述非结构式访谈的特点及类型。
4. 什么是个别访谈？试述其具体实施过程。
5. 试述集体访谈的概念、种类、具体实施过程。
6. 什么是德尔菲法、头脑风暴法和反向头脑风暴法？
7. 如何评价个别访谈和集体访谈？
8. 选择访谈者的条件是什么？如何对访谈者进行培训？

第九章 观察调查法

本章提要

本章主要阐述了观察调查法的概念、特点及原则，介绍了观察调查法的几种主要类型，讲述了观察调查法准备阶段、实施阶段和记录阶段，指出了观察误差产生的原因及纠正方法，并对观察调查法的优缺点做了简要评价。通过本章的学习，学习者可以大致了解和掌握观察调查法的基本知识和基本方法。

学习要求

1. 了解：观察调查法的特点和原则；观察误差；观察调查法的评价。
2. 掌握：观察调查法的概念；观察调查法的类型；观察调查法的实施。

01 第一节 观察调查法的概念、特点及原则

一、观察调查法的概念和特点

观察是人类和其他动物的一种本能行为，原意是指运用眼、耳、鼻、舌、身等器官和直觉感知外部环境。它在人们日常生活中无处不在，我国自古以来流传的许多词语，如"仰观天文，俯察地理""眼观六路，耳听八方""察言观色""窥测方向，以求一逞""管中窥豹"等，这些说的都是观察。但是，这些观察基本上是不系统的和不规则的，因此并不是科学意义上的观察。人类在发展过程中将原始观察延伸、拓展为科学观察。科学观察具有明确的研究目的，具有一定的理论准备和比较系统的观察计划，由经过一定专业训练的观察者自己的感觉器官及辅助工具（如观察仪器）去直接地、有针对性地了解正在发生和发展变化的现象。观察记录具有一定的系统，且要求观察者对所观察到的事实有实质性、规律性的解释。目前，科学观察不仅在自然科学领域得到普遍应用，而且被广泛引入社会科学领域，形成了特定的观察调查法，简称观察法。观察调查法是指观察者有目的、有计划地运用自己的感觉器官和辅助工具，能动地了解自然状态下社会客观现象的方法。观察调查法的主要作用就在于收集真实、可靠的资料，并通过对资料的科学分析得出正确的结论。它通常用于在实地调查中收集社会初级信息或原始资料，一般需要结合其他调查方法共同使用。例如，要研究家庭暴力产生的原因，可综合采用多种调查方法，对不同类型的人和家庭进行个别访谈和集体访谈；查阅有关赡养纠纷处理的文献资料；进行问卷调查；对实施家庭暴力的现场进行观察等。其中究竟以哪种调查方法为主，需要根据调查者所具备的主客观条件而决定，但观察调查法无疑是提供直接、真实的资料的重要方法之一。

观察调查法具有以下几个显著的特点：

第一，以人的感觉器官为主要调查工具。这是观察调查法与其他调查方法最根本的区别。观察调查法虽然也经常使用照相机、摄像机和录音机等设备收集信息，但更多的是依靠人的各种感觉器官，其中最主要的是视觉器官，即眼睛。

第二，有目的、有计划的自觉的活动。在实地观察的过程中，观察者不是毫无目的地观察，而是紧紧围绕调查主题，制订明确的观察目标和周密的观察计划，据此对与观察对象有关的一切内容进行系统、周密的观察。观察者也不是简单地充当照相机、摄像机和录音机的角色，被动地扫描客观现象。观察过程不仅是人的感觉器官直接感知的过程，而且是人的大脑积极思考的过程。观察的内容及结论究竟如何，除了取决

于观察对象的客观状况和观察者感觉器官的感知能力，还取决于观察者的认识能力。

第三，在一定理论指导下的观察。由于立场、观点等理性因素的差异，人们在观察同一事物时，出发点和结论往往不同，如天文学家哥白尼和托勒密同样观察太阳和地球的运行，前者得出的结论是"日心说"，后者得出的结论则是"地心说"。观察调查法实际上是有理性因素渗透在其中的感性反映形式，是有科学理论指导的活动。例如，恩格斯对英国工人阶级状况的观察就是以辩证唯物主义和历史唯物主义为理论指导的。

第四，观察的是保持自然状态的客观事物。观察调查法的一个核心特点就是在实地观察中要避免来自观察者的人为干扰。因为只有使观察对象始终处于现实的自然发生和自我发展的状态，才能保证观察的客观性和真实性，否则观察结果必然会出现严重偏差，观察也就失去了意义。

二、观察调查法的原则

在运用观察调查法时，我们应遵循以下基本原则：

第一，客观性原则。这是观察调查法最重要的原则。该原则要求观察者必须如实地反映客观事物本身，得出的观察结论必须真实、可靠。具体来说，观察者在观察过程中，必须如实记录与调查目的和计划有关的一切客观情况，绝不能因为个人好恶或他人意志任意歪曲事实，也不能故意摒弃或削减自己不愿意看到的事实，更不能捏造事实；观察者在做出观察结论时，一定要以充分、真实、可靠的观察资料为依据，而且一定要全面、系统地说明有关情况，绝不能无中生有，也不能只顾一点、不及其余。

第二，全方位原则。社会中绝大多数事物都是由多层次、多变量所构成的。因此，我们在实施观察调查法时不能"盲人摸象"或"一叶蔽目"，而是要多方面、多角度和多层次地对与调查主题有关的一切客观情况进行全面、立体的观察，否则观察结果必然会出现严重失误，从而无法全面、正确地认识事物。例如，我们调查某企业改制后的情况，不仅要观察该企业的生产经营状况和管理状况，而且要观察员工的生活状况；不仅要观察各级干部的生活状况，而且要观察技术人员和普通工人的生活状况等。

第三，求真务实原则。社会现象和社会事物往往都是复杂的，其所包含的变量之间具有多种多样的联系方式和表现形式，而且会时常出现一些偶然情况，或者人为因素和其他因素而产生一些假象。如果是不辨真伪的观察或者是走马观花式的观察，就很难得出真实、可靠和深刻的科学结论。因此，观察调查法除了要求观察必须全面，还要求观察必须"去伪存真""由表及里""由此及彼"。这并不意味着在观察中对那些虚假内容或偶然现象、表面现象等可以忽略不计或敷衍了事，而是要求观察者能够从所记录的观察内容中认清虚假，进一步追求真相；透过表象，进一步看到本质；通过偶然，进一步寻求必然。为此，观察者应深入到观察对象之中，密切注意观察对象周边发生的各种情况及细节，并一丝不苟地做好观察记录。对于较为复杂的社会现象和社会事物的深入观察工作，往往需要相当长的一段时间，因此要求观察者必须具有极大的恒心和毅力。美国著名社会学家怀特为了调查在波士顿的意大利贫困移民的生活状况，居住在贫民区观察那些贫民长达三年半之久；英国著名社会人类学家马林诺夫斯基为了运用观察调查法研究西太平洋一个群岛的土著文化，前后上岛三次，总共在岛上生活了六年。他们的这种精神值得所有观察者学习。

第四，法律和道德伦理原则。和其他调查方法相比，观察调查法有一个需要特别注意的问题，即法律和道德伦理问题。在很多观察中，为了保证观察结果的客观真实，调查者并不向观察对象公开自己的身份，而是私下旁观观察对象的真实状况和所作所为，这在某种意义上说是对观察对象隐私的"窥探"。如果这种情况处理不当，很容易引起法律纠纷或者违背社会伦理道德。因此，对于那些不直接牵扯法律法规或不甚敏感的观察，一般无须取得观察对象的同意；但对于那些涉及法律保护的个人权益或个人隐私的观察，如查证个人的财产、进入民宅、阅读个人书信和日记、了解男女情爱等，则必须事先征得观察对象的同意。在少数民族地区和宗教场所进行观察时，还要遵守一些特殊的法律、政策、风俗习惯和教规等。另外，有些观察还需要人为设置一些场景，观察的重点是观察对象在这些场景中的反应，这里的观察对象必须是自愿参与的，同时，在观察中要尽可能避免对观察对象造成任何肉体和精神的伤害。

第二节 观察调查法的类型

从不同的角度，我们可以将观察调查法划分为不同的类型。根据观察程序的不同，观察调查法可以分为结构式观察和非结构式观察；根据观察场所的不同，观察调查法可以分为实验室观察和实地观察；根据观察者角色的不同，观察调查法可以分为非参与观察和参与观察；根据观察对象的不同，观察调查法可以分为直接观察和间接观察。一项观察可以兼有多种叫法，如某项观察可以同时称为实地观察、非结构式观察、参与观察和直接观察等。

一、结构式观察与非结构式观察

（一）结构式观察

结构式观察也称为有结构观察、有控制观察或系统观察，是指根据事先设计的观察项目和要求进行的观察。它要求事先对观察内容进行分类并加以标准化，明确研究假设，规定观察内容和记录方法，并统一制作带有观察表格的卡片。卡片上要明确列出观察范畴和观察内容，观察者只需要在相应的表格内标记，而无须做出评价。在实际观察中，观察者要严格按照设计要求进行观察，并详细记录；对设计之外的内容则不需要理会。结构式观察类似于严格按照问卷进行的观察，对观察数据的整理、分析也近似于对问卷资料的处理分析，即可进行定量分析。但它缺乏弹性，而且比较费时，所以在观察调查法中不常用。

结构式观察的范例是美国社会学家贝尔斯对小团体内部成员互动过程的观察。贝尔斯观察的范畴是小组讨论会上成员的互动行为。他把"互动行为"这一概念操作化，分解为12种互动行为类别，再根据这些类别制作观察卡片，然后进行观察，并将观察结果标记在相应的表格内，作为互动行为分析的依据。下面就是贝尔斯对小组讨论会上成员互动行为的分类及统计（如表9-1所示）。

表9-1 贝尔斯对小组讨论会上成员互动行为的分类及统计

互动范围	行为类别	行为数/个	占比
情感范围：积极反应	1. 显示团结	5	0.7%
	2. 缓解紧张：开玩笑等	57	7.9%
	3. 表示赞同	179	24.9%
工作范围：试图解答	4. 提供建议	59	8.2%
	5. 提供意见	192	26.7%
	6. 提供工作方向	161	22.4%
工作范围：提出问题	7. 探询工作方向	12	1.7%
	8. 探询意见	12	1.7%
	9. 探询建议	4	0.5%
情感范围：消极反应	10. 不赞同	29	4%
	11. 表示紧张：退场等	7	1%
	12. 表现对抗	2	0.3%
合计		719	100%

由表9-1的统计数据可以分析出，在所有成员的719个互动行为中，情感方面的极端行为（1类和12类共占1%）很少；积极反应（1类、2类和3类共占33.5%），远远超过消极反应（10类、11类和12类共占5.3%）。互动行为集中表现在解答工作问题（4类、5类和6类共占57.3%）和肯定他人意见方面（3类占24.9%）。这些数据可以与其他类型的小组讨论会进行比较，也可比较小组内部不同成员之间的互动行为，还可用于某些自变量之间的相关分析。

（二）非结构式观察

非结构式观察也称为无结构观察、无控制观察或简单观察，是指没有预先具体设计的观察。它一般只要求观察者具有一个总的观察目的和要求，或一个大致的观察内容和范围，并不需要具有明确的研究假设、具体的观察内容与要求，也不需要只专注于某些特定的行为与现象，可以根据观察现场的环境和条件随时调整观察内容和观察角度。非结构观察比较灵活、适应性较强、简便易行，因此在观察调查法中最为常用。但非结构式观察所得的材料分散在许多方面，也没有制定适于量化的观察结构，故无法进行定量分析和严格的对比研究，其主要用于对观察对象的定性分析。例如，恩格斯在英国曼彻斯特等地运用非结构式观察调查工人阶级的生活状况，得出了资本主义是工人极端贫困的根本原因等定性结论。

二、实验室观察与实地观察

（一）实验室观察

实验室观察是指在有各种观察设施的实验室或者经过一定布置的活动室、会议室等场所内，对观察对象进行观察的方法。它常常用于了解人们某些具体的、细微的行为特征。在实验室观察中，核心问题是不能让观察对象知道自己被人观察，否则会影响观察的真实性，所以观察者一般会借助一种单向透视镜来观察，观察对象看到的可能是一块不透明的黑板，而观察者却可以对观察对象进行观察。同时，在实验室的各个位置均装有隐蔽的摄像头，可以观察室内的一切活动。由于这种实验场所要求的资金投入较多，而且即便有了这种实验场所，对于见多识广的成年人来说，也很难避免产生某种压力，从而使观察无法顺利进行，所以实验室观察使用的较少，且大多局限在对少年、儿童进行的观察。

（二）实地观察

实地观察是指在现实社会生活中进行的观察。它与实验室观察相比，除了地点和场景不同，还无须对观察场所和观察对象进行控制，而是直接深入到现实生活中对观察对象进行观察。实地观察多数是非结构式观察，适用于定性分析的调查。它在社会调查中有着十分重要的意义，目前对社会现象进行的绝大多数观察都是实地观察。例如，我国各级党政领导部门和领导干部通常会到基层"蹲点"，以了解情况、发现问题、总结经验、寻求对策，这实际上就是一种非结构式的实地观察。

三、非参与观察与参与观察

在社会调查中，非参与观察和参与观察是最常用、最重要的类型概念。

(一) 非参与观察

非参与观察也称为局外观察，是指观察者不加入观察对象的群体，不参与观察对象的活动，完全以局外人或旁观者的身份进行的观察。例如，组织考察团到国外参观考察，就是一种非参与观察。非参与观察最重要的特点是不要使观察对象意识到他们正在被观察，保证他们在极其自然、不受任何干扰的情境下进行活动，以避免观察对象感到不自在而引起行为变化，影响观察结果的真实性和准确性。一般来说，非参与观察是比较客观、公允的，所以是一种最常用的观察类型。但其也有一定的缺点，即观察往往不够深入，看到的多是一些表面的甚至偶然的社会现象，获得的多是感性资料。

非参与观察适用于观察某些公共场所（如会议、剧场和车站等）或某些公众活动（如游行、集会和考试等）中人们的行为和表现，特别适用于对某些特殊的、敏感的社会现象与社会事物进行的观察。例如，2004年，中央电视台新闻频道针对国家普通高等教育入学考试中渐趋严重的作弊、泄题等问题进行调查，由于用其他调查方法很难得到调查对象的合作，因此采取了非参与观察的方法。调查者根据举报线索，以河南省濮阳市的某些考点作为观察点，在无人察觉的情况下，用隐蔽的设备摄录了考场外一些人用手机等现代通信工具向考生传递试题答案的情景，也摄录了考场内一些考生作弊的行为。不久，中央电视台《焦点访谈》栏目播出了有关观察结果，真实、客观地揭露了高考作弊的问题。这就是运用非参与观察的典型案例。

(二) 参与观察

参与观察也称为局内观察，是指观察者亲身加入观察对象的社会环境、社会关系之中，并通过与观察对象的共同活动从而在内部进行的观察。在社会调查中，其常用于对现代社会某些特殊群体和社区的调查，目的是全面地、深入地描述某一特定的社会现象。参与观察是在自然情景下进行的直接观察，多采用非结构的形式，预先没有制定具体的理论假设，因此需要根据调查主题进行长期的观察，从大量的社会现象中逐步概括出观察对象的主要特征。

参与观察根据参与程度的不同，又可以分为完全参与观察和不完全参与观察。完全参与观察，是指观察者完全加入观察对象的群体，以该群体中一个成员的身份参与正常活动并进行的观察，在整个观察过程中，该群体的成员都相信观察者是这个群体中的一个普通成员，并不知道其是一名观察者。例如，观察者扮作病人去医院看病，观察医生、护士的工作状态。有些社会学家长期生活在某工厂里，完全以该厂普通工人的身份参加活动并进行观察。美国社会学家罗伯特和兰德对美国中部城镇进行研究时，要求观察者住在城镇的公寓或私人住宅里，让他们尽可能参与该城镇居民的生活，交朋友、建立社会关系等，也要像该城镇居民一样履行一定的义务。这些都是完全参与观察。完全参与观察可以获得许多深入的、真实的资料,但是总让人感觉到有欺骗他人之嫌,所以有人批评其违背社会伦理道德。

不完全参与观察,是指观察者以公开的真实身份加入观察对象的群体,即人们都知道他是一名观察者,观察者有时可以和观察对象共同活动并进行观察,有时又可以作为旁观者进行观察。例如,很多人以调查者的身份去农村调查,和当地农民同吃、同住、同劳动,并进行实地观察,这就是一种不完全参与观察。不完全参与观察的优点是观察者不仅能够通过与观察对象共同活动得到大量生动、具体的感性资料,而且能够公开地同观察对象深入地探讨问题,收集到许多完全参与观察难以得到的理性资料。但不完全参与观察会使观察对象时时感觉他们正在被观察,从而有可能改变自己的日常行为方式,影响观察资料的真实性和准确性,而且该方法得出的观察结论易带有主观感情成分。

四、直接观察和间接观察

直接观察是指观察者从观察到的社会现象和社会事物中直接获得所需的信息资料,其应用最为广泛,绝大多数观察都属于直接观察。间接观察则是指通过观察到的物质痕迹或行为标志等中介物,间接地获得某种社会现象和社会事物的信息资料。例如,观察一定时期内阅览室中哪些书籍磨损严重,由此看出这一时期人们的阅读倾向;观察某小区的生活垃圾,由此发现居民的饮食习惯或生活水平;考古学家观察历史文物,由此了解古代人们的社会生活状况;古生物学家观察各地层沉积物,由此认识自然界和动植物的演变情况;社会学家将一些标有姓名、住址的物品故意丢在不同地区,然后观察各地区的归还率,由此看出各个地区居民的道德水准等。一般来说,直接观察比较简便易行,具有真实性和可靠性;间接观察则比较复杂,需要观察者具有较强的分析能力、科学的鉴定手段和方法等,而且在推论时往往会产生误差。但是,间接观察对于已消逝的历史事物来说,是唯一可行的观察方法;对于一时无法直接观察到的现实事物来说,也具有一定的效果,往往可以弥补直接观察的不足。因此,间接观察虽然应用的比较少,但是不可或缺。

03 第三节 观察调查法的实施

观察调查法的实施包括三个阶段,即观察准备阶段、观察实施阶段和观察记录阶段。在具体实际过程中,三个阶段的界限并不十分清楚,各自之间都有不同程度的交叉和融合。

一、观察准备阶段

观察准备阶段的主要任务是制订观察计划和进行物质准备。观察计划应当包括以下几个方面：

第一，确定观察对象和范围。这一方面主要涉及计划观察哪些人、哪些社会现象；观察的范围，观察对象的数量，观察对象所属的群体，观察对象在群体中的角色和地位；观察这些人和社会现象的目的，通过观察要解决的问题等。

第二，时间。这一部分主要涉及观察的起止时间，观察次数，每次观察的持续时间；选择该时间段、观察次数和持续时间的理由等。

第三，地点。这一部分主要涉及观察对象所处的地理位置和地域范围；当地的情境，如自然环境、风俗习惯、宗教信仰、社区历史、社区经济发展和政治制度等，选择该地区进行观察的理由。如果是非参与观察，还要说明观察点在这一地区的具体位置，与观察对象的距离，这一距离对观察结果的影响，在当地观察是否需要办理有关手续等。

第四，活动特点及发展过程。这一部分主要涉及观察的事情、活动，活动进行的方式，事件各个方面的关系、规则或规律，该事件与其他事件的不同；观察在场的人的行为表现，日常生活中的常规行为表现、特殊行为表现，不同的参与者在行为上的差异，行动的类型、性质，在活动过程中行为的变化等。

第五，原因。这一部分主要涉及事件发生的原因、促使事件发展变化的原因、参与者的动机和目的、行为产生及变化的原因等。

第六，态度。这一部分主要涉及观察对象对发生的事件和人们的行为方式所持的态度和认识等。

第七，方式。这一部分主要涉及观察是隐蔽进行还是公开进行的；采取实验室观察还是实地观察；实地观察的方式是不完全参与观察还是完全参与观察，是结构式观察还是非结构式观察；观察时是否需要结合其他调查方法等。

第八，可能出现的问题及对策。这一部分主要涉及观察中可能出现哪些影响资料可靠性的问题，获得更准确资料的措施；观察过程对观察对象的正常生活产生的作用，这些作用对观察结果的影响；在观察中出现意外应如何处理等。

总而言之，在制订观察计划时，不仅要考虑观察者和观察对象双方的角色、地位、数量及相互之间的关系，也要考虑社会行为或社会现象发生的时间、地点、过程和背景，还要考虑参与者的动机、目的和态度等主观因素。事先制订一个系统、周密的观察计划，对观察调查法的实施至关重要，在结构式观察中尤其如此。在非结构式观察中，虽然预先对具体的观察内容没有明确规定，但是可以在实际观察过程中灵活应对，观察内容也不外乎上述八个方面。

至于观察的物质准备，则应根据观察的方式而定。如果是实验室观察，就需要提前准备好符合条件的场所和观察设备；如果是必须借助辅助工具才能进行的实地观察，就要有一定的专用仪器。另外，无论采用哪种类型的观察，最好都配备照相机、录音机等工具，而且要制作观察卡片等必备物品。

二、观察实施阶段

正式实施观察首先要保证观察对象能够顺利进入观察现场。

观察现场的确定主要考虑三个条件：①符合调查研究、收集资料的要求；②具备必要的人、财、物等条件；③当地部门和观察对象能够全力配合。其中，第三个条件最为关键，也最容易出现问题。如果观察对象认为观察者的存在可能会影响他们的日常生活和工作的秩序、节奏，而且这种影响只会带来各种损失，那么，他们往往会抵制观察。因此，确定观察现场时，应该争取得到当地部门和观察对象的理解、支持，使其意识到调查研究与其利益一致，至少不会对其造成伤害。如果有可能，最好通过同学、朋友和老乡等各种社会关系进行这方面的沟通，即使获得了当地部门的同意，也需要这些社会关系在观察对象中开展一些疏导工作。

当然，并不是所有的观察都需要获得当地部门和观察对象的同意。许多在公共场所进行的非参与观察不会影响当地环境、秩序和他人行动，就没有必要获得其他人的同意。例如，在剧场观察观众的反应与互动时，观察者是通过自己的感觉器官进行的观察，就没有必要获得剧场管理人员和观察对象的同意；但如果公开架起录像机对观察对象进行近距离的聚焦观察，就必须获得剧场管理人员和观察对象的同意。有些观察直接涉及当地部门或观察对象的违法乱纪行为，也不便事先告知当事人，如前面提到的中央电视台对河南省濮阳市高考作弊案的观察。

在进入观察现场时，要注意选择恰当的方式。进入观察现场的方式有隐蔽和公开两大类，两者的区别在于观察者是否让观察对象知道观察者的真实身份。能够自然地、直接地和公开地进入观察现场当然十分理想，但往往比较困难，因此观察者有时需要采取逐步进入和隐蔽进入的方式。

逐步进入的方式是指刚开始观察者并不向观察对象介绍观察的全部内容或者最终目的，以免对方因困惑或配合难度过大而拒绝其进入；在观察有了一定进展时，再提出扩大观察范围或延长时间等要求。有时，观察者也可以在观察的开始阶段，先采取非参与观察的方式进行观察，再自然而然地逐步与观察对象建立关系，由浅入深地参与他们的一些活动，之后随着与观察对象关系的加深，再逐步公开自己的身份。

隐蔽进入的方式是指观察者始终不公开自己的身份，而是将自己装扮成普通游客或当地居民进入观察现场。对于绝大多数非参与观察和一些特殊的参与观察，如对自我封闭的群体或社区进行观察、对违反法律或社会道德规范的行为进行观察等，这种方式较为适用。例如，观察者装扮成乞丐在车站、码头和餐馆等地接近犯罪集团的内部人员，了解他们的犯罪情况；又如，观察者以教师或学生的身份到大学校园内进行各种观察等。隐蔽进入方式的优点是避免了协商进入观察现场可能遇到的困难，观察者的行动也比较自由；缺点是观察者不能像公开的观察那样广泛地接触各类人员，无法深入了解各种情况，还得时刻注意避免因身份暴露而节外生枝。

观察者顺利进入观察现场之后，可以根据特定角色和观察方式的要求进行观察。对于非参与观察来说，完成观察任务的关键是不能惊扰观察对象。而对于参与观察来说，完成观察任务的关键是与观察对象建立良好的关系。相对来说，不完全参与观察要做到这一点是有难度的。因此，应当注意解决好以下问题：

第一，消除观察对象的各种顾虑。观察活动往往会对观察对象产生一定的影响，使观察对象产生一种戒备心理，从而导致行为失常。在这种情况下，观察到的可能是一种假象，而不是处于自然状态下的真实情况。为了避免这种现象，观察者应表现出谦虚、友善的态度，使观察对象尽快消除对观察者的畏惧感和陌生感。同时，观察者应该与观察对象进行耐心、细致的交流，必要时还可以通过当地政府部门或在群众中有威望的人做一些解释工作，以使观察对象相信观察者只是来了解情况的；观察的目的不是针对某个人或某件事，而是了解各种社会现象，观察对象的一切活动都可以照常进行，完全不必有任何顾虑。

第二，深入观察对象的生活之中。观察者要同观察对象建立亲密无间的关系，必须尽可能参加他们的各项社会活动，同他们共同工作和生活，逐步取得观察对象的信任。只有这样，观察者才能观察到他们的所作所为，了解到他们的所思所想；不仅能够观察到他们的一般表现，而且能够了解到他们的兴趣、爱好、道德标准、行为特征、人际关系、政治态度、意见要求，以及一些个人隐私之类的活动等。只有这样，才有可能进行全面和深入的观察。

第三，遵从观察对象的生活习惯和生活方式。观察者不但要尊重观察对象的风俗习惯、语言、道德规范和生活方式等，而且要尽可能使自己的行为与它们保持一致，如根据当地的风俗习惯安排自己的饮食起居，尽量学会使用当地语言等，在一些少数民族地区进行观察时尤其要注意这一问题。这样才能与观察对象很快融为一体，建立信任和友谊，为实现观察目的创造良好的条件。

第四，重视个别交往。观察者既要经常参与公共活动，密切关注同观察对象的关系，取得广泛的信任和合作，也要特别注意与个别观察对象建立较密切的日常往来关系和较好的私人友谊，以利于同观察对象进行深入的思想沟通。这种关系的建立，能够使观察者了解到在公开场合不易观察到的、真实的情况，如对一些问题的个人主张和深层看法、对领导者的意见，以及观察对象的一些秘密等。

第五，热情帮助观察对象。要获得观察对象的信任和友谊，最重要的一点就是在观察对象有困难时，尽量给他们提供帮助。例如，为某社区或社会群体出谋划策，向观察对象提供各种有用的信息，帮助他们解决纠纷，在生活上给予关怀和帮助等。

另外，无论是参与观察还是非参与观察，在实施过程中，除了要遵守观察的一般原则，还要注意以下两个具体问题：

第一，观察要从大处着眼。在观察的初期，观察者不要急于观察一些细微问题，而应先对观察现场进行全方位的、整体的和感性的观察，即对观察对象所处的自然环境、物质环境和人文环境进行全面的了解，对观察对象所属社会群体的特征与结构进行总体的认识。这样才能看清具体观察内容产生的背景和深层次的原因。

第二，注意转换观察视角。在对具体观察内容进行观察时，观察者不能只盯着某一现象或某一观察对象，而忽略了其他观察对象；也不能只固守一种思维定式去进行观察。相反，观察者应该注意转换观察视角，根据客观情况随时调整观察的思路。大致来说，观察者既可以在局部和整体之间转换观察视角，以获得宏观和微观层面的资料；又可以在主要观察现象和次要观察现象之间转换观察视角，以获得观察对象的全面资料；还可以在重点观察和一般观察之间转换观察视角，以不断深化对观察对象的认识等。

三、观察记录阶段

观察活动是指通过人的感觉器官将外界事物的信息传递到人的大脑的过程。但如果这些信息仅仅存储在人的大脑里，而没有借助其他手段记录下来，那么信息就有可能逐渐失真甚至完全消失。因此，在观察过程中认真做好记录，是不可或缺的一项工作。

观察记录是对观察到的现象进行的文字描述。观察记录的过程是观察者对观察现象进行思考、分类和筛选的过程，也是澄清事实、提炼观点的过程。因此，观察记录可以使观察者对所观察的现象进行更加明确、深入的了解和认识。

观察记录包括两方面工作：一是正确和详细地进行记录；二是科学地整理与分析记录。

（一）记录方式

观察记录的方式主要有两种：一种是当场记录，另一种是事后追记。

1. 当场记录

当场记录是最常用的一种记录方式。为了观察记录的完整与准确，人们总是随时随地记下所观察到的现象和行为，而且经常由两个以上的观察者分别记录，以便相互对照、取长补短。

当场记录的主要方法有手工记录和机器记录两种。在结构式观察中，一般是在事先设计好的观察卡片上进行手工记录。设计观察卡片的基本要求包括：一是要详细注明观察的时间、地点，作为原始观察记录的重要凭证；二是观察内容应具体、详细，并尽量将观察内容数量化，以使观察结果更具说服力；三是观察者必须签名，以明确责任，并备查；四是要将记录中的客观描述与观察者的看法、解释区分开，并分别归类。观察卡片如表9-2所示。

表9-2 观察卡片

观察内容分类：　讨论会　　　编号：　　　6
被观察单位：　　大学生　　　观察主题：　会议情况
观察地点：　　　3教室　　　时间：××年××月××日下午2:00~4:00

	项目	人数/人	备注
会议人数	会议开始时	30	
	迟到	6	最少5分钟，最多30分钟
	中途退场	8	最少8分钟，最多35分钟
	会议结束时	16	
会议情况	发言	20	
	参与讨论	5	
	看书看报	3	其中1人发言
	打瞌睡	2	
	闲谈	5	其中3人发言
	做其他事情	4	其中3人发言
主要观感	1. 会议纪律较差，迟到人多，早退人也多 2. 会场秩序较差 3. 发言比较踊跃，但参与讨论的人较少 4. 某些与会者对会议不关心		

观察员：××

在非结构式观察中，手工记录方式没有结构式观察那样统一、固定，可以直接记在专用的笔记本上，也可以因人、因情境而采用其他便捷的方式记录。但基本要求是清楚、有条理，便于今后查找。通常做法是在记录纸的每一页最上部写上观察者的姓名，观察内容的标题、地点和时间，本次记录的标号，该页的页码等；记录的段落要简短分明，一事一段，一人一段；严格区分对观察现象的客观描述（事实）与观察者个人的主观推断、思考。因此，每一页记录纸应至少分为两部分，一部分用于对观察现象的描述，另一部分用于记录分类、编码、补充记录、观察者的感受与评语、观察者使用的具体方法、观察者对观察资料的初步分析和推论、进一步观察的信息或线索等。观察记录的文字描述要求具体、准确和简明，不能采用抽象的、概括的词语和华而不实的修饰性词语，如"热热闹闹""五彩缤纷""鸦雀无声"之类。

观察者当时可能认为许多观察内容不太重要、不值得记录，但在随后的工作中又发现它们非常重要又无法弥补，所以在观察记录时一定要详细、具体，足以使观察者在很长一段时间内对观察对象做出完整、生动的描述。

手工记录毕竟难以做到事无巨细、分毫不差，如果条件允许，应尽可能运用照相、录音和录像等现代化技术手段进行观察记录。机器记录能够真实、准确地再现发生过的事实，因此机器记录也越来越广泛地运用到观察活动中，如电视台播出的新闻就多为运用摄像机记录下来的社会现象。不过这些现代化技术手段通常用于对某些特殊现象的观察记录，适于某些特殊部门使用，一般社会调查人员在使用时要十分慎重，以免引起麻烦。另外，机器记录不像手工记录那样可以一边记录事实一边记下观感，而是需要在事后对记录的内容进行整理分析。

2. 事后追记

当场记录最关键的一点是不能破坏观察现场的自然状态。观察者如果觉得当场记录会被观察对象发现，且会导致观察对象后期行为发生改变，就不能采用这种方法。在有些场合也不可能实现当场记录，如所观察的内容属敏感问题，或者遇上突发事件、现场混乱等。这时，就需要采用事后追记的方法。事后追记一定要及时，且一定要尽可能具体、准确。为此，有经验的观察者通常在观察现场时，就利用记忆技术迅速记住观察现象的关节点，或用一些简单的符号代表与观察现象有关的重要过程和重要事项，以作为回忆的依据，等到事件过后，马上补写记录。但事后追记优点再多，也是一种补救性的记录方式，其真实性、完整性和说服力都不如当场记录。因此，应尽量不采用事后追记的方法。

（二）记录整理

长期连续的观察会积累大量的观察记录。在非结构式观察中，当场记录的观察资料和观察者的认识往往比较庞杂、分散和零乱，需要事后进行整理；事后追记的内容虽然具有一定的条理性，但往往也需要进一步分类和补充。机器记录的只是原始观察资料，必须进行整理和分析。结构式观察则需要对观察卡片进行梳理。因此，各种观察记录都应当进行再加工。通常做法是采用分类学或流程图的方法对观察记录进一步整理和分析。分类学的方法主要以人物、事件或行为为指标，分别建立资料档案，以便查阅和检索。流程图的方法是从资料中归纳出事件发展的重要阶段，然后按照时间顺序对各个阶段进行详尽描述和深入分析。这两种方法虽然仍不是资料整理、分析的最终结果，但能够为社会调查后期的资料整理和资料分析工作奠定良好的基础。

四、观察误差

观察调查法能够直接观察到社会现象或社会事物的发展与演变，因此其表面信度和效度较高。然而，从严格的科学意义上讲，任何观察都存在一定的误差，而观察误差的大小对观察结果产生很大的影响。

观察误差主要来自观察主体和观察客体两个方面。

就观察主体（观察者）而言，产生观察误差的因素主要有：

第一，观察者的社会价值取向。对于社会现象或社会事物，观察者会根据自己的世界观做出判断和形成看法。如果观察者在观察过程中单凭自己的立场来筛选、记录事实，而这种行为与客观事实又存在不符之处，就必然会造成观察误差。

第二，观察者的职业道德和工作作风。如果观察者缺乏事业心和责任心，对工作敷衍了事，观察不深入、不细致等，就会导致重要信息的遗漏，进而造成观察误差。

第三，观察者的能力、知识与经验。好的观察者能够把握观察时机，能够在不影响观察对象的自然状态下观察到真实的情况，能够透过表面现象看到实质性的、深层次的内容，能够透过假象看到事物的本来面目。相反，观察者反应迟钝，观察能力不强，或者严重缺乏观察内容的相关知识，或者没有一定的调查研究经验，都会严重影响观察结果的准确性。

第四，观察者的心理素质。在观察过程中特别是在参与观察中，经常会有令人不愉快的事情发生。如果观察者不能控制自己的情绪，高兴时工作积极认真，不高兴时工作被动敷衍，甚至过于看重社会事物的阴暗面，就会造成观察误差。

第五，观察手段。实践证明，借助现代科学技术手段进行的观察其误差较小，而依靠观察者感觉器官进行的观察其误差较大；结构式观察的误差较小，非结构式观察的误差较大。即使是富有经验、素质极高的观察者，凭借自己的感觉器官，以及采用非结构式观察的方法，在不同的时间观察同一事物，观察结果也会存在一定的误差；多个具备同样条件的观察者在同一时间观察同一事物，各自得出的结论也往往互不相同。

就观察客体（观察对象）而言，产生观察误差的因素主要有：

第一，观察对象的反应。对于观察对象来说，观察者毕竟是局外人，即使在参与观察中，至少在开始的一段时间，观察者也是局外人。观察对象如果知道了局外人的存在，就会在一定程度上改变自己的心理和行为表现，从而影响观察结果的真实性和准确性。

第二，人为的假象。观察对象若事先知道有人要来观察，就会出于某些功利目的，刻意营造一种环境或行为，造成一种人为的假象。例如，"大跃进"时期，许多人民公社炮制出"亩产万斤田"的假象。这是造成观察误差的一个重要原因。

第三，事物本质的显现程度。在观察过程中，往往许多观察对象正处于发展的动态变化之中，其本质特征还没有充分显现出来，如果观察者对此没有正确的认识，就可能对它们产生一些片面的看法，从而造成观察误差。例如，在我国改革开放初期，许多人只看到民营企业的某些负面因素，并因此对民营企业产生了一些错误的看法。

针对观察误差产生的原因，我们可以采取相应的解决措施。首先要选择合格的观察者，然后对他们进行必要的培训，使他们统一思想，掌握有关专业知识，提高观察能力。在实施观察的过程中，要按照前述的基本原则和要求进行观察。通过种种努力，尽管仍然不可能完全消除观察误差，但是可以将其减小到最低程度，观察结果也可以做到基本准确。

04 第四节 观察调查法的评价

一、观察调查法的优点

观察调查法作为社会调查中收集资料的重要方法之一，具有突出的优点。

第一，提供有关社会现象和社会事物的详细的第一手资料。第一手资料是记录社会信息的原始资料，对于任何调查都弥足珍贵。在观察过程中，观察者不需要其他中间环节，通过直接感知观察对象来获取大量生动、具体的第一手资料，从而使人们不仅可以得到丰富的感性认识，而且可以迅速将这些感性认识上升到理性认识。这是其他调查方法无法比拟的。特别是对于收集非语言的行为资料来说，它是最有效的方法。

第二，可靠性较高。观察者采用观察调查法直接到现场观察自然状态下的社会现象，不仅可以把握整个现场情况，而且可以感受到当时、当地的情境和气氛，还可以借助当场记录或录音、录像得到详细、可靠的信息，能够很大程度上削减观察对象人为造假的可能。因此，观察调查法与书面调查、口头调查相比，可靠性要高得多。另外，在自然状态下进行的观察，对观察对象的干扰较小，尤其是在间接观察、非参与观察和完全参与观察中，观察对象很难觉察到观察者的存在，因而可以得到客观、真实的资料。

第三，获取的资料及时、有效。观察调查法观察的是正在发生的社会现象和观察对象的现实活动，感受的是当地、当时的特定环境和气氛，所以获得的资料较为及时，根据这些资料得出的结论和意见对现实社会的指导性也较强。

第四，适于收集用其他调查方法很难获取的信息。在社会调查中，观察调查法可以避免其他调查方法经常遇到的一些问题，如调查对象不愿接受访谈，拒绝回答问题以及不交回调查问卷等。它特别适用于对无法进行语言、文字沟通的对象进行的调查，如对土著、少数民族、幼儿和聋哑人的调查，而其他调查方法对此则无能为力。另外，观察调查法还可以为文献调查法补充具体、详尽的材料，并验证其他调查方法所获得的资料。

第五，简便易行。多数观察不需要复杂的方案设计，调查时间可长可短，不需要太多的物质准备，只需要调查者到达现场即可。

二、观察调查法的缺点

观察调查法的缺点也比较明显。

第一，难以进行定量分析。对社会事物进行定量分析，要求必须探寻社会事物的每一个细节，并用标准化语言予以记录，以及运用统计分析进行检验，而这在结构式观察中才有一定可能，但在非结构式观察中绝无可能。非结构式观察的直接性和自然性，使观察者很难预见所要观察的社会现象和观察环境何时会发生变化和怎样变化，即很难控制环境变量和时间变量，无法有计划地进行观察。同时，非结构式观察主要依靠观察者的感觉器官和主观描述，这些主观描述不以数量表示，也不是标准化的，很难相互对比，因此无法进行数量分析和统计判断。另外，其一般只对一个或几个点进行的调查，所以难以通过定量分析推断其他单位或总体的情况。

第二，易受观察者主观因素的影响。在观察过程中，观察者与观察对象有着不可分割的联系，这种联系会直接影响观察者对社会现象的感知和理解，如观察者有时可能会拒绝相信或不愿记录某些对观察对象不利的事情，从而破坏了观察的客观性。另外，观察主要依赖于观察者的感官能力和思维方式，而人的感官能力是有限的和有选择性的，人的思维方式也是不同的，所谓"仁者见仁，智者见智"。因此，观察者不仅有可能忽视某些重要的社会现象，不同的观察者对相同的观察对象也可能会得出不同的结论。也就是说，观察资料会受到观察者价值观和感情因素的影响。一般来说，观察者的参与程度越高，观察时间越长，观察结果的主观成分也就越大，感情色彩也就越浓。由此得到的资料很难重复验证，也无法相互比较，无法检验观察的可靠性。另外，对少数人的观察或一次性观察也很有可能导致歪曲和偏差。

第三，进行合作有一定难度。现场观察往往需要直接观察某些组织和重要人物，如政府机构、企事业单位和领导人等，但往往很难获得同意。即使对个人进行的观察，也经常得不到配合，特别是涉及个人某些特殊行为的观察。例如，涉及家庭内部矛盾、邻里纠纷、性行为、吸毒、赌博等的观察，观察对象往往会心存疑虑而拒绝配合。

第四，受时间和空间的限制。从表面上看，观察是一种人们都可以采用并适用于大多数场合的方法，但实际上它受到许多限制。观察调查法是在一定时间、一定空间中进行的，超过一定时间、空间就无法进行观察。例如，我们现在就不能亲临现场观察八路军消灭侵略者的情况。而且，观察的工作量很大，需要耗费大量的时间、精力和财力，所以一般来说，观察调查法的样本较小，只适于对一个或少数几个单位进行观察，不适于大规模的调查。

第五，资料整理和分析的难度大。由于观察的范围较大，涉及的社会现象和行为较为庞杂,因此,通过记录得到的大量观察资料很难整理和分析。非结构式观察得到的资料类似于开放型问卷中的回答,通常是定性的描述或琐碎的记录,缺乏系统性,不易分类和编码,不便于分析。此外,要从大量的观察资料中提炼出有意义的结论,对观察者本人来说也非易事。

本章小结

思 考 题

1. 什么是观察调查法?它有哪些特点?
2. 参与观察主要解决什么问题,适用范围是哪些?
3. 使用观察调查法应遵循哪些基本原则?
4. 怎样区别结构式观察与非结构式观察?
5. 什么是完全参与观察、不完全参与观察和非参与观察?
6. 观察调查法的准备阶段需要做好哪些工作?
7. 怎样与观察对象建立良好的关系?
8. 观察误差是怎样产生的?如何看待观察误差?
9. 如何评价观察调查法?

第十章 实验调查法

本章提要

本章主要介绍了实验调查法的相关知识，包括实验调查法的概念、基本原理和特点；实验调查法的类型和基本程序；实验设计及其实施；实验调查法实施中需要注意的问题，并说明了实验调查法的优缺点。通过本章的学习，学习者可以大致了解和掌握实验调查法的基本知识和基本方法。

学习要求

1. 了解：实验调查法的基本原理和特点；实验调查法实施中需要注意的问题；实验调查法的评价。

2. 掌握：实验调查法的概念；实验调查法的类型；实验设计的内容；实验过程的控制。

实验是一种有目的、有意识地改变客观环境的实践活动。古代就有了实验的萌芽和雏形,到了近代,随着社会生产力的发展,出现了真正意义上的科学实验,其构筑了经验事实与理论之间的桥梁,使近代自然科学得以建立和迅猛发展。进入20世纪以后,科学实验从自然科学领域逐渐移植到社会科学领域,于是有了专门的实验调查法。

01 第一节 实验调查法的概念、基本原理和特点

一、实验调查法的概念和基本原理

实验调查法简称实验法,也称为试验调查法,是指实验者有目的、有意识地通过改变某些社会环境的实践活动来认识实验对象的本质特征及其发展规律的方法。它是一种重要的直接调查方法,也是一种最复杂、最高级的调查方法。正如美国著名社会学家索罗金所说,要对社会行为和社会现象的发展变化做出解释、预测和控制,只能通过实验,其他方法无法达到目的。

实验调查法具有一定的结构,即不仅有明确的实验目的,而且有较严格的实验设计方案和控制方案,其实验结果既可以用于定量分析,也可以用于定性分析。

实验调查法有几个基本要素:一是实验主体,即有目的、有意识地进行实验调查的实验者。二是实验对象和实验环境,即实验调查所要认识的客体及其所处的各种社会条件。三是实验活动,即改变实验对象和实验环境的实践活动,这种实践活动有一个专门称谓——"实验激发"。四是实验检测,即在实验过程中对实验对象所作的检查和测定。这些基本要素构成了实验调查法的三组重要关系,即自变量与因变量的关系、实验组与对照组(控制组)的关系、前测与后测的关系。实验调查法的主要任务是通过这三组重要关系明确实验结果和实验激发之间的因果关系,由此认识实验对象的本质特征及发展规律。

自变量是实验中的激发因素,也就是实验手段,是引起实验对象产生变化的原因。在实验调查中,自变量必须经过严格定义和操作化,这样才便于进行测量。因变量是激发因素的受体,也就是实验对象的各项特征,在实验中处于关键地位。它同样要经过操作化,产生一系列具体的测量指标。自变量与因变量在不同的实验调查中可以互相转化。

实验组是接受自变量激发的一组或几组对象,对照组则是不接受自变量激发的一组或几组对象。这两组在实验之前各方面条件和状态都基本一致。通过对这两组对象的不同处置及对测量结果的比较,我们可以比较准确地看出实验激发对实验对象的

作用。

前测是指在进行实验激发之前对实验对象（包括实验组与对照组）所作的测量，后测则是指在实施实验激发之后对实验对象所作的测量。从两次测量结果的比较中，我们就能看出实验对象的因变量是否发生了变化、怎样发生变化及发生了哪些变化等。这正是实验调查法关注的焦点。

实验调查法的基本原理：实验者假定某些自变量（实验手段）会导致某些因变量（实验对象的特征）的变化，并以验证这种因果关系假设作为实验的主要目的。在实验调查开始时，先对因变量进行测量（前测），再引入自变量实施激发，然后选择其后的某一个时点对因变量进行再测（后测），比较前后两次测量的结果就可以对原假设进行证实或证伪。以著名的1924—1932年美国管理学家在芝加哥西方电力公司霍桑工厂进行的现场实验调查为例，这次实验调查的目的是探寻提高劳动生产率的途径和方法，基本假设之一是工作条件的改善有利于工作效率的提高。实验对象是该厂装配电话中继线的女工。在实验调查开始时，先对这些女工的工作效率进行量化的前测，然后进行实验激发，引入的自变量有改善照明条件、供应一顿工作热餐、增加休息时间、允许提前下班、改变工资结构等。经过一段时间后，再对这些女工的工作效率进行后测，结果发现她们的工作效率有了较大程度的提高，即证明原假设成立。

二、实验调查法的特点

实验调查法具有一些不同于其他调查方法的特点：

第一，实验主体的实践性。在观察调查法和访谈调查法的运用过程中，调查者一般只是耳闻目睹和口问手记，不存在有意识地改变实验对象及其所处社会环境的问题。实验调查法则不然，实验者必须主动地通过自己的实践活动，有目的、有计划地改变实验对象的某些状况，并在此基础上对实验对象的本质及发展规律进行调查和研究。这一点是实验调查法最根本的特征。如果没有这种实践活动，就不是实验调查法了。

第二，实验对象的动态性。在其他调查方法的实施过程中，实验对象一般处于相对稳定的状态，即使有所变化，也是由自身因素所引起的，而且变化幅度往往较小、变化频率往往较低。实验调查法则不同，在实验者连续不断的实践活动中，社会环境不断变化，实验对象本身也处于不断运动和变化之中。这种因受到外来刺激而产生不断变动的现象是实验调查法所仅有的，从另一个角度来说，实验调查法最为关键的恰恰就是这种变动过程，而不是实验结果。

第三，实验目的的因果性。实验调查法的主要任务就是发现实验对象和实验激发之间的因果关系，由此认识实验对象的本质特征及发展规律。社会调查中探讨社会现象之间因果关系的方法有两种，即相关分析法和实验调查法。前者主要限于对现存统计资料的处理，因此无法通过对调查环境的控制，来修正实验对象因果关系中的不合理部分，或者重新构建实验对象的因果关系；后者则能够对实验环境和实验条件进行控制，并在现场同步进行资料收集和研究分析工作，因此其不仅可以通过控制调查环境去预测结果或实现预期，即证实事先提出的因果假设，而且可以通过实践随时修正或推翻原来的假设，重新构建实验对象的新的因果关系。这也是其他调查方法难以做到的。

第四，实验过程的可控性。实验调查法是对实验环境和实验条件有所控制的。实验调查法的目的非常明确、具体，实验对象是根据一定条件精心选择的。在实验调查的过程中，无论是实验激发还是前后检测，都必须严格按照事先的实验设计进行。这是实地观察、个别访谈和集体访谈等其他直接调查方法无法比拟的。

第五，实验方法的综合性。实验调查法是所有调查方法中最复杂的一种。实验调查的过程，不仅是不断收集资料的过程，而且是不断研究资料的过程。在实施过程中，除了要进行实验调查法特有的改变社会环境的实践活动，往往还要采用实地观察、个别访谈和集体访谈等直接调查方法，有时还要采用文献调查、问卷调查等间接调查方法。因此，实验调查法的实施过程实际上是各种调查方法和研究方法综合运用的过程。

02 第二节 实验调查法的类型和基本程序

一、实验调查法的类型

实验调查法按照不同的标准，可作多种不同的分类。

（一）单一组实验和对照组实验

按照实验组织方式的不同，实验调查法可以分为单一组实验和对照组实验。

单一组实验也称为连续实验，是指对同一组实验对象进行实验，通过比较不同时间前测与后测的结果，来检验假设的一种方法。检验假设所依据的是自变量作用于同一个因变量的前后两个结果。

在单一组实验中，只设一个实验组。实验开始时，首先对实验组进行前测并记录结果，其次引入自变量对其激发（施以实验手段），经过一段时间后再对其进行后测，最后将后测结果同前测结果比较，得出实验结果。例如，春天在一块土地上试播种某一新品种的粮食，秋天收获时，将其产量与上一年同一土地原品种粮食的产量相比较，发现有所提高，从而得出新品种的粮食产量比原品种产量高。

对照组实验，也称为平行组实验，是指既有实验组又有对照组的一种实验方法。

实验组即实验单位，对照组即同实验组进行对比的单位。两组在范围、特征等方面均相同。在实验调查中，先对实验组和对照组同时进行前测，然后只对实验组进行实验激发，而对照组则始终保持既有的自然状态。一段时间后，同时对实验组和对照组进行后测，将两组后测结果进行比较，再分别与前测结果进行比较，得出结论以检验理论假设。例如，要检验"新的管理办法可以提高生产率"这一理论假设，以某工厂某车间为实验组，实行新的管理方法，以另一个与实验组相似的车间为对照组，维持原来的管理方法，在一段时间后，同时对两个车间进行前测与后测并比较结果，得出结论。

之所以在实验组之外另设对照组，是因为世界上一切事物即使处于自然的常态下，也在时时刻刻发生着变化。在这种变化过程中，如果受到非常态的、突发的外来刺激，其变化的范围或幅度则会加大。这时，要准确判断该事物的变化中究竟有多少由非常态的外来刺激引发，显然就必须排除那些常态的、自然变化的成分。但是，在一个事物的变化中，区分哪些是自然变化的、哪些是非自然变化的，只能在理论上成立，在实践中却无法实现。因此，就需要有另一个同时期的、始终处于常态的相同事物作为参照，通过比较得出结论。实验调查法中设置对照组的原因就在于此。例如，上述粮食新品种的实验，如果只在一块地上进行，那么即使产量增加，也很难说明究竟是新品种的原因，还是风调雨顺等其他原因；或者虽然能够肯定新品种有增产的效果，但究竟效果如何无法确认。而如果同时期在另一块条件相同的土地上做参照，那么比较两块地最后的产量，就可以得出新品种的粮食是否能够增产和增产多少的相对准确的结论。

总之，对照组实验可以克服单一组实验的缺点，从实验结果中有效排除那些非实验激发的自然变化的成分，准确说明实验效果。因此，在决定以实验调查法收集资料时，应尽可能采用对照组实验。

（二）实验室实验和现场实验

按照实验环境的不同，实验调查法可以分为实验室实验和现场实验。

实验室实验是指在人工特别设置的环境下进行的实验调查。这种实验的环境是所谓"纯化了"的和封闭的，实验者对实验环境可以进行严格有效的控制，实验对象除受到引入自变量的实验激发以外，不会受到其他外来因素的影响。例如，在实验室里对宇航员进行失重实验，宇航员在完全封闭的环境下，接受的是没有其他外来因素的纯粹的实验激发，实验者可以完全按照自己的设想控制地球引力的变化，以测量和比较宇航员在不同条件下的反应，并探寻造成这些反应的原因。

现场实验是指在自然、现实的环境下进行的实验调查。实验者只能部分控制实验环境的变化，实验对象除了受到引入自变量的实验激发，还会受到其他外来因素的影响。例如，在农村进行产业结构调整的实验，实验者只能控制经营品种、生产组织形式等实验条件，而对于国际及国内产业结构的变化等因素对实验对象的影响，却无法进行有效的控制。

实验室实验和现场实验相比，前者的实验结果准确率要远远高于后者。但是社会领域的实验调查，仍然大多采用现场实验，原因是实验室实验的成本高、操作复杂，且样本规模有限，难以广泛应用。现场实验所处的都是自然的、现实的环境，随时随地可以进行，成本相对较低，操作也简单得多，样本规模较大，并且只要对非实验激发因素有较充分的认识和一定的控制，也能保证实验结果有较高的准确率，应用非常广泛。在我国社会主义革命和建设中，从中央政府到基层部门普遍采用的工作方法是试点法。试点法就是为了验证某一方针、政策的可行性或实施效果，选择一个或几个有代表性的单位作为试点，以该方针、政策作为自变量，对试点进行实验激发，之后检验效果。通过试点法，我们可以系统地收集和积累第一手资料，发现问题，总结经验，探索规律，得出正确的认识，进而全面指导工作。我国改革开放以来新出台的各项制度和政策，都是通过试点法才得以大面积推广的。试点法在社会生活和国家政府的实际工作中起着重要作用，其实际上就是一种现场实验方法。

（三）研究性实验和应用性实验

按照实验目的的不同，实验调查法可以分为研究性实验和应用性实验。

研究性实验是指以揭示实验对象的本质及其发展规律为主要目的的实验方法，主要用于对某一领域理论的检验与探讨。例如，对经济学、社会学、法学和教育学等领域的理论知识进行证实或证伪的实验调查，就属于这一类。

应用性实验则是指以解决实际工作中存在的某些问题为主要目的的实验方法。例如，对农村土地流转、企业股份制的实验调查，就属于这一类。

应该指出的是，研究性实验和应用性实验的区分具有相对意义，它们只是就实验调查的主要目的而言。事实上，研究性实验的结论往往对解决实际工作中的问题具有重要指导意义；许多应用性实验的结论也可以作为重要的理论概括。因此，二者之间并不存在截然分明的界限。

（四）单盲实验和双盲实验

按照实验者和实验对象对实验激发是否知情，实验调查法可以分为单盲实验和双盲实验。

单盲实验是指不让实验对象知道自己正在接受实验，由实验者实施实验激发和实验检测。目前多数实验调查都属于单盲实验。

双盲实验是指不让实验对象和实验者双方知道正在进行实验调查，而由第三者实施实验激发和实验检测。

之所以将实验调查法分为单盲实验和双盲实验，是为了避免两种情况：一种情况是实验对象出于对实验激发的欢迎或反感而有意迎合或故意不配合实验者；另一种情况是实验者和实验对象出于对实验结果的某种心理预期而影响实验检测结果的真实性和准确性。例如，科学研究证明，在某种新药效果的实验中，如果实验对象（病人）知道自己正在接受新药实验，就会产生"新药有效"的心理预期，那么即使新药并不对症，他们往往也会在心理作用下使病情得到好转；同理，如果实验者知道正在使用的是新药，也会产生"新药有效"的心理预期，从而将其他原因引起的病情好转归于新药。这两种情况都会影响新药效果检测的真实性和准确性。所以，现在大多数实验调查都采用双盲实验。

此外，按照调查内容的不同，实验调查法还可以分为心理实验调查、教育实验调查、经济实验调查、法律实验调查和军事实验调查等。

二、实验调查法的基本程序

实验调查法的基本程序与其他调查法大致相同，即分为准备阶段、实施阶段和资料处理阶段。

（一）准备阶段

准备阶段的工作主要包括以下几项：

第一，确定实验课题及实验目的。一般做法是先进行初步的构想，再通过查阅文献和有关访谈资料，对初步构想的价值和可行性进行探索性研究，最终明确实验主题、内容范围和实验目标。

第二，提出理论假设。一般做法是仔细寻找实验主题和内容范围所涉及的各种变量，将它们进行分类，并认真分析变量之间的关系，建立各种变量之间的因果模型。

第三，选取实验对象。选取实验对象的根据是实验主题和变量之间的因果模型，选取的方法既可以是随机抽样，也可以是主观指派。

第四，选择实验方式和方法。根据实验的要求和可能，决定采用哪种实验类型，如何分组，怎样控制实验过程，如何进行检测等。

第五，制订实验方案。将已经确定的实验主题、内容范围、理论假设、实验对象及实验方式等整理成文字，说明实验的时间安排、地点和场所、实验进程、实验和测量工具等，并形成系统的、条理分明的实验方案。

（二）实施阶段

实施阶段的工作主要包括以下几项：

第一，前测。采用一定方法对实验对象的各种因变量进行详细的测量，并详细记录。如果是有对照组的实验，要能够控制实验环境和条件，以保证实验组与对照组的实验环境、条件基本一致。

第二，引入或改变自变量，对实验组进行实验激发。在实验激发过程中，实验者要仔细观察，认真做好实验记录。

第三，后测。经过一段时间后，选择适当时机对实验对象的各种因变量进行再次测量，并做好详细记录。

（三）资料处理阶段

资料处理阶段的工作主要包括以下几项：

第一，整理分析资料。对所有实验资料进行统计分析，并对理论假设进行检验，形成实验结果，据此提出理论解释和推断。

第二，撰写实验报告。根据整理分析的资料，撰写实验报告。

03 第三节 实验设计及其实施

实验设计是实施实验的依据，决定了一项实验的具体内容。无论是哪种类型的实验，其设计一般都依照实验的组织方式而确定，即根据是否有实验组和对照组，以及实验组有多少，来设计不同的实验形式和内容。下面着重介绍几种基本的、常用的实验设计。

一、单一实验组设计

单一实验组设计也称为单组前后测实验设计。其操作模式包括以下内容：一是选择实验对象组成实验组；二是对实验对象进行前测；三是引入自变量，进行改变实验对象因变量的实验激发；四是对实验对象进行后测；五是得出实验结果，其公式为实验效应 = 后测 – 前测。

如果实验组后测与前测的差异值为正数，则说明自变量与因变量是正相关关系；如果差异值为零，则说明二者之间关系不大或需要进一步检验；如果差异值为负数，则说明二者之间是负相关关系。例如，针对税制改革对企业经济效益的影响进行实验，并以利润率作为衡量企业经济效益的主要指标，其具体实施步骤如下：

第一步，选择实验对象，假定选择甲、乙、丙三个条件基本相同的企业组成实验组。

第二步，前测，即测算实行新税制前一年的利润率，假定是 2020 年，这三个企业的平均利润率为 8%。

第三步，实验激发，即从 2020 年底起实行新税制。

第四步，后测，即测算实行新税制后一年的利润率，假定是2021年，这三个企业的平均利润率为12%。

第五步，得出实验结果，实验效应＝12%－8%＝4%。

单一实验组设计是最基本的实验设计，其他实验设计的操作模式都以其为基础。同时，单一实验组设计也是最简单的实验设计，只要选择一个实验组即可，因此，这种实验设计应用比较广泛。但是，单一实验组设计所得出的实验结果，也许可靠，也许不完全可靠。这是因为除在封闭的实验室进行实验以外，在现场实验的过程中，人们无法使实验对象与整个社会相隔绝，所以不能完全排除外部非实验因素对实验对象的影响。另外，实验对象经过前测后，有可能对自变量的引入产生敏感，从而影响实验后测的结果，这种前测影响后测的现象也是单一实验组设计无法排除的。因此，不能把实验对象前后检测之间的变化全部看作实验激发的结果。如前述案例中，甲、乙、丙三个企业的利润率，2021年比2020年增加了4%，其原因固然可能是实行了税制改革，但也可能是改善了管理模式，原材料降价了，或者职工的技术熟练程度得到了提高等。显然，把利润率的提高全部看作实验激发即实行新税制的结果，是不科学的。由此可见，单一实验组设计要求实验者能够有效排除非实验因素对实验过程的干扰，或者使非实验因素的影响降低到可以忽略不计的程度，这样后测的全部效应才能被看作实验激发的结果，否则，就不能得出这种结论。正是由于单一实验组设计有这一缺陷，所以使用时要特别谨慎。

二、经典实验设计

经典实验设计也称为两组前后测实验设计。基本步骤：首先，选择一批实验对象作为实验组，同时选择一批与实验对象处于相同环境、条件相同或相似的对象作为对照组；其次，只对实验组给予实验激发，而对对照组却顺其自然；最后，对实验组和对照组前后检测的变化进行对比研究，得出实验结果。

经典实验设计的操作模式为

实验组	对照组
（1）选择对象	（1）选择对象
（2）选择实验环境	（2）选择实验环境
（3）前测	（3）前测
（4）实验激发	（4）不予实验激发
（5）后测	（5）后测

（6）得出实验结果，其公式为实验效应＝实验组（后测－前测）－对照组（后测－前测）。

如果实验组差异值与对照组差异值相减后得数为正，则说明自变量与因变量是正相关关系；如果得数为零，则说明二者之间关系不大或需要进一步检验；如果得数为负，则说明二者之间是负相关关系。

仍以上述关于企业税制改革的实验为例，如采用经典实验设计，其具体步骤为

实验组	对照组
（1）选择对象：甲、乙、丙企业	（1）选择对象：A、B、C 企业
（2）选择实验环境：N 个条件	（2）选择实验环境：条件基本相同
（3）前测：2020 年利润率为 8%	（3）前测：2020 年利润率为 8%
（4）实验激发：实行新税制	（4）实验激发：无（仍实行旧税制）
（5）后测：2021 年利润率为 12%	（5）后测：2021 年利润率为 10%

（6）得出实验结果，其公式为实验效应 =（12% − 8%）−（10% − 8%）= 4% − 2% = 2%

不难看出，这一实验结果与前述单一实验组设计的实验结果相比较，利润率差异值少了 2%。之所以如此，是因为在前述单一实验组设计中，实验组后测与前测之间的差异值为 4%，其中包括了外来非实验因素影响实验对象的那部分结果。而在经典实验设计中，由于对照组没有受到实验激发，因此其后测与前测之间的差异值为 2%，这显然是由外来非实验因素引起的，也就是说，实验组的全部效应（4%）实际上是实验激发和非实验因素共同作用的结果，是实验效应与非实验效应之和，真正的实验效应其实只有 2%。

由于经典实验设计要求实验组和对照组的实验对象完全匹配，并要求实验环境基本相同，所以操作难度较大、成本也较高。但经典实验设计能够将实验效应与非实验效应区分开，从而使实验结果更为客观和准确，这一点明显优于单一实验组设计，因此经典实验设计应用更为广泛。不过，经典实验设计虽然能够排除非实验因素的影响，却无法判断实验组的实验效应中是否含有前测干扰影响的成分。因此，在以社会人群为实验对象的实验中，其实验结果的客观性和准确性仍然令人怀疑。要准确地评价实验效应，还必须采用其他方法进行更深入、更细致的调查研究。

三、两组无前测实验设计

两组无前测实验设计是指对实验组和对照组都不进行前测，实验组引入自变量实施实验激发和进行后测，对照组则只进行后测。通过对实验组和对照组后测结果的对比研究，得出实验结果。其操作模式为

实验组	对照组
（1）选择对象	（1）选择对象
（2）选择实验环境	（2）选择实验环境
（3）无前测	（3）无前测
（4）实验激发	（4）不予实验激发

（5）后测　　　　　　　　　　　　（5）后测
　　（6）得出实验结果，其公式为实验效应＝实验组（后测）－对照组（后测）

例如，要进行新教学法对学生学习成绩影响的实验，其具体步骤为

　　　　　实验组　　　　　　　　　　　　　　对照组

（1）选择对象：甲班学生　　　　　　（1）选择对象：A 班学生

（2）选择实验环境：N 个条件　　　　 （2）选择实验环境：条件基本相同

（3）无前测　　　　　　　　　　　　 （3）无前测

（4）实验激发：实行新教学法一学期　 （4）实验激发：无（仍实行旧教学法）

（5）后测：成绩提高 10%　　　　　　 （5）后测：成绩提高 3%

（6）得出实验结果：实验效应＝10%－3%＝7%

　　由于两组无前测实验设计对实验组和对照组都不进行前测，因此实验效应中不但可以排除外部因素的影响，也可以排除前测干扰的影响，实验结果的客观性和准确性比较高。但是，两组无前测实验设计的前提是实验对象必须条件相同，否则也会使实验结果产生偏差。例如，上述新教学法对学生学习成绩影响的实验，如果选择的两组学生各方面条件基本一致，那么 7% 的实验效应就是准确的结论；如果两组学生各方面的条件差距较大，那么 7% 的实验效应就不一定真实了。

四、多组实验设计和多因素实验设计

（一）多组实验设计

　　为了既能同时排除外部因素和前测干扰的影响，又能保证实验结果的客观性和准确性，人们还编制出了多组实验设计，一般是设置两个实验组、两个对照组，其中一组无前测，另一组无实验激发，通过对各组检测结果的交叉比较，得出实验结果。多组实验设计基本上排除了各种非实验因素对实验结果的影响，但是在现实社会中，我们很难找到环境和各方面条件都基本相同的四组实验对象，而且这种实验设计成本极高，操作极为复杂，因此其更多的是在理论上成立，而在实际中很少应用。

（二）多因素实验设计

　　各种单组、两组实验设计都属于简单实验设计的范畴，都只能检验单项假设，即只能验证一个自变量与因变量的因果关系。多组实验设计属于复杂实验设计，这显然是它们的共同缺点，因为社会事物往往不是一因一果，而是多因多果、互为因果，将这种错综复杂的关系简化为单一的因果关系，就难以从系统上和整体上把握社会事物的特征。为此，人们又编制出了多因素实验设计。

　　所谓多因素实验设计，是指检验多个自变量（或一个自变量的多种取值）与因变

量的因果关系的设计。它一般是设置一个对照组、两个以上实验组。依照具体实施方法的不同，多因素实验设计又分为多种类型。主要有：

第一种，因子设计。它是检验两个以上的自变量对因变量的影响和自变量之间交互作用对因变量的影响的设计。实验组的数量依照自变量或自变量取值的数量而定，一个自变量对应一个实验组进行实验激发。为了消除前测干扰的影响并减少工作量，因子设计一般采用无前测的检测方式，通过比较、研究各实验组和对照组的后测结果，得出关于自变量及其交互作用与实验对象的因变量之间因果关系的实验结果。例如，关于农民减负政策与农村经济效益之间因果关系的实验，具体做法：以该政策中的各项具体措施为自变量；根据各项具体措施的数量选择一批环境、条件基本相同的自然村，组成若干实验组和对照组；一项措施对应一个实验组，予以推行；一段时间后对各实验组和对照组进行检测；比较检测结果，得出关于农民减负政策（自变量及其交互作用之总和）与农村经济效益（因变量）之间因果关系的实验结果。

第二种，重复测量设计。它是检验多个自变量对不同实验对象进行激发后的差异的设计。重复测量设计的实验对象可以随机选取，并不要求条件一致。实验组之外也不另设对照组，检测往往只有后测，也并不是对每个组分别施以不同的实验激发，而是将多个自变量或自变量取值全部轮换引入多个实验组，对每个组的因变量都施以不同的实验激发，通过比较各组实验结果的差异，得出自变量对不同实验对象的推断结论。以上述关于农民减负政策与农村经济效益之间因果关系的实验为例，具体做法就是任意选择一批自然村组成若干实验组，将各项具体措施轮流在这些实验组中推行，一段时间后对各实验组进行检测，通过对检测结果的比较研究，得出实验结果。

第三种，拉丁方格设计。它是检验多个自变量的引入顺序对因变量的影响的设计。实验组的数量与引入自变量的数量一致。每组的实验对象可以是一个，也可以是多个。各组依次引入所有的自变量进行实验激发，但引入次序无一雷同，于是就形成了多种各不相同的自变量组合方式。通过对这些不同组合所产生的效应进行后测，我们不仅可以检验自变量的引入顺序对因变量是否会造成影响和造成哪些影响，而且可以检验不同引入顺序所造成的影响有哪些不同。如果各组的后测值都一样，则说明自变量的引入顺序对因变量没有影响，自变量的引入孰先孰后均无所谓。仍以上述关于农民减负政策与农村经济效益之间因果关系的实验为例，我们可以根据政策中各项具体措施的数量选取若干自然村组成等量的实验组，然后将全部具体措施一项一项地在实验组推行，各组措施的推行顺序互不相同。待全部具体措施实行一段时间后，对实验组进行检测，并通过对检测结果的比较研究得出结论。假设各实验组的检测结果相同，则说明各项具体措施的推行次序对农村经济效益没有影响。

除了以上介绍的实验设计类型，我们还可以根据实验者、实验对象、实验环境、实验激发的不同做出其他多种设计。总体来说，实验设计中实验对象排列组合的数量越多，实验结果的系统性、完整性、客观性、准确性就越高。因此，多因素实验设计在社会实践中具有重要作用。我国政府在制定重大方针、政策时，就往往采取多因素、多实验组对比的方法进行实验调查，取得了很好的效果，对实际工作具有重大的指导作用和推动作用。但是，实验设计越复杂，实验对象和实验环境的匹配就越困难，实验过程、实验检测、统计分析就越烦琐，实验的资金成本和时间成本就越高。因此，实验者不应对所有实验都实行多因素实验设计，而应根据实验目的和自身条件，选择最恰当的实验设计方式，在一般情况下，仍以采用简单实验设计为宜。

第四节 实验调查法实施中需要注意的问题

实验调查法作为最高级、最复杂的社会调查方法，在实施过程中，有一些需要注意的问题。

一、实验者、实验对象和实验环境的选择

（一）实验者

实验者是实验调查法的组织者、领导者、管理者，而实验调查法除了应具备各类社会调查方法所共同要求的基本素质，还应具备一个特殊条件，即要有一定的权威色彩。因为进行实验调查法的大多是现场实验，主要工作之一是引入自变量对实验对象进行实验激发，这就意味着必须改变实验对象的自身条件及其所处的社会环境。如果实验者没有一定的权力和地位，就不可能做到这一点。例如，我国20世纪80—90年代曾经在上海、广州、武汉、厦门、常州等城市进行城市经济体制改革的实验，取得了很好的效果。如果没有中央有关文件的指示精神，没有中央有关部门和有关省市政府的指令性部署，实验者不是有一定身份的公职人员，此类实验的难度就是不可想象的。退一步讲，即使在民营小企业进行的实验，如果实验者没有老板的授权，不具备一定的支配权，也是不可能完成实验的。

（二）实验对象和实验环境

严格按照一定的标准选择实验对象和实验环境，是实验调查法的一个特别要求。其主要表现在两个方面：

一方面，实验对象和实验环境要具有充分的代表性，即典型环境中的典型对象，对于复杂的事物来说，还应该具有不同类型、不同层次的代表性。例如，要进行企业

股份制改革的实验，选择的实验对象应该既有大中城市的企业，又有乡镇企业；既有国有企业，又有民营企业；既有经济效益好的企业，又有经济效益一般的企业，还有经济效益差的企业。选择进行实验的社会环境，应该既有经济发达的地区，又有经济一般的地区，还有经济不发达的地区；既有经济结构比较单一的地区，又有经济结构多样化的地区。只有这样，选择的实验对象和实验环境才具有较高的代表性，实验结果才具有普遍的指导意义。相反，如果选择的实验对象和实验环境都是一些经济发达地区的大型企业，那么，即使实验取得了良好的效果，其经验也不能普遍应用和推广。

另一方面，在多数实验设计中，要特别注意实验对象和实验环境的匹配问题，所有实验对象和实验环境的各方面状况应尽可能相同或相似。只有这样，才能对实验结果进行比较研究和量化分析，才能保证实验结果的客观、准确。

选择实验对象和实验环境一般有两种方法：一种方法是按照随机原则从实验对象的总体中抽取；这种方法适用于实验对象总体中个体单位较多、个体之间同质性较高、实验者对实验对象总体情况了解较少的情况。另一种方法是主观挑选，即由实验者根据实验调查的目的、要求和对实验对象总体情况的了解，有意识地挑选那些具有代表性的单位进行实验；这种方法适用于实验对象总体中个体单位较少、个体之间异质性较高、实验者对实验对象总体情况了解较多的情况。多数实验调查采用前一种方法，以使实验组成员的构成及其状况尽可能均等。

二、实验过程的控制

实验调查法能否成功，在很大程度上取决于能否有效地控制实验过程。实验过程的控制主要就是对各类变量的控制。它包括两个方面：一是对引入自变量的控制，二是对无关变量的控制。

对引入自变量的控制，主要是指在实验激发的过程中，严格执行设计方案，有计划地、系统地安排实验激发的环境和程度，使它们有序地作用于因变量。例如，在企业中进行管理制度改革实验，必须涉及决策、人事、监督、生产、销售等多项制度，这些管理制度之间差异很大。如果改革实验实施得笼统、边界不清，就无法证明哪些管理制度的改革措施有效，哪些管理制度的改革措施无效或效果不大，也无法看出各项改革措施的缺陷所在。因此，应当对每项措施分别进行改革实验。如果因为种种限制，各项改革实验只能同步进行，也必须做到对不同的实验激发加以区分，分别观察、分别测量、分别推论，最后综合各方面的结论，得出关于管理制度改革的实验结论。

无关变量也就是非实验因素，主要来自实验者、实验对象和实验环境三个方面。要从这三个方面着手，努力排除或减少非实验因素对实验过程的干扰。

第一，在实验者方面，首先，不能把无关变量引入到实验激发中来。例如，在企业中进行管理制度改革的实验，不能把实行股份制等所有制改革的内容也掺进来；在农村进行产业结构调整的实验，不能引入减轻农民负担的内容，否则就无法验证改革的真实效果。其次，必须公平地对待实验对象，保持实验方法的稳定性和一致性。对不同的实验对象，实验激发的方式、强度、范围等要一致；检测的方法、工具、标准等要一致；统计分析的方法、依据、标准等要一致。例如，在学校某年级进行教改效果的检测，对不同班级的学生必须使用同一张试卷，否则检测就没有任何意义。

第二，在实验对象方面，主要是解决前测干扰影响和故意不配合的问题。除了要加强与实验对象的沟通，努力使他们做到对实验活动的理解、支持和实事求是，还应尽量使他们在测量时觉察不到实验的真实意图。为此，可以在一些自然环境中采用一些不太敏感的方式进行测量。例如，在工人培训时把实验测试混入培训考试之中；教师把实验测试伪装成平时小测验，在课堂上随意地布置下去等。另外，还要注意实验过程中实验对象本身的自然变化对实验的影响，如工作变动、生病或死亡、社会经验的增加、知识水平的提高、技术的熟练等。

第三，与实验调查无关的社会环境因素对实验过程的干扰最多也最复杂，对社会环境的控制难度较大，通常需要根据具体情况选择适用方法，主要有排除法、纳入法、平衡法和统计分析法等。

排除法，就是将一切可以排除的非实验因素彻底排除在实验过程之外。例如，进行水产养殖经营的实验，可以在所有的江河湖海进行，但有些江河往往出现时而水多、时而水少甚至无水的情况，因此实验者只能选择湖海作为实验对象和实验环境。于是，实验者就可以彻底排除"水资源"这个非实验因素对实验过程的影响。

纳入法，就是把无法排除的某些非实验因素，尽可能纳入实验过程中，作为实验激发的一个变量。例如，进行农村产业结构调整的实验，地理位置本来是一个非实验因素，但在实验过程中又无法排除地理位置对产业结构调整的影响。在这种情况下，就可以采取纳入法，在城市近郊、远郊和边远地区等不同地理位置的农村进行产业结构调整，分别进行实验。这样，地理位置因素就成了一个可以控制的实验激发的变量，不再对实验结果形成干扰。

平衡法，就是将无法排除的某些非实验因素，控制在一致的、平均的水平上。例如，探讨企业管理与经济效益的因果关系的实验，生产成本是一个非实验因素，但它又直接影响企业的经济效益。为此，就可以使用平衡法，在测算各个实验对象（企业）的实验结果（经济效益）时，假设它们的生产成本都是一样的。这样，就等于排除了原材料价格的变动对实验过程的干扰。

统计分析法，就是对实验过程中无法排除的非实验因素，尽可能定量化，在实验结果中用统计分析的方法计算出它们影响实验的具体程度。例如，在关于劳动工资制度改革与劳动生产率之间因果关系的实验中，设备更新是一个非实验因素；但在检测劳动生产率的变化时，它又是一个无法排除的因素。对此，我们就可以用统计分析的方法计算出设备更新使劳动生产率提高的具体数值，并在实验结果中予以扣除，这就等于排除了非实验因素对实验过程的影响。

总之，通过上述控制手段，虽然不能彻底排除所有非实验因素对实验过程的干扰，但实验结果的客观性、准确性还是能够得到大大提高的。

三、实验的信度和效度

实验的信度是指实验方法与实验结果的可靠性。实验的效度是指实验方法与实验结果对实验本身的有效性及实验结果的普遍适用性。与其他调查方法相比，实验调查法的信度和效度较高，但在实验过程中，仍会有许多因素导致实验误差，影响实验的信度和效度。如何克服这种现象，使实验调查法真正发挥优势作用，是实验者需要解决的一个重要问题。

（一）信度

提高实验的信度，除了要采用前述各种方法努力排除非实验因素的干扰，还应注意测量工具的标准化和精确度问题。例如，实验调查法在测量已明确定义的行为及类型时，实验的信度较高。但当采用问卷或量表测量人们的态度时，则可能出现所设问题的语意不清而使实验的信度降低的现象。因此，在设计问卷、量表等测量工具时，一定要反复推敲，使之达到较高的标准化程度与精确程度。这样才能保证实验结果的准确无误。

对实验信度的检验一般采取重复实验的方法，如果发现几次实验的结果有较大的差异，则很可能是测量工具存在问题。另外，还可以采用多组实验设计的方法，通过各个组在同一实验中的差异来检验实验的信度。

（二）效度

提高实验的效度，要从实验的外在效度和内在效度两方面着手。

提高实验的外在效度，是指必须保证所选取实验对象的代表性。例如，进行企业股份制实验，如果是要检验优质企业实行股份制的效果，就必须选择利税大户作为实验对象；如果是要检验劣质企业实行股份制的效果，则必须选择濒临破产的企业作为实验对象。这样实验的结论才具有普遍应用意义。

提高实验的内在效度，涉及的问题比较多。笼统地说，前述所有控制引入自变量和无关变量的方法都是提高实验的内在效度的重要方法。此外，选择恰当的测量方法和测量工具，以及选用精确度高的测量仪器等，也是必需的方法。还有一点也非常重要，就是实验者的工作态度一定要认真细致，否则会对实验效果造成意外的不良影响。

在提高实验效度的问题上，有一个目前无法彻底解决的难题：实验的外在效度和内在效度是一对矛盾。要精确测量自变量的影响，就要严格控制实验过程，但这种控制达到极致就会使实验环境人工化,即成为实验室,而实验室实验往往缺乏代表性,从而降低实验的外在效度;要使实验能够概括广泛的社会现象,就要让实验对象存在于真实的社会环境之中,但这又很难控制各种外部因素的影响,从而降低实验的内在效度。大部分实验设计都面临着两难处境,即提高内在效度则有可能降低外在效度,反之亦然。因此,把实验的外在效度和内在效度同时提高到顶点基本上是不可能的,实验者只能在二者之间寻求平衡点,使实验的效度尽可能达到最佳点。

05　第五节　实验调查法的评价

一、实验调查法的优点

实验调查法同其他社会调查方法相比,具有一些独特的优点:

第一,适于对理论、方针、政策的检验。实验调查法是社会调查中检验理论、方针、政策的最好方法,尤其适于探讨事物之间的因果关系。实践是检验真理的唯一标准,而实验正是一种目的明确的实践。在实验中,实验者将理论假设、方针、政策作为自变量,引入特定的实验对象进行实验激发,并通过对实验的控制使其作用凸显出来,再经过科学的测量,得出结论。这样就能够对理论、方针、政策的成立和效果做出较为准确的判断,有利于探索解决社会问题的途径和方法,揭示社会现象和社会事物的本质、规律。

第二,控制性强。在各种社会调查方法中,实验调查法对实施过程的控制能力最强。它通过对实验设计、实验手段、实验环境、实验条件和实验对象的控制,可以减少和排除外部因素对实验结果的影响,减少各种误差的产生,适于进行较为准确的定量分析,能够大大提高实验结果的可信度,这对于认识社会的本来面貌具有重要意义。

第三,可重复运用。实验调查法基本上都是有结构的,各项实验的方式及测量技术、标准、工具等都是严格一致的,因此便于重复运用。而这种重复对于获得可靠的结论来说十分必要,其他社会调查方法虽然也可以重复运用,但常常不如重复实验方便、可靠。

二、实验调查法的缺点

实验调查法的特定方式和特点也为其带来了十分明显的缺陷:

第一,代表性往往不够充分。尽管实验调查法的关键要求是实验对象必须具有代表性，但实际中很难做到。受实验方法的特殊要求所限，大多数实验的范围和样本规模都非常有限，并不足以反映较大总体的状况。因此，当一项实验的结论要推广到更大的总体时，如要推向全国时，就存在着较大的风险，容易犯"一风吹"或"一刀切"的错误。所以，实验调查法在社会科学领域更多地应用于社会心理学或小群体研究中。一些有关大政方针的实验，则必须由国家有关政府部门和权威机构进行大规模的组织和实施。

第二，实验范围仍然有限。实验调查法虽然在所有的调查方法中是比较好用的一种，但也不是适用于任何问题。对于许多有悖伦理道德的、违法的社会现象是不可能实验的，如杀人放火、拦路抢劫、贪污受贿、卖淫嫖娼、吸毒、赌博等。对于个人特质极强的社会现象，也不可能进行实验，如自杀、恋爱等。对于这些社会现象，只能依靠其他调查方法去调查。

第三，耗费人力、时间，操作复杂。许多实验涉及的人员数量很多，实验过程很长，而且具体实验和测量方法、技术比较烦琐、复杂，因此一些人往往望而却步。

本章小结

思 考 题

1. 什么是实验调查法？它有哪些基本要素？由哪几部分组成？
2. 实验调查法的基本原理是什么？
3. 实验调查法有何特点？
4. 实验调查法有哪些类型？各有什么特点？
5. 简述实验调查法的基本程序。
6. 请说出几种主要的实验设计的内容。
7. 实验调查法在实施中需要注意哪些问题？
8. 怎样对实验调查法的实施过程进行控制？
9. 如何评价实验调查法？

第十一章 网络调查法

本章提要

本章主要介绍了网络调查法的概念与特点,重点阐述了网络问卷调查法、网络访谈调查法、网络观察调查法、网络实验调查法的实施,并指出了使用网络调查法需要注意的问题。通过本章的学习,学习者可以大致了解和掌握网络调查法的基本知识和基本方法。

学习要求

1. 了解:网络调查法的概念与特点;使用网络调查法需要注意的问题。

2. 掌握:网络问卷调查法、网络访谈调查法、网络观察调查法、网络实验调查法的实施。

01 第一节　网络调查法的概念与特点

一、网络调查法的概念

20世纪90年代，随着互联网的兴起，产生了一种新的调查方法，即网络调查法。

网络调查法简称网络法，又称为网上调查法、线上调查法，是指以互联网为载体和平台进行调查的方法的统称，可以说是传统调查方法的网络化与智能化，包括通过网络直接收集第一手资料的网络问卷调查法、网络访谈调查法、网络观察调查法与网络实验调查法，以及在网上收集既有的第二手资料的网络文献法。

近年来，移动互联网的急速拓展，社交网络、自媒体、物联网、云计算等的联翩而至，为网络调查提供了优越的载体与平台；网民规模的与日俱增，为网络调查奠定了厚重的受众基础。如前所述，根据第48次《中国互联网络发展状况统计报告》，截至2021年6月，中国网民规模已达10.11亿人，互联网普及率达71.6%，形成了全球最为庞大的数字社会，从而使网络调查法得到了越来越广泛的应用与发展。

二、网络调查法的特点

网络调查法虽然被看作传统调查方法的网络化，但它并不是照搬原样，而是充分吸收了互联网的特性成分，在传统调查方法的基础上增加了一些助益匪浅的特点。

（一）共享性和广泛性

互联网的普及与开放性使网络调查法与每一个用户直接建立起联系。调查者如果认为有必要，可以把所有网民作为调查对象，把调查问卷和调查结果等所有信息公之于众，以供网民共享，这就大大拓展了社会调查的应用范围。

（二）超时空性

网络调查法不受时间限制，调查者可以选择自己最方便的任一时段参加调查，并可以随时开始，随时中止。网络调查法还突破了空间限制，只要是互联网所及之处，世界各地的人们都可以参加同一项网络调查。这与只能在一定区域、一定时间内进行的传统调查方法相比，具有极大的优势。特别是在访谈调查法方面，不管是个别访谈还是集体访谈，网络调查法表现得尤为突出。

（三）成本低和效率高

网络调查法相对便捷，一般的网络调查只需要一台能够上网的计算机即可进行，不需要派出调查人员，不需要印制调查问卷，问卷的分发与回收、信息录入和处理等工作均由计算机自动完成，因此，网络调查法比传统调查方法可以节省大量的人力、物力、财力与时间。在网络环境下调查的速度也极快，同等规模的调查，用传统调查方法往往需要几个月甚至半年的时间，而采用网络调查法最快几天即可完成一次从问卷设计到得出调查结论的全过程。

（四）交互性

交互性是互联网的重要特性之一，网络调查法自然也体现了这一点。调查对象不像在传统调查方法中那样单纯、被动地接受调查，而是可以随时在网上与调查者互动。大到调查主旨，小到调查问卷中的某一具体问题或答案，调查对象都能够自由发表自己的建议与意见，这有利于及时纠正偏差，完善调查工作。

（五）自由性和隐匿性

在网络调查中，调查对象大多是自愿参与调查，不必露面且可以匿名，同时无须直接面对调查者，因此可以毫无顾虑、独立自主地通过网络回答问题，从而在一定程度上保证调查结果的客观、真实，也有助于调查一些隐私性、敏感性的问题。

02 第二节 网络调查法的实施

目前常用的网络调查法有网络文献法、网络问卷调查法、网络访谈调查法、网络观察调查法与网络实验调查法。网络文献法的实施主要通过专业网站或搜索引擎收集网上既有的资料，可以说是传统文献法的补充，无须借助专门的计算机和网络技术，比较简单。下面重点介绍其他四种常用的网络调查法。

一、网络问卷调查法

网络问卷调查法也称为网上问卷调查法，简言之，即在互联网上进行问卷调查的方法，是当下最主要和最常用的网络调查法。其实施主要包括问卷设计、配置网络问卷调查系统、问卷投放与填答、提交、数据整理分析、做出结论、公布调查结果等环节。网络问卷调查法的大部分工作原则和具体操作方法与传统问卷调查方法基本相同，二者最大的区别是网络问卷调查法需要专门的计算机网络系统平台提供服务与支持，另外，网络问卷的投放方式主要是通过多样化的网络渠道。

（一）网络问卷调查系统的配置

网络问卷调查系统在网络问卷调查中的作用至为关键，不仅是调查对象填报问卷、与调查者互动的平台，而且是调查者的主要工作场所，信息的发布、数据的收集、存储、整理、分析乃至调查结果公布等，都要通过网络问卷调查系统进行。因此，调查者决定运用网络问卷调查法进行调查时，就应该着手落实配置网络问卷调查系统。

一个完整的网络问卷调查系统包括以下几个部分：

第一，要有能够供本次调查使用的高性能网络服务器，以保证网络问卷调查系统软件在网络环境下持续正常运行，为网上用户提供共享信息资源和各种服务。调查者若本身没有高性能网络服务器，则需要租用第三方的服务器或云服务器。

第二，要有用于本次调查的网络问卷数据库、用户界面和后台处理程序，并将它们搭建在高性能网络服务器上。

网络问卷数据库就是存储、管理问卷有关数据的软件系统，包括问题、答案、编码、数据规则、数据视图、数据接口、一般的数据分析等。如果网络服务器原有的数据库容量足够，而且功能方面完全能够满足本次网络问卷调查的需要，那么可以不另建数据库，否则就要使用计算机网络数据库软件，重新设计专用的数据库。

用户界面是指供网络问卷调查对象填答、提交问卷以及与调查者进行互动的计算机界面，上面能呈现问卷图形、操作按键、菜单、窗口等。一般网络问卷调查的用户界面并不复杂，但也需要兼具社会调查与网页设计知识的专业人士来精心制作。

后台处理程序是指搭建在网络服务器上的对问卷数据录入、检验、存储，对调查过程中的有关问题进行控制及处理的操作程序。它需要根据网络服务器的类型、特性，结合调查的需求，使用专门的后台服务器软件来设计制作。

第三，完成互联网注册。完成了上述工作，只是完成了网络问卷调查系统硬件与软件方面的基础建设，完整意义上的网络问卷调查系统还必须能够在网络服务器上正常运行。为此，就得进行互联网注册，即向互联网域名注册服务机构申请域名并将域名解析获得网址，同时购买数据空间和办理网站备案、确定网址等各种相关手续。

综上所述，只有制作好网络问卷数据库、用户界面和后台处理程序并将其搭建在网络服务器上，再将域名注册及相关事宜办好，可供调查使用的调查问卷等各种程序能够通过浏览器正常访问，调查者才完成了网络问卷调查系统的配置，才能进入调查的下一个步骤，即在网上宣布调查开始并投放调查问卷。

当然，有一点需要说明：网络问卷调查系统的配置是网络问卷调查必不可少的重要步骤，但该系统并不一定需要调查者亲自制作，调查者可以选用第三方制作的网络问卷调查系统。有关内容我们将在下面予以介绍。

(二) 网络问卷的投放

调查者开始进行网络问卷调查时，就已经开始全面投放问卷。目前，线上的问卷投放方式主要有以下几种：

1. 站点投放

站点投放就是调查者把问卷的网址链接发至各个站点，调查对象打开链接进入调查的用户界面并填答、提交问卷。此处的站点主要包括两方面：一是指网站，包括调查者本部门对外公开的网站和社会上其他各类网站；二是指各种社交网络应用，包括微信、微博、抖音、QQ、贴吧等。这是最主要的网络问卷投放方式。

2. 电子邮箱投放

调查者向目标人群发送含有问卷链接的电子邮件，电子邮件接收者打开链接并进行上网填答、提交问卷。

3. 短信投放

调查者向目标人群发送含有问卷链接的短信，调查对象利用手机等智能移动设备打开链接并回答问卷。

4. 第三方网络调查服务投放

专业调查机构或调查公司有偿接受调查者的委托，从所拥有的客户资源中，确定符合调查要求的样本，让他们接收问卷链接并进行上网填答、提交问卷。

另外，调查者也常常采用线下投放网络问卷的方式，主要通过人工在社会上散发或张贴印有调查问卷链接网址或二维码的纸质海报、传单、报刊等，调查对象可打开链接或扫描二维码并进行上网填答、提交问卷。

以上问卷投放方式各有利弊。站点投放的便捷性高、受众广泛，但调查对象都是偶然产生的，不一定符合调查者的要求，而且答题率也难以保证。其他几种线上投放方式虽然可以确认调查对象，答题率也有一定保证，但受众有限，便捷性也不如站点投放高。因此，在网络问卷调查的实践中，调查者为了扬长避短，一般都是以站点投放为主，综合使用其他问卷投放方式。至于线下投放，则多作为一些实体服务的衍生行为使用，如餐饮、酒店、娱乐等商家在为顾客提供服务后，现场请顾客扫描二维码填答问卷等。这种线下投放方式其即时性和应答率都不错，对于一些简单的调查问卷往往颇为有效。

(三) 第三方网络问卷调查系统的运用

在网络问卷调查中，调查者最好是使用自己制作的问卷调查系统进行调查，这样能够与自己的调查需求高度契合。但是，配置网络问卷调查系统需要一定的成本，还需要专人维护，所以越来越多的调查者选择使用第三方制作的专门的网络问卷调查系统。特别是在云计算蓬勃发展的背景下，第三方网络问卷调查系统已经很好地将有关的硬件、软件、网络等系列资源统一起来，实现了数据的收集、存储、计算、处理与共享，可以满足多种调查需求。因此除了有特殊需求的调查或大型、复杂的调查，一般调查不一定要自行配置网络问卷调查系统。

目前，我国已有一批相当出色的第三方网络问卷调查系统。其中影响较大、使用率较高的有腾讯问卷、问卷网、问卷星等。这些网络问卷调查系统功能齐备，问卷的制作、发布、回收、存储、统计、分析等整套工作一应俱全，而且简便易行，只要登录用户界面，按照提示一步步进行操作即可。下面以问卷网为例，简要介绍其操作步骤。

步骤一：新建项目。在项目列表页面单击"新建项目"，即可开始问卷调查，进入创建问卷页面。

步骤二：创建问卷。进入创建问卷页面后，选择创建问卷类型和创建方式，创建问卷类型有问卷调查、考试测评、报名登记表、满意度调查、投票评选 5 个选项；创建方式有空白页面创建、复制模板库项目创建、导入已有文本创建 3 个选项。选定后即可进入编辑页面。

步骤三：编辑问卷。进入编辑页面后，选择编辑题目，添加相应题型，并可对题目和选项进行显示和逻辑限制。此外还可以设置整体主题格式，上传封面及页眉图片等，让问卷更具个性化。

步骤四：发布问卷。问卷编辑完后，单击页面右上角"发布并分享"按钮。进入发布成功页面后，系统会自动生成答题链接和二维码，调查者可将问卷分享给调查对象。该系统设置了短信分享、电子邮件分享、网站嵌入 3 个按钮。同时调查者可以设置答题限制，如答题次数、访问密码、受访者条件、开始与结束时间等。

步骤五：结果回收。所有答题信息会即时同步到问卷管理后台，系统利用数据库的基本统计分析功能将数据整理、分析后，用统计报表、交叉分析、数据详情、来源分析予以呈现。进入问卷的分析结论页面，即可直接查看接收到的答题数据与统计分析结论。如果调查者不满足于系统的基本分析，也可以单击"导出"按钮下载所需数据和报表，再另外运用专业的统计分析软件进行其他较复杂的统计分析。

其他网络问卷调查系统的使用方法与问卷网大同小异。不难看出，第三方网络问卷调查系统的运用，极大地降低了问卷调查的难度。相信在这些系统的帮助下，会有越来越多的人掌握问卷调查这一认识社会、改进社会的重要方法。

二、网络访谈调查法

网络访谈调查法也称为网上访谈法，是指在网上通过访谈收集信息和数据的方法。与线下访谈一样，网络访谈调查法分为网络个别访谈与网络集体访谈。网络个别访谈是指在网络上进行一对一的访谈；网络集体访谈则是指在网上进行多人的讨论、开会。

（一）网络个别访谈

网络个别访谈是与网络交流平台、社交网站共生共长的。

20 世纪末，互联网进入中国后的最初几年，人们在网上的交流主要通过电子邮件、网络论坛和网上聊天室等工具，它们同时也是进行网络个别访谈的主要平台。其中，网络论坛由美国人苏思发明，当时它还只是一种简单的文字交流工具，而且和电子邮件一样，都是非实时互动的。中国第一家网上聊天室是 1996 年广东省电信有限公司湛江市分公司建立的碧海银沙，尽管那时的聊天室没有语音、视频功能，只能用文字交流，但实时互动的功能仍然吸引了大批用户，它上线短短一个月用户就超过了 1 400 万人。紧接着网易、搜狐、新浪等大型门户网站也都建立了各自的聊天室。一时间网上聊天室在全国铺天盖地建立起来，成为当时一对一交流、访谈的最主要的平台。

进入 21 世纪后，随着计算机网络技术的日新月异，特别是手机、平板电脑等移动终端的普及，网络交流平台和社交网站跨入了极速发展的时期。一方面原有平台都在尽力提升、改进各自的功能。例如，网络论坛与各种网络聊天室都增加了语音、视频等功能。另一方面在全球范围内一大批功能卓越、使用方便的网络交流平台、社交网站接踵而至。

WhatsApp 由美国的库姆与阿克顿创建，后被脸书（Facebook[①]）收购，是全球第一大网络聊天软件，据统计，2021 年活跃用户数量已达 20 亿人，覆盖世界 200 多个国家。Facebook Messenger 则是脸书自主研发的全球第二大网络聊天软件，2020 年活跃用户数量已达 15 亿人。这两个软件的功能基本相同，都可以通过互联网进行语音通话及视频通话，并可以使用标准移动网络电话号码向其他用户发送短信、文件、图片、视频、音频、联系人信息、用户位置等。目前，它们已成为国外网络个别访谈的最主要的平台。

Netmeeting 是 Windows 系统自带的网上聊天软件，意为"网上会面"。其交流方式可以选择文字、语音或视频。它的最大特点就是功能实用，上手简单，用户只要知道计算机 IP 地址就可以与另外一台计算机的用户实现互动交流。由于全世界大多数计算机都使用 Windows 系统，所以这一网络交流平台也很常用。

1999 年，QQ 的前身 OICQ 上线，我国开始进入了网络交流平台发展的新时代。在其后的近 10 年间，先后出现了 QQ 与 MSN 的两分天下，人人网、开心网、新浪微博等网络交流平台风靡一时。直到 2011 年，腾讯的又一产品微信横空出世，从此开辟了腾讯以微信与 QQ 两只拳头雄霸中国网络社交市场的局面。尽管之后也出现了许多网络社交平台，但是除了陌陌等少数几个网络社交平台尚有一席之地，其余多已不复存在。截至 2021 年，微信的活跃用户数量已突破 12 亿人，QQ 也有近 6 亿人，它们成为我国

[①] 编者注：自 2021 年 12 月 1 日起，Facebook 改名 Meta，为了便于理解，本书沿用 Facebook。

最主要的网上交流和个别访谈平台。

与传统的个别访谈相比，网络个别访谈具有灵活、便捷、节省成本、没有空间壁垒的优点，尤其是最后一点，在一些特殊场合表现得尤为突出。例如，新型冠状病毒肆虐期间，部分区域封闭，了解社会上的有关情况主要依靠网络个别访谈。

网络个别访谈的缺点也很明显，访谈者不能直接接触访谈对象，就很难同访谈对象建立融洽、友好的关系，导致难以进行深度访谈。在访谈过程中，即使是通过视频实时互动，也难以即刻感知和捕捉访谈对象的情绪变化，因此无法及时针对访谈对象的反应做出相应的调整。另外，由于访谈者与访谈对象不在同一现场，有些访谈技巧就无法被使用，如无法通过一些动作控制访谈过程。

至于网络个别访谈的方法，与传统的个别访谈并无多大区别，线下访谈的技巧基本也适用于网络个别访谈。

（二）网络集体访谈

网络集体访谈也称为网上讨论法、网上会议法，是现在很常用的网络调查方法。目前，可供网络集体访谈的网络交流平台非常多。凡是具备语音、视频、群聊功能的网络交流平台都可以实现网络集体访谈。但在实际操作中，由于各个网络交流平台对同时在线交流人数都有限定，以国内最流行的几个网络交流平台来说，QQ 是 20 人、微信是 9 人、陌陌是 6 人，集体访谈的主持者需要根据参会人数选择网络交流平台。网络集体访谈的人数通常不会超过 20 人，因此上述平台基本可以满足需要。

如果是人数很多的网络集体访谈，现在也有不少专门的网络会议平台可供选择，其中影响较大的国外有 Teams、Zoom 等；国内有钉钉、飞书、企业微信、腾讯会议、华为云 WeLink、云视讯、天翼云会议、瞩目、好视通等。这些网络会议平台各有特点，容量也有所差异，但基本功能大同小异。下面选择几家为代表予以简介。

1. Teams

Teams 是微软在 2016 年推出的一款即时通信的团队协作工具，可以同步进行文档共享，也可以为使用者提供语音、视频会议等服务，是集合了聊天、会议、呼叫、文件、应用等多种功能的综合性工作平台。最多可支持 300 人同时在线。

2. Zoom

Zoom 是一款专门的视频会议软件，于 2013 年上线。Zoom 的功能十分强大，将移动协作系统、在线会议系统、多方云视频交互系统三者无缝融合，同时支持各种设备及系统加入会议，可以满足用户多方面的需求。Zoom 在会议之外还提供群聊服务。最多可支持 500 人同时在线。

3. 腾讯会议

腾讯会议是腾讯在 2019 年推出的一款专门的视频会议软件，是基于腾讯多年音视频经验的多人远程交流平台，适配现代会议室软硬件协作系统，随时随地可以开启高清的音视频会议体验，还有分组讨论、云端录制、自动会议纪要等功能。最多可支持300人同时在线。

4. 云视讯

云视讯是中国移动通信集团有限公司开发的一款移动便携式视频会议软件，具有会议、监控、直播等多种功能，支持视频会议、语音会议、远程会议等会议形式。云视讯以云计算为核心，能够提供多台高性能服务器，进行多方视频沟通。最多可支持300人同时在线。

5. 好视通

好视通是深圳齐心集团股份有限公司基于云计算技术开发的一款网络视频会议系统，集合了音视频交互、电子白板、文档共享、远程控制等功能，不仅能够召开远程视频会议，也能够提供便捷的共享服务。最多可支持500人同时在线。

网络集体访谈在效率、便捷性和成本等方面，显然远远胜于传统的集体访谈，使其越来越受人们青睐。自2019年底发生新型冠状病毒肺炎疫情（简称新冠疫情）以来，这一方法被社会各行各业广泛采用，发挥了巨大的作用。尽管网络集体访谈法也存在着与会人员之间没有实际感情交流，不利于人际关系建设等缺陷，但瑕不掩瑜，其发展前景将会越来越好。

三、网络观察调查法

网络观察调查法也称为网上观察法，是指观察者通过在网上观察调查对象的行为收集资料的方法。根据观察者的角色不同，网络观察调查法可以分为网络非参与观察和网络参与观察两大类。

（一）网络非参与观察

网络非参与观察也称为网络局外观察，是指观察者在网上不公开自己的身份，也不参与任何活动，完全以一个局外人、旁观者的身份，以潜伏的方式观察和记录调查对象在网上的活动。这种完全潜伏、不被发现的方式在现实社会的调查中较难做到，但在网上很容易实现。

网络非参与观察获得的信息比较客观、真实，但要注意避免侵犯他人的隐私权。为此，许多观察者采取事先招募志愿者的做法，每次进行网络非参与观察时，从这些志愿者中选择观察对象即可。

（二）网络参与观察

网络参与观察也称为网络局内观察，是指观察者在网络上以局内人的身份参与观察对象的活动，观察和记录有关信息。根据参与程度不同，网络参与观察又分为网络完全参与观察和网络不完全参与观察。

网络完全参与观察是指观察者完全深入到观察对象所处的社会群体之中，不公开自己的身份，而是扮成其中一个成员参与到该群体的正常活动中进行观察，在整个观察过程中，该群体的其他成员都相信观察者是这个群体中的一个普通成员，并不知道他是一个观察者。例如，在网上举行的某明星粉丝团与该明星的交流活动中，观察者以粉丝的身份参与互动，同时观察和记录其他粉丝的活动状况。这种观察方式能够保证收集到的信息具有一定的客观性，但有"欺骗"之嫌，可能涉及一些法理及社会伦理道德问题，使用时须慎重。

网络不完全参与观察是指观察者以公开的真实身份参与到观察对象所处群体的活动中进行观察及收集资料，而该群体的所有成员都知道他是一个观察者。在这种情况下，观察对象的言行举止往往会有失常态，从而降低观察结果的客观性与真实性。在线下的不完全参与观察的调查中，观察者是通过与观察对象建立融洽关系、消除后者顾虑来解决这一问题的，而在网上，观察者与观察对象很难建立融洽关系，因此解决这一问题的办法就是参加熟人组织主持的群体活动，或者由自己发起一个活动。例如，在聊天网站发起一个热门话题讨论，说明活动的目的是了解人们对这一问题的态度和看法，自愿参加。在这种情况下，即使观察对象知道观察者的身份，也不会有太大的顾虑。

网络观察调查法具有简便、及时、所获信息客观和真实的优点。但其最主要的缺陷就是收集资料的范围有限。由于网络观察调查法观察到的只是观察对象在网上的活动情况，所以现实世界的资料不可能通过这种调查方法获得。这一点使其作用远远不及调查范围基本没有边际的网络问卷调查法和网络访谈调查法。

四、网络实验调查法

网络实验调查法也称为网上实验调查法、网上实验法，是指调查者有目的、有意识地在网上进行实验，验证假设，探讨现象之间因果关系的方法。其具体做法有两种：

一种是在用计算机仿真模拟出的人造环境中进行实验。例如，为了优化城市交通控制系统，在网上模拟出城市的交通环境，在其中将若干设计方案逐一实施，并进行比较、筛选，力求选出最优的设计方案。

另一种是在自然发生的互联网环境中设置一些条件进行实验。例如，美国的克雷默等人为了验证网上人们情绪感染的影响力，基于脸书进行实验，通过在新闻提要中减少情感内容的数量来审视情绪感染的程度与范围。实验显示，当新闻提要中的积极情绪内容减少时，负面回帖的比例会提高；反之，当新闻提要中的消极情绪内容减少时，正面回帖的比例就会提高。调查者就此得出结论：在脸书这类社交网站上，人们的情绪表达会受到其他人表达方式的影响，借助网络，情绪的感染完全可以超出人与人面对面互动的范围。

网络实验调查法不受时空的限制，因而可以在实验中使用大规模群体样本。国外有许多招募上千调查对象和随机抓取数百万调查对象的网络实验调查案例，这在线下实验调查法中是无法实现的。

网络实验调查法的实施过程主要依靠预先编好的计算机程序自动进行，不仅降低了人工成本与时间成本，更能有效控制外来因素对实验的干扰。同时实验过程中的数据信息能够被实时记录，许多线下实验调查法中难以记录或常常被忽略的数据能够得以保存。

不过，目前许多现实世界中的实验无法在网上进行，因为网上没有支持这种实验自然生成的环境条件，同时用计算机仿真技术也难以模拟出来。例如，国家政策调整方面的实验等无法通过网络实验调查法进行，这就使得网络实验调查法虽有优势，但作用受到很大限制，所以在社会调查中尚不能广泛应用。

03 第三节 使用网络调查法需要注意的问题

在网络调查法的使用方面，需要注意以下几个问题。

一、注重适用性，扬长避短

网络调查法虽然有突出的优点，但并不能适用于所有的调查。它适用于那些需要大量样本数据、时空跨度大、时效性强的调查项目，却不适用于对人包括群体的调查，以及需要对事物做出全面、深入探讨的调查。这是因为在网络虚拟环境中，调查者不能直接接触调查对象与社会现实，所以就无法同调查对象产生必要的情感交流，也无法了解到社会现象或社会事物感性、生动、具体的一面，从而影响调查的质量。因此，在使用网络调查法时，必须充分考虑适用性问题。

二、仔细甄别资料的真实性与准确性

虽然我国已有网民身份认证的法律规定，但网上仍然鱼龙混杂，许多网民的身份不能确认，所以在参与网络调查的调查对象当中，总有故意捣乱的不良分子。调查对象大多是在分散、隐蔽的状态下填答问卷，调查者不能确知是否有代答、多答等无效问卷的存在。长期以来，网上一直有所谓"五毛党""网络水军"等存在，制造了大

量的虚假信息。这些都对网络调查法所获信息的真实、准确提出了挑战。对此，调查者要设法应对，具备分辨信息真伪的能力。有的调查者为了解决这一问题，在网络调查法之外，用同一份问卷另行组织小样本进行线下调查，通过比对调查结果对网络调查法获得的信息进行检验，这种做法值得推荐。

三、充分考虑调查对象的代表性

网络调查中的调查对象来自网民。截至 2021 年 6 月，我国的网民人数是 10.11 亿人，互联网普及率为 71.6%。网络调查中的调查对象能否代表该地区人们的利益和诉求是个问题。即使在网民中，情况也千差万别，网络调查很难通过分类抽样将同质性高的调查对象集成一个样本，所以调查对象的代表性无法确认，调查结果究竟有多大适用性需要仔细斟酌。这一点，在评估调查结果和得出调查结论时，必须特别注意。

本章小结

思考题

1. 什么是网络调查法？它有哪些特点？
2. 网络问卷是如何投放的？
3. 如何运用第三方网络问卷调查系统？
4. 什么是网络访谈调查法？
5. 网络观察调查法有哪些类型？举例说明。
6. 网络实验调查法是在什么网络环境下运行的？
7. 使用网络调查法需要注意哪些问题？

第十二章 大数据调查法

本章提要

本章主要介绍了大数据调查法的概念与特点,描述了大数据调查法的实施,并指出了大数据给传统社会调查带来的挑战与机遇。通过本章的学习,学习者可以大致了解和掌握大数据调查法的基本知识和基本方法。

学习要求

1. 了解:大数据的概念与特点;大数据调查法的优缺点;大数据给传统社会调查带来的挑战与机遇。
2. 掌握:大数据调查法的概念;大数据调查法的实施。

01 第一节 大数据的概念与特点

一、大数据的概念

近年来,"大数据"这个名词越来越流行,各行各业都在谈论大数据,也在感受大数据带来的影响。要理解大数据,就要先理解什么是数据。数据是指对客观事物符号化的记录。事实上,数据作为记录人类活动痕迹和信息的一种方式,从古至今一直存在,但在进入大数据时代之前,只有极少部分人类的活动痕迹以文献等形式被记录了下来。这些数据都是人为加工而成的,不是人类活动最原始信息的记录,因此规模不大。

随着互联网、数字移动终端、各类传感器的普及,数字通信技术的飞速发展,数字存储设备成本的大幅下降,以及计算机计算能力的大幅提高,人类社会产生并存储的数据呈现指数级增长。据统计,2006年全世界的数据量为0.16ZB,而根据国际数据公司2020年公布的《数据时代2025》,到2025年全世界的数据量将达到175ZB。这种短时间内数据量爆炸式的增长导致传统的计算机存储、计算模式无法处理,为了解决这个问题,一个新的概念"大数据"便应运而生,相关技术也得以蓬勃发展。

大数据(big data)是指由于数据量过大、结构过于复杂,传统计算机系统及数据处理软件难以快速、有效处理的海量数据。大数据之所以既"大"又"乱",是因为其来源极为丰富,形式上几乎涵盖所有种类和结构的数字存储数据,如手机短信、通话记录、手机定位数据、手机照片、监控摄像头的监控视频数据、汽车内部各类传感器获取的实时数据、计算机系统产生的日志、互联网上发布的微博、证券交易所的交易记录、网络电商的交易记录、工业生产线中的传感数据、科研数据等。凡是能被计算机系统自动实时采集、传输、存储的数据,都可以成为大数据的一部分。

在进入大数据时代之前,社会调查中数据的获取往往通过抽样调查实现,它只是总体的抽样数据,数据量较小、结构规范。而与传统调查数据不同,大数据不是通过抽样调查获取的数据,而是人类全方位活动的实时状态数据,其产生主要是通过计算机系统对人类活动或周围环境进行自动实时采集、传输、存储。可以说,大数据时代,人人都是数据源,每个人的活动和社会痕迹都在不知不觉中被实时记录下来。广义上的大数据虽然也包含传统调查数据,但从数据量上来讲,传统调查数据只占其中的极小部分。当讨论大数据这个概念时，我们针对的往往是能被计算机系统自动实时采集、传输、存储的数据。

二、大数据的特点

人类活动的各个方面都在产生数据，而这些数据被实时采集后汇聚到相应的计算机系统便形成了数据流。可想而知，这样的数据流体量极大、流速极快、结构极复杂，数据处理方法也因此发生了革命性改变。2001年，美国数据分析与咨询专家兰尼首次提出了"3V"模型，用以描述大数据的特征。"3V"即大容量（volume）、高速度（velocity）、多种类（variety）。随着相关技术和商业模式的发展，"3V"逐步扩展至"5V"，增加了低价值密度（value）和真实（veracity）两个特征。

（一）大容量

大数据的体量巨大，许多相关企业、政府、科研机构的大数据系统为TB级别，甚至有的单位已达到了PB、EB级别，而传统调查数据的数据量往往只有MB级别。在容量上，大数据大约是传统调查数据的百万倍甚至万亿倍。正是因为当今人类社会充满了海量的数字设备作为传感装置，这些数字设备自动实时采集信息，并通过通信网络、互联网将数据传输、汇聚成大数据。

（二）高速度

高速度是指数据的高速产生和处理。由于数据源极多，当所获取的数据都传输到大数据系统时，单位时间内流入的数据总量极大，这便导致数据输入速度极快，这时就有了数据流的概念。而传统调查数据存储、处理方法无法应对如此高速增加的数据。例如，一台个人计算机往往只有GB到TB级别的存储空间，若数据流在瞬间便可以填满计算机的存储空间，就会导致传统调查数据集静态存储在计算机系统中，手动执行分析的处理模式也就无法快速应对大数据的高速度。因此，相应的计算系统和计算模式便应运而生，如分布式系统和分布式计算等，数据处理速度也大幅提高至与数据流入相匹配的速度。

（三）多种类

大数据的种类极多，数据结构复杂。传统调查数据大多为结构化数据，即在逻辑上以二维表格形式表达的数据。大数据不仅仅包含结构化数据，而且包含半结构化和非结构化数据，如文档、图片、音频、视频、电子邮件、网络日志、短信等。结构化数据便于使用各种统计分析软件和工具进行分析，而非结构化数据由于种类繁多、结构不确定，其分析方法也难有统一的形式。大数据绝大部分都是半结构化和非结构化数据，所以对半结构化和非结构化数据的加工和分析是大数据研究与应用的重中之重，相关技术和工具也在快速发展。

（四）低价值密度

传统调查数据往往是调查者和数据采集者有目标和有针对性地获取的数据，因此单位数量下，其价值含量很高，即价值密度高。而大数据是电子设备对实时状态无差别、无筛选地自动采集，因此具有低价值密度。例如，对于刑事侦查而言，一个长度为24小时的监控录像，可能只有几分钟甚至几秒的视频片段是有价值的。再如，某计算机系统出现故障，工程师查看系统日志寻找故障原因，系统日志实时采集了全时段的系统状态数据，而真正有价值的数据只在出现故障的时间段内，它往往只是系统日志中极小的一部分。

值得指出的是，大数据具有低价值密度并不代表具有低价值。当数据量巨大时，整个数据集的价值量也是巨大的。大数据中部分数据之间可能存在交互性，而这是传统调查数据所不具备的。

例如，移动运营商和相应政府部门拥有手机用户的实时定位数据，数据内容可以包含时间点、地理位置信息（经纬度坐标）、手机信息、附近基站信息等，这些信息可以清晰描绘出用户的行动轨迹。若将所有用户的定位数据汇总后进行分析，便可以识别出哪些用户在何时、何地可能出现过交集。这项大数据在针对2019年底爆发的新冠疫情的流行病调查分析中，起到了巨大作用。这便是数据之间存在交互性的体现。

再如，某用户在网络电商如淘宝、京东等网站搜索、浏览、购买了一些商品。商家希望通过分析用户在网站上的各种活动数据来推荐其最可能购买的商品。为此而设计的推荐算法不仅利用用户自身的数据，还会利用其他用户的特征数据来寻找与其相似的用户，并将相似用户购买的商品作为推荐。

可见，大数据时代，看似不相关、价值低的数据，因其体量大、潜在交互性强，往往蕴含着传统调查数据无法比拟的价值。

（五）真实

真实是指大数据的正确性和准确性，即数据的质量。大数据是通过移动终端和网络终端即时地、自发地、不间断地产生并存储的，而不是人工专门收集或有意提供的，所以相对客观、真实。当然即便如此，也不能保证数据的源头和采集过程就毫无纰漏，因此数据是否真实、是否存在虚假数据、如何识别虚假数据等是大数据相关从业人员必须注意的。另外，数据的采集是否存在偏差、数据的可操作性、数据的管理、数据的隐私等都是数据质量的重要衡量标准。

三、大数据平台与大数据服务

在介绍大数据调查法之前，我们需要了解什么是大数据平台和大数据服务。大数据平台是指一套专门处理海量数据存储、计算及数据流实时计算的计算机网络基础设施。它采用了各类分布式架构并运用了高并发、高可用的处理技术。大数据服务是指以大数据平台为基础，向最终用户或应用程序提供各类数据及衍生服务。典型的大数据服务包括数据银行、商业智能分析、社交平台流量分析、智能客服、广告定位投放等。由于大数据平台结构复杂，搭建、运行、维护成本高，一般只有大型企业，尤其是 IT（information technology，信息技术）企业，以及部分政府机构才有条件拥有。国内著名的大数据平台及服务提供商有阿里云、腾讯、百度等。除此之外，著名的大数据交易平台有阿里云 API 市场、京东万象、天元数据、贵阳大数据交易所、上海数据交易所等。

对于大数据调查而言，调查者关注的是大数据服务提供商提供的数据类服务和智能分析服务。在 IT 领域，阿里云引入了"中台"这一概念，本质上就是以大数据平台为基础，为各类大数据终端产品提供基础类组件式服务。其中，数据类服务称为数据中台，人工智能类服务称为人工智能中台。本书为了便于读者理解，将"中台"的概念简化为大数据服务。然而，许多数据类服务并不向外界公开，或仅通过 API（application program interface，应用程序接口）向被授权用户开放部分数据，因此进行大数据调查可能需要与大数据服务提供商合作。在本章第三节大数据调查法的实施中，我们会做进一步说明。

02 第二节 大数据调查法的概念与特点

一、大数据调查法的概念

大数据调查法是指以大数据平台或大数据服务作为数据和信息来源的调查方法。从一定意义上讲，大数据调查法是文献调查法的延伸，是将大数据服务提供的原始数据（大多是实时状态数据）视为一种特殊的文献，并对该类文献进行调查。由于大数据的各种特征，传统文献调查法无法有效处理大数据这类特殊的文献，因此调查者必须运用相应的大数据平台或大数据服务对大数据进行调查。

根据对大数据应用深度的不同，大数据调查法可以大致分为两类，即数据搜索和大数据挖掘分析。

（一）数据搜索

数据搜索是指通过大数据平台或大数据服务搜索原始数据，并以获取该数据为调查目标。例如，当对某城市的人口进行调查时，调查者可以在大数据交易平台如阿里云 API 市场上，购买人口统计 API，以此获得各个城市的详细人口数据，从而完成基于大数据的数据搜索。

需要指出的是，由于数据搜索只是将大数据服务作为数据源进行简单的数据收集，所需的数据量较小，数据往往是结构化的，也不需要复杂的后续计算分析，因此其对大数据平台及大数据服务的使用只处于较低的层次。数据搜索实质上只是将大数据平台作为数据仓库，较少应用大数据特有的功能与服务，不是真正意义上的大数据调查，而只是以大数据为数据源的文献调查。由于当今许多使用大数据进行的调查研究都是进行此类数据搜索，遂将其列在此处。

（二）大数据挖掘分析

大数据挖掘分析是指利用数据挖掘、机器学习等人工智能算法对大数据中的原始数据进行清理、加工、分析，并最终向调查者提供智能分析结果。例如，根据网络电商销售大数据推测商品行情；根据用户对网络视频的收看数据分析高收视率电视剧的特征；根据某地治安数据分析如何改善治安状况或预警治安事件等。大数据挖掘分析是大数据调查法的高阶应用，也是大数据技术发展潜力的体现。

与数据搜索不同的是，在大数据挖掘分析中，调查者关注的不是大数据的原始数据本身，而是从原始数据中能够挖掘出的知识。一个典型的案例是社交网络舆情分析。社交网络（如微博、微信）的用户会发布各种信息以表达自己对事物和事件的观点，而所有此类信息汇聚成的社交网络大数据便蕴含着巨大的价值。大数据平台可以利用各类人工智能算法，如自然语言处理、语义分析、聚类等，对用户的态度和观点进行推测，如推测其态度和观点为正面还是负面。对于总体舆情调查而言，调查者关心的并不是某条微博的具体内容，而是用户群体的态度。

如无特别说明，本章之后提到的大数据调查都是指大数据挖掘分析。

二、大数据调查法的特点

由于大数据与传统调查数据差别巨大，大数据调查法也出现了许多新的显著特点。

第一，大数据调查法是对已经存在的数据进行调查。与问卷调查法、访谈调查法、观察调查法等不同，大数据调查法并不是收集新的数据，而是对已经存在于大数据平台中的数据进行调查。依然以社交网络舆情分析为例，大数据调查法是调查和分析用户已经发布的历史信息，而不是向用户收集新的数据。大数据调查的研究人员构成也因此发生了变化：许多调查课题需要调查者具有计算机编程能力或需要程序员辅助，对数据进行采集、整理、分析。

第二，大数据调查法不再直接接触调查对象，而是以大数据平台和大数据服务为中间媒介间接获取调查对象的数据。例如，当调查微博用户的信息时，调查者只需要通过微博大数据服务提供商获取数据和分析结果即可，而并不需要直接接触微博用户。

第三，大数据调查法可以对总体数据进行普查。传统调查研究往往必须对调查总体进行抽样。然而大数据是对全样本数据的实时采集，因此对某些调查研究来说，大数据调查不需要抽样，而是对全样本进行普查。例如，对我国铁路春运客流量进行调查，铁路客运大数据平台拥有全部的客运、车次等信息，因此不需要进行抽样，只需要对全样本进行调查即可。许多时候，大数据也无法做到真正收集全样本，无法实现准确的普查。例如，调查者通过微博大数据服务提供商了解全社会对某事件的看法，却忽略了非微博用户而造成偏差。其本质是微博用户只是全体民众中一个带有偏差的抽样，因此该调查也不是真正的普查。

第三节　大数据调查法的实施

大数据调查法的实施大致可以分为以下几个步骤：调查准备、数据获取、数据整理与分析、分析结果表达。

一、调查准备

在明确使用大数据调查法作为部分或全部的调查方法后，与其他调查方法一样，调查者需要为其进行前期准备。前期准备大致由以下步骤组成。

（一）研究问题操作化

调查者需要根据调查课题及数据的结构、内容进行操作化。调查者需要假定关系模式，明确调查的变量。

（二）搜索并选择大数据平台和大数据服务

调查者需要根据调查课题和目标变量选择合适的大数据平台和大数据服务，需要考虑的因素主要包括数据、服务、数据获取形式、成本。

数据因素包括数据量、数据结构、数据真实性等。服务因素包括是否支持获取全样本，是否提供智能分析服务，是否需要自己进行数据清理和分析等。数据获取形式因素包括数据集、应用程序编程接口、数据报告、数据定制等。成本因素包括数据及数据服务的价格等。调查者需要根据调查课题要求，综合考虑选择合适的数据。很多情况下为了研究的可靠性，可以选择多个大数据来源进行调查。

（三）设计数据获取和数据分析方案

根据所选择的大数据平台和大数据服务，明确是否需要自己编程进行抽样，是否需要自己编写算法或者使用额外软件、工具对原始数据进行分析。

二、数据获取

在准备阶段之后，调查者需要从大数据服务提供商那里获取数据。根据是否需要抽样，可以将数据获取分为两类，即总体数据和抽样数据。

（一）总体数据

由于大数据的"5V"特性，对大数据全样本的获取及智能分析几乎不可能由调查者自己完成。一般而言，若研究课题需要对大数据总体进行普查，则需要调查者与大数据服务提供商合作完成。大数据服务提供商根据调查者需求，利用大数据平台进行后续的数据分析及知识表达，并直接将计算结果反馈给调查者。

以目前最主要的拥有大数据源的两家机构为例：

1. 谷歌

作为全球最大、使用最广泛的搜索引擎拥有者，谷歌拥有海量的用户搜索、广告投放等数据。以此类大数据为基础，谷歌建立了完整的大数据生态系统，并在内部利用大数据分析实现全方位业务优化。最典型的例子就是利用大数据分析用户潜在需求并进行广告精准投放，其绝大部分收入来自广告业务。

由于谷歌大数据属于内部商业机密，调查者无法从外部公开获得用户使用数据进行研究。因此相关研究只能在谷歌内部或与谷歌合作进行。例如，谷歌的一个项目——"谷歌研究"是与全世界的研究机构和学者共同进行各个学科的研究，除了计算机相关领域，也包括与社会科学相关的领域，如经济学、电子商务、人类学、历史、语言学、建筑学、艺术设计等。符合条件的调查者可以在谷歌网站上进行合作申请。

2. 脸书

作为社交媒体巨头，脸书在世界范围内拥有近 30 亿活跃用户，其用户数据形成了海量的大数据源。与其他大数据巨头类似，脸书也在用户大数据的基础上建立了大数据生态系统，并依托该系统实现服务及广告投放的优化。作为个人隐私和商业机密，脸书用户完整的基本信息和使用数据不对外公开，但由于每个脸书用户有对外公开的个人动态页面，该类数据可以被外界公开获得。因此，网上有很多使用爬虫等技术手段收集的针对部分用户公开页面数据的抽样数据。然而，调查者若希望利用脸书大数据的总体数据进行调查研究，依然需要与脸书进行内部合作。

与谷歌类似，脸书也提供了专门的研究项目与全世界的调查者进行合作。除了计算机相关领域，脸书也提供了社会科学相关领域的研究合作。除此之外，脸书还有独立的大数据提供服务，如 AD Library、CrowdTangle、Data for Good、Open Research and Transparency 等。调查者可以根据自己的需求，在脸书网站上申请相应合作。

（二）抽样数据

虽然大数据的总体数据理论上可以提供普查的可能，但是真正有价值的数据往往由大型互联网企业和政府机构拥有，而且大多不对外公布。因此，若不能与其进行合作，对一般调查者而言，只能获取抽样数据。大数据的抽样数据由于体量大幅减少，显然不再是大数据，但是其结构与特征和原始大数据无任何区别，因此，后续的数据处理与分析依然有效，也依然可以认为是广义的大数据调查。对于大数据的抽样数据，有以下多种获取方法。

1. 大数据服务提供商提供的 API

许多大数据服务提供商会以 API 的形式向外提供数据。调查者需要利用相应的程序或软件工具调用该 API 从而获得数据。这种形式需要调查者有计算机编程基础或需要有程序员参与调查并帮助调查者获取数据。此类数据获取方式的典型来源包括阿里云 API 市场、京东万象、天元数据、贵阳大数据交易所、上海数据交易中心等。

2. 网络爬虫

网络爬虫是一个自动提取网页信息的程序。对于某些可以从网页获得抽样数据的课题，可以使用网络爬虫获得足够的数据。

3. 数据集

一些大数据服务提供商会将抽样数据以数据集的形式打包后分发出去。调查者可以将其下载到个人计算机或服务器，为后续数据处理做准备。典型获取方式包括：京东万象、谷歌数据集搜索等。

4. 数据定制

数据定制指根据用户的需求对特定的数据进行采集、清理、加工、运算并生成数据结果的过程。目前，许多大数据服务提供商会提供数据定制服务。此类方式可以大大简化调查者自身对数据的处理过程，但调查者需要注意数据的质量、抽样方法等因素。此类数据来源包括：阿里云、百度、腾讯、浪潮、中国知网、中国经济社会大数据研究平台数据定制服务等。国内许多公司都提供特定行业和领域的数据定制服务。

三、数据整理与分析

无论是使用总体数据还是抽样数据，在从大数据服务中获取数据之后，都需要对数据进行整理与分析。不同的是，对于总体数据，数据整理与分析过程依然需要大数据服务提供商根据调查者的需求来进行；而对于抽样数据，调查者可以自己编程或使用合适的计算软件进行整理与分析。

对于传统调查数据，我们往往会先对变量之间的关系作出假设，再利用调查数据检验假设，其目的是以样本推测总体。如果检验后发现假设不成立，则需要修改假设，重新检验。而对于大数据而言，如果是总体数据，则理论上不需要通过假设检验推测总体，直接对总体进行归纳描述即可得出结论。即使是大数据的抽样数据，由于数据量大、数据结构复杂、未经处理的原始数据价值密度低，调查者很难凭空构想出有效的数据关系假设。值得指出的是，即使是总体数据，隐含的假设依旧存在。例如，如何清理数据，如何简化及变换数据等。而对于大数据的抽样数据，如何抽样本身便暗含了假设。总体而言，大数据分析的重点在于数据间关系的发现而不是假设检验，而数据中规律的发现本质上就是计算机和数据科学领域的数据挖掘。

数据挖掘是指从大量的数据中，利用数理统计、人工智能、机器学习等算法和技术，挖掘出隐藏在其中的有价值信息的过程。对大数据进行数据挖掘，与传统调查数据挖掘并无本质区别，只是在具体处理方法上需要引入大数据技术和工具来实现。

对于大数据调查来说，对大数据进行数据挖掘的最终目的是根据大数据建立一个数学模型，并用该模型描述研究操作化确定的调查目标变量。例如，社交网络舆情分析是建立从全体用户发布的信息数据到社会舆论态度的映射关系；网络电商商品推荐是建立用户行为数据到最可能购买的商品的映射关系。

对大数据进行数据挖掘需要按照以下基本流程。

（一）整理数据

大数据的原始数据结构往往是混合、杂乱的，具有明显的非结构化特点，如文本、图片、视频等。为了能够将各类算法模型应用在该数据集上，需要先对原始数据进行整理，并将其转化为统一的结构化数据。由于原始数据体量庞大，这个过程需要使用专门的大数据架构和算法进行，典型的大数据架构和算法如分治和哈希映射等。这一步骤也是对大数据降容降维的过程，其中降容即减少容量，利用算法减少不相关数据；降维即降低维度，是选取大数据的相关特征变量，剔除无关特征变量的过程。

（二）数据分析

大数据经过整理，实现降容降维后，便成为可分析数据，这时便可以引入数据挖掘、机器学习、人工智能算法和应用。数据分析的主要算法包括以下几点：

1. 可视化分析

大数据可视化是指利用图形或图标的形式将数据表示出来。除了常见的柱形图、饼图、点图、走势图，还有金字塔图、K线图、关系网、正态分布图、地理信息系统（geographic information system，GIS）地图等各种各样的展现方式。大数据可视化能够将数据转化为一种便于观察和理解数据趋势、规律的形式。相比于数字和表格，人们更容易被颜色和图案吸引，图形或图标也更容易让人直观理解数据。目前有许多可用于大数据可视化的工具，如 Excel、Echarts、Matplotlib 等。

2. 分类

分类是指预测数据所属的类别，如垃圾邮件检测、情感态度判别、信用卡盗刷自动监测等。典型的分类算法包括朴素贝叶斯、决策树、逻辑回归、随机森林、神经网络等。

3. 回归

回归是指对数据进行连续性分布的预测，如气温预测、空气质量预测、人口估算等。典型的回归算法如线性回归等。

4. 聚类

聚类是指对未知类型的样本进行划分，将相似特征的数据划为一类，最终实现数据分类的算法，如目标用户群体分类等。典型的聚类算法包括 K 均值聚类算法等。

5. 关联分析

关联分析是指挖掘大量数据之间隐藏的关联性。典型应用实例如美国沃尔玛百货有限公司于20世纪90年代发现年轻父亲经常同时购买啤酒和尿布，于是便将这两样商品捆绑销售，从而提高了销售额。之后，电商企业会根据用户购物车里同时出现的商品来分析商品之间的关联性。典型的关联分析算法包括关联规则算法等。

6. 语义分析

语义分析是指自然语言处理的核心，其是确定字符或单词序列意义的过程。语义分析包括文本分类、情感分析、意图识别等。典型的语义分析算法包括隐马尔可夫模型、循环神经网络等。

7. 其他算法

除上述算法以外，还有许多适用于不同场景和数据集的算法，如页面排序算法、深度学习等，此处不再一一赘述。

以上算法的原理和应用属于数据科学和计算机科学范畴，故在此不做详细介绍。

对于调查者而言，如果可以和大数据服务提供商合作，则全部数据整理与分析工作均可由对方完成。调查者只需要提出需求，便可直接取得分析结果。

四、分析结果表达

在完成数据分析后，调查者便可以得到调查准备阶段操作化所确定的目标变量，同时也可以根据数据质量、调查流程、算法选择等对分析结果和模型进行信度、效度的评估。

04 第四节 大数据调查法的评价

由于大数据的特性与传统调查数据和文献截然不同，其获取和分析的方法也截然不同，因此大数据调查法与其他传统调查方法相比，具有鲜明的优缺点。

一、大数据调查法的优点

第一，大数据调查法对一些调查课题来说，具有较高的准确性、可靠性。由于大数据的采集具有普遍性，对一些调查课题而言，大数据近似于总体数据，这在理论上为普查提供了可能，数据偏差小且数据采集过程不涉及主观因素，因此，大数据调查法具有较高的准确性、可靠性。例如，运用铁路客运大数据调查春运客运情况。然而，对于一些其他调查课题而言，大数据依然可能是拥有偏差的抽样数据，这时调查的准确性和可靠性便会受到影响。

第二，大数据调查法可提供全面、丰富、无遗漏的信息。由于大数据的数据源时时刻刻将状态数据传输至大数据平台，不会遗漏信息，大数据调查往往可以提供更加全面的信息。例如，在对新冠疫情的流行病调查分析中，疾病预防控制中心的工作人员利用公安、工信大数据轨迹交集分析筛查出调查对象接触到的陌生感染者。而这些信息是调查对象自身也不掌握的，因此传统调查方法如访谈调查法不可能获得此类信息。特别值得指出的是，大数据拥有海量的社会交互性数据，使得一些社会学调查课题的研究在大数据环境下成为可能。

第三，大数据调查可重复性强，调查效率高、成本低。虽然大数据平台的搭建异常复杂，搭建、运行、维护成本高，而且每一项大数据调查都需要进行针对性研究和算法选择、分析，需要耗费大量的人力、物力，但这些投入大多是一次性的。若某项大数据调查已经设计完毕，则利用已经搭建好的大数据平台和大数据服务，之后进行同样的调查所需的成本极低、速度极快。依然用互联网舆情分析来举例，如果第一次调查是对当月的数据进行调查，之后每个月只需要修改获取数据的时间段便可以得到结果，一切的设计都可以被重复使用。新的调查几乎可以立刻得到结果，所耗费的时间仅仅是算法计算时间。

二、大数据调查法的缺点

第一，数据质量不易保证。大数据调查法完全依赖于数据质量，若数据的信息量不足或有偏差，则无法得出准确、可靠的结论。数据质量往往会受到许多因素的影响，主要包括以下几点：

数据采集存在偏差。例如，我国手机用户的数据不能代表我国全体居民的数据，因为许多偏远贫困地区的居民依然没有手机；微博用户、微信用户的数据不能代表所有互联网用户的数据，更不能代表我国全体居民的数据。如果将此类数据当作更大范围概念的总体数据进行调查研究，便会造成严重偏差。

数据信息量不足以描述客观事实。虽然大数据的种类丰富、数据量巨大，但是每一条数据的特征维度依然有限，也就是信息量依然不够完全。例如，虽然智能手环能实时采集人的心率，但是血压、血糖、血脂以及所吃的食物、所看到的事物等都无法被同时采集。因此，即使大量此类数据汇聚为大数据，其数据结构的缺陷也会导致一些信息的缺失，调查者也就无法进行全面、准确的研究。

维度过高的数据可能出现过拟合。信息量不足本质上来源于数据的特征维度不够，但如果采集的数据具有非常高的特征维度，就可能出现过拟合的现象。例如，智能手环和其他智能设备一起采集人的实时状态，形成更全面的数据信息。这种情况下又可能会造成数据量相对不足，导致数据分析搭建的模型过度描述样本数据而丧失普适性。这种现象在统计学中被称为过拟合。将过拟合的模型作为大数据调查结果也是不准确的。

第二，不适合用于调查大数据时代之前的社会状况。数字时代以前，人类活动的实时状态已经遗失，也就无法形成数据，更不可能形成大数据。即使是进入数字时代，在大数据时代以前，人类活动的实时状态数据也只有少部分被记录下来，因此也无法用大数据算法进行有效的分析。

第三，调查门槛高。大数据数据量大、来源多、结构复杂，导致调查者过度依赖大数据平台和大数据服务进行大数据调查，许多调查课题需要调查者具有计算机编程能力或需要程序员辅助。

第四，大数据的采集和应用存在个人隐私保护和法律问题。许多个人信息在没有得到本人授权的情况下是无法被采集的，即使被采集也不能被随意使用。因此大数据调查不一定能够得到相关调查课题的有效结果。

第五节 挑战与机遇

大数据和大数据相关技术的出现使得社会各行各业都在飞速向智能化迈进。外卖很快就能送到下单用户的手上；有些快递当天就能送到下单用户的家门口；抖音、微博直接给用户推送喜欢的视频和话题，这一切的基础就是大数据。对于社会调查来说，大数据的冲击也是显著的。传统的社会调查需要调查者进行抽样并主动采集数据，而大数据、大数据平台、大数据服务的出现，使得调查者只需要从海量数据里选择数据即可。随着大数据科学与技术的持续发展，尤其是近些年深度学习领域的巨大突破，我们可以设想，大数据的终极形态可能是自动收集所有人方方面面的实时状态，一切信息都存储在大数据中。如此一来，调查者只需要向大数据服务提供商获取数据和服务，便能得到一切答案。当然，这种终极形态是可望而不可即的，但显而易见，大数据的出现对传统社会调查而言是变革性的。

一、大数据对传统社会调查的挑战

相对于大数据，传统调查数据往往都是抽样数据，即小数据。传统的社会学研究都是基于抽样和假设检验进行的。当大数据真的可以代表总体数据之后，就不再需要抽样了，变量关系与假设检验也让位于大数据挖掘与模式发现。这对于传统的社会学研究范式具有颠覆性意义。然而，目前许多情况下，大数据无法做到真正代表总体数据，大数据调查也就无法实现普查，传统的社会学研究范式依然有效和重要。另外，假设检验也依然存在于大数据分析流程的方方面面。

但是，随着大数据的继续发展，大数据对总体的描述越来越准确、可靠，大数据的信息更加丰富，基于总体数据的大数据调查会更有优势。目前，基本上只有大型互联网企业和政府机构才拥有大数据，因此对于社会研究机构而言，能否获得大数据的使用权至关重要。

二、大数据带来的新机遇

理论上，大数据可以提供详尽的调查信息，但在实际中，其依然缺少许多重要的信息。为了填补这些缺失的信息，许多拥有大数据的大型互联网企业、政府机构等会与调查者合作，通过传统调查方法来弥补大数据不足之处。

一个典型的相关案例是著名的"剑桥分析数据丑闻"。

英国的剑桥分析公司使用一款名为"这是你的数字生活"的问题应答式 App 获取了大量用户的信息，这款 App 通过提问方式收集用户的回答，也就是使用网络问卷调查法获得了用户的信息。之后根据这些问卷数据及用户在脸书上的个人信息，剑桥分析公司利用人工智能和机器学习算法创建了用来精确描述脸书用户性格、习惯、情绪等的模型。之后该公司又通过脸书的相关平台收集了 8 600 万人的信息，再将之前创建的模型应用在这 8 600 万人的信息上，从而得到了这些用户的性格、习惯、情绪等推测。随后，在 2016 年美国总统大选时，剑桥分析公司利用这些数据，向潜在选民有目的性地投放了竞选广告，从而影响了选票。之后，脸书和剑桥分析公司因为未经用户许可擅自使用 8 600 万人的信息而备受批评，并受到了法律制裁。

虽然这是一起分析数据丑闻案件，但是充分显示了大数据与传统调查融合的潜力。网络问卷调查法获得的小数据弥补了大数据中缺失的信息。调查者据此获得了准确的用户模型，并利用大数据对大量用户进行数据的收集和反馈。

当研究者需要研究时间跨度较大、包含大数据出现以前的课题时，大数据调查对此无能为力，必须结合传统调查方法如文献调查法、访谈调查法等。例如，对经济规律、战争成因等问题进行研究时，若仅研究当下较小时间跨度，即使使用大数据，得到的模型往往会过拟合，没有普适性，这便需要通过传统调查数据进行修正。

总而言之，现阶段，基于大数据的调查并不是颠覆传统调查，而是与之结合成为新的形态。这为未来社会学研究创造了更多新的机遇。

本章小结

思 考 题

1. 什么是大数据？它有哪些特点？
2. 什么是大数据调查法？它有哪些特点？
3. 简述大数据调查法的实施。
4. 大数据调查法有哪些优点与缺点？

第四编

资料整理分析

第十三章 资料整理

本章提要

资料整理阶段是社会调查深化、提高的阶段,是由感性认识向理性认识飞跃的阶段,社会调查结果的可靠与质量在很大程度上都取决于这个阶段的工作。本章在阐述资料整理的作用、意义和原则的基础上,重点介绍了文字资料整理和数据资料整理的步骤。通过本章的学习,学习者可以大致了解和掌握资料整理阶段的基本知识和基本方法。

学习要求

1. 了解:资料整理的作用和意义;资料整理的原则。
2. 掌握:资料整理的概念;文字资料整理和数据资料整理的步骤。

01 第一节 资料整理的作用、意义和原则

社会调查收集到的资料一般多为文字资料和数据资料。所谓资料整理，是指对文字资料和对数据资料的整理。它是根据调查目的，运用科学的方法，对调查所获得的资料进行审查、检验、分类、汇总等初步加工，使之系统化和条理化，并以集中、简明的方式反映调查对象总体情况的过程。如果说调查阶段是认识的感性阶段，研究是认识的理性阶段，那么资料整理阶段则是从调查过渡到研究、从感性认识上升到理性认识的一个必经的中间环节。

一、资料整理的作用和意义

要做好资料整理工作，就需要先了解资料整理在社会调查中的作用和意义。

第一，资料整理是资料分析的重要基础。要得到正确的调查结论，需要掌握科学的资料分析方法及合理的思维加工方式，这都有赖于调查资料的真实、准确、完整及统一。资料整理是资料分析阶段的开端，其准确性关系到整个资料分析阶段所用数据的质量及分析的客观性。实践经验告诉我们，如果很多错误在资料分析阶段才被发现的话，就需要一步步返回并对错误进行更正，这样耗费的成本是非常大的。因此，在资料整理阶段，一定要以认真的态度和负责的作风，对资料进行认真的甄别、淘汰和修复，以保证整个社会调查的顺利进行。

第二，资料整理是提高调查资料质量和使用价值的必要步骤。社会调查资料的优劣直接决定了社会调查质量的高低。众所周知，由于社会调查的侧重点、调查人员及调查手段等方面的不同，调查得到的资料往往是零碎的、分散的，有时甚至还是虚假的和不完整的。解决这些问题，一是要靠调查者严谨的态度，二是要靠资料整理的细致筛选。资料整理的过程，是对整个社会调查所得资料进行归纳和检验的过程，在资料整理过程中，必须对调查所得资料进行严格的筛选，去伪存真、去粗取精，必要时还需要组织力量进行补充调查，最大限度地保证资料的真实、准确和完整。只有这样，才能使社会调查真实地反映实际情况，并得出正确的结论。

第三，资料整理是保存调查资料的客观要求。社会调查不是一种短期行为，而是人类文明成果的积累。社会调查的原始资料，不仅在现阶段为社会调查研究提供客观依据，而且将这些原始资料作为档案保存下来，能够为今后人们研究同类或相关社会问题提供参考。实践证明，一份直观、真实、完整的原始资料，往往具有长久的保存

价值，能够为今后的社会调查研究提供重要的参考。因此，每一次社会调查都应该认真整理调查所得资料，为今后的社会调查研究工作奠定基础。

二、资料整理的原则

为保证调查资料的质量，在资料整理的过程中，我们应该坚持以下原则：

第一，真实。真实是资料整理最根本的要求。所谓真实，是指调查资料必须是从真实的社会调查中得到的，而不能是弄虚作假、主观臆测，甚至杜撰的。只有真实的资料才可以客观地反映社会现象或社会事物，指引我们得到正确的调查研究结论。错误的调查资料则会误导视听，导致对社会认识上的偏失，而不真实的调查资料比没有调查资料更可怕。

第二，准确。准确是指整理所得的资料必须准确，尤其是统计数据，必须做到严谨。如果整理出来的数据含混不清、模棱两可，甚至自相矛盾，那么社会调查肯定不能得出科学的结论。在这里需要说明一点，准确不是一成不变的概念，对于准确的要求应该从具体的调查研究出发，以能够说明调查问题为尺度来衡量，而不是越精确、越详细越好。例如，对全国居民的人均年收入进行调查，需要精确到元；而在对某县的产值进行调查时，精确到万元就足以说明所要调查的问题了。准确度要求过高，不但没有意义，反而会增加工作量、浪费资源。况且，社会现象或社会事物并不像数学题那样，有一个标准答案，很多时候我们需要使用模糊的概念来进行统计，若在这种情况下，仍然要求越精确越好，则往往会适得其反，使结果更加不准确。

第三，系统。系统包含两方面的内容，一是整理后的资料应尽可能全面、完整，能够真实地反映调查对象的全貌。如果资料残缺不全，就有可能犯以偏概全的错误，甚至失去研究价值。二是整理后的资料应层次分明、结构合理、条理清晰。

第四，一致。一致是指在整理资料时，对各项指标的统计应当有统一的解释，各个数值的计算方法、精度要求、计量单位等也应该是统一的。例如，在对山峰的高度进行调查时，我们通常使用"米"这个统一的单位，从"海平面"这个统一的基础标准出发来衡量。社会调查也一样，必须要有一个统一的基准和尺度，才能使各项调查数据有可比性。

第五，简明。简明是指在真实、准确、系统、一致的基础上整理的调查资料，应当尽可能简洁、明了，力求用最短的篇幅和最集中的方式反映调查对象的总体情况。一大堆杂乱的调查资料，很难使人形成完整的概念，而且会给后期的资料分析工作增加许多困难，因此，我们要尽可能把复杂的事情简单化。

02 第二节 文字资料的整理

文字资料一般有两个来源，一个是实地源，另一个是文献源。前者主要包括非结构式访问调查和观察调查的记录；后者主要是指以文字形式叙述的文献资料，如机构的档案、文件、会议记录，个人的日记、信件、传记、公开发表的调查报告和研究论文等。在社会调查中，定性资料基本上都是文字资料，因此一般把文字资料整理称为定性资料整理。由于文字资料在来源上存在差异，所以其整理方法也略有不同。但是，通常情况下可以分为审查、分类和汇编三个基本步骤。

一、审查

文字资料的审查工作，一部分是实地审查，就是在调查过程中边收集资料边进行审核，另一部分是集中审查，就是在资料收集完毕后集中进行审核，通常以后者为主。对于文字资料的审查，主要解决其真实性、准确性和适用性的问题，即仔细推敲和详尽考察文字资料是否真实、准确和适用。

真实性审查也称为信度审查，即判断文字资料是否真实，以及它是否真实地、可靠地反映了调查对象的客观情况。真实性审查一般采用以下几种方法：

第一种，外观审查。调查者可以从文字资料的作者、出版社、版本、印刷技术、纸张等外在情况来判断文献的真伪。对于调查记录等文字资料，亦可从调查记录的字迹、墨水等外在情况进行审查。字迹不清、时间重叠或缺失的文字资料，都需要调查者提高警惕。

第二种，内涵审查。首先要审查文字资料的编制日期、编制地点、作者、编制目的和编制方法。一般而言，文字资料的编制日期离事件发生的时间越近，其内容就越具体可靠；作者的价值观、政治观和学术观等对文字资料的真实性影响也很大。其次要从文字资料的词汇、概念、风格、技巧等方面判断真伪，如果其内容贫乏、语言含混或雷同，则文字资料很有可能是伪造的。其中需要注意的问题包括以下几点：一是对作者的用词，尤其是多义词、价值语言等进行反复推敲。二是在文笔上需要特别区分"事实"和"对事实的解释与推论"。三是要进行多方面的研究，看作者是否真实地反映了客观事实；资料的叙述是否正确等。

第三种，逻辑审查。根据经验来判断文字资料的可靠性，查看文字资料是否明显违反常理、实践经验，或者违背事物发展规律、前后矛盾。如果是，则应该重新进行调查或核实。

第四种，来源判断。一般来说，实地源的文字资料比文献源的文字资料可靠性要高一些，当事人反映的文字资料比局外人反映的文字资料可靠性要高一些，多数人反映的文字资料比少数人反映的文字资料可靠性要高一些，官方的文字资料比传闻的文字资料可靠性要高一些，有文字记录的资料比口头流传的资料可靠性要高一些，多种来源反映的文字资料比单一来源反映的文字资料可靠性要高一些，引用率高的文字资料比引用率低的文字资料可靠性要高一些等。这些都是判断文字资料可靠性的依据。

准确性审查也称为效度审查，主要审查两方面的内容。一方面是审查文字资料是否符合调查方案设计的要求，资料的调查指标、计量单位、计算公式等是否与调查相匹配以及是否有效用。对于不符合要求的文字资料，如调查指标、计量单位、计算公式不正确或者不属于同一体系等，应先进行同一性转化，如果转化不了，则不应该列入调查资料之中；对于那些离调查主题甚远或效用不大的文字资料应予剔除。另一方面是审查文字资料对事实的描述是否准确无误。如果发现调查资料中疑点较多，存在严重虚假、谎报、漏报等情况，就应立即查明原因并组织力量重新调查。调查者发现调查材料有错误且能够代为更正的，也可由调查者代为更正，并说明情况；不能由调查者代为更正的，一般应进行补充调查，在无法进行补充调查时，就应该弃之不用，以免影响整个调查资料的准确性和科学性。

适用性审查，也就是考察文字资料是否适合于对有关问题的分析与解释，也是一种效度审查，主要包括资料的分量是否适中、资料的深度与广度是否满足需要，以及资料是否集中、紧凑、完整等。

虽然追求文字资料的真实性、准确性与适用性是资料整理的重要目标，但是其工作量大小和工作时间长短，却要视具体情况而定。有一些社会调查采用问卷收集资料，而且只由少数调查者进行，其真实性一般在调查过程中得到了保证，这种情况就不需要专门花费大力气进行真实性审查；有些社会调查的文字资料来源较多、类型复杂，其真实性审查往往不能一步到位，而应当反复多次；有时在纠正一部分差错的过程中，又会带入新的错误，这就需要调查者具有严谨态度和职业敏感度，随时发现问题、解决问题。

二、分类

分类是指根据文字资料的性质、内容及课题要求对其进行归类。文字资料的分类有双重意义，对于全部资料而言是"分"，即将不同的文字资料区别开；对于单个资料而言是"合"，即将相同或相近的文字资料合并为一类。所以，分类就是将资料分门别类，使繁杂的文字资料更加条理化和系统化。

科学、明晰、准确的分类对于资料分析与研究的作用极大，因此在传统的资料整理阶段，这往往是最费时、费力的工作。当代计算机技术的发展，使分类工作大为简化，通过计算机编码程序可以迅速完成对文字资料的科学分类。

资料的分类情况很大程度上影响着最后的调查结论，因此调查者应当给予高度重视，需要本着严谨的态度认真、细致地进行分类。分类是否正确，取决于分类标准是否选择得当和科学。分类标准就是分类的依据。一般来说，在对文字资料进行分类时，应当注意以下几点：

第一，按照调查要求分类。对于同一文字资料，根据不同的标准分类，结果会差异很大。例如，根据调查侧重点的不同，调查者可以把人们的职业分为工人、农民、学生、其他等，也可以分为专业技术类、管理类、职员类、非熟练技术工人类等，还可以依据不同的经济部门将其划分为制造业类、商业类等。甚至在一些调查中，调查者可以把人们的职业只归为蓝领和白领，或者归为自我雇用和被雇用这两类。因此，在调查中采用哪一种分类方式，完全取决于调查者的需要。

第二，不重不漏，即每两个分类之间必须是穷尽且相互排斥的。分类这一概念在离散数学中称作划分，也就是说，最好的分类方式所产生的结果，是全部可能情况的一种划分，所有分类既需要穷尽所有可能，又不能使任何两个分类之间存在交叉。许多人都遇到过这样的尴尬：某些书店对图书的分类不科学，导致消费者不知道所要的书在哪一分类中寻找，可能在这一类，也可能在那一类，或者哪一类好像都不是很贴切。再如，一些门户网站和搜索引擎在收录网站时，对网站类别的划分很不科学，其中既有电脑网络类、文学艺术类、教育机构类，还有个人网站类，而且必须是单选的。这样的分类，对于那些电脑网络类的个人网站来说，会陷入不知应该归于哪一类的尴尬境地，这种现象在资料分类时应尽量避免。

第三，对分类的详略程度要把握得当。在很多情况下，制定分类标准时还需要考虑分类的详略程度。例如，考察某个省的人的年龄分布，可以设计每一岁为一个段来划分，也可以设计每五岁为一个段来划分，甚至可以设计每十岁为一个段来划分。不过要明确一点，我们必须根据课题需要考量分类的详略问题，即如果分类太细，必然会增加工作量；而粗略划分虽然会节省很多时间，但是会使许多信息丢失且难以复原。当某项调查的答案非常简单，并不需要那么细致的分类时，就不用耗费太多的精力去分类，只需要粗略划分即可。例如，调查者提出一个理论假设即北方人喜欢吃面食，希望通过调查对其证实或者证伪，则只需要界定哪些省份属于北方，当知道调查对象的籍贯后，只需要看籍贯是不是属于所界定的"北方"就可以了，而不用管籍贯到底是甘肃、北京还是哈尔滨。当某项调查涉及内容较多、较复杂，或者不知道应该如何对文字资料进行分类时，则需要对文字资料进行较细致的拆分和分类。例如，关于人们对废除死刑的态度的调查，调查对象的态度大致有"赞成""反对""没想好"三种答案。但是，再进一步深究，就会发现同样是持反对态度的人，其出发点各不相同。

有的是试图用死刑来解决中国人口多的问题，有的是怕废除死刑会减少对有犯罪倾向的人的震慑而使得恶性案件增多，有的是希望犯罪分子能够罪有应得，有的甚至是出于某种心理而想将犯罪分子处以极刑等。持赞成态度的人，其出发点也各不相同。对于这类近似开放型的问题，就应当事先按照"不重不漏"的分类原则设计所有的问题和答案。总之，对于任何调查的资料整理来说，非常重要的一项任务就是在分类的详略之间找到一个平衡点。

第四，分类所使用的概念要清楚、完整，所用语言必须准确和规范，符合一般人的理解，不能含混不清，更不能出现歧义。

三、汇编

资料的汇编是指根据调查的实际要求，对分类完成后的文字资料进行汇总、编辑，使之成为能够反映调查对象客观情况的系统、完整的材料。资料的汇编既可以按照人物进行，也可以按照事件发生的时间顺序、背景及分析的要求进行。

资料汇编的方法：首先，根据调查目的和要求及调查对象的特征来确定分类资料的逻辑结构，使汇编后的资料既能反映调查对象的真实情况，又能说明调查目的；其次，应依照既定的逻辑结构对分类资料进行加工，通过摘要、加标题、加符号、编码等方式，将资料重新组合。

资料汇编的目标有两点：一是系统和完整。所有收集的有关材料尽量完整，逻辑顺序层次分明，能够反映调查对象的全貌。二是汇编后的资料集中、简明，用尽量简洁、清晰的文字集中说明调查对象的情况，使人一目了然。另外，对一些引用资料应注明出处和来源，以便进一步分析时参考，如有必要，还可以加上调查者的评价等。

03 第三节 数据资料的整理

数据资料是社会调查中极具价值的资料，主要通过问卷调查、实验调查及其他途径获取，具体包括问卷数据、实验数据及其他各种统计手册、年鉴、汇编和专题数据库等。数据资料是社会调查中定量分析的依据，因此数据资料的整理也称为定量资料的整理。由于数据资料在来源上也存在一些差异，所以其整理方法也略有不同。但是，通常情况下可以分为审核、汇总、清理和绘制统计图表四个基本步骤。

一、审核

　　数据资料的审核是指调查者对调查所得的原始数据资料进行初步的审查和核实，校正错填、误填的答案，剔除乱填、空白和漏填的地方。其目的是使原始数据资料具有较好的准确性、完整性和真实性，为后续资料录入与资料分析工作打下良好的基础。资料的审核是数据资料整理的第一步工作，主要包括两方面的内容：一是检查调查资料中存在的问题，二是针对相关问题重新向调查对象核实。

　　数据资料的审核同文字资料的审查类似，也有两种方式：一种是实地审核，即在实地调查的过程中边调查边审核；另一种是集中审核，即待调查资料全部收集结束后，再进行集中审核。

　　实地审核一般分为两个阶段：第一阶段，调查者在调查即将结束时，要对调查问卷或实验记录进行检查，看是否存在漏记、漏填或逻辑错误的情况。例如，调查对象在填答调查问卷时，对"您的性别？"的问题没有作答；年龄只有 15 岁的调查对象，填答的婚姻状况是"已婚"等。调查者在检查调查问卷或实验记录时，不管多么简单的问题都要认真审核，以免丢失信息，遇到不确定的问题时，要及时找调查对象核实。第二阶段，调查者对调查问卷或实验记录进行审核，对存在疏漏、错误的记录及模糊不清的笔迹等进行核实。

　　实地审核与集中审核各有特点。实地审核的优点是资料的审核特别及时，且效果较好，但其对调查工作的组织安排、调查者的个人能力要求较高，实地审核需要调查工作安排得比较仔细，需要调查者具有及时发现和处理问题的能力。集中审核的优点是审核工作可以在调查者的统一指导下进行，审核的标准比较一致，调查的质量也会相对好一些；但是集中审核耗时较长，若遇到一些需要向调查对象重新询问和核实的问题，会因时间相隔较长或调查地点相距太远而难以实行。

二、汇总

　　汇总是指根据社会调查的目的将调查数据汇集到有关表格中，并进行计算和加总，集中、系统地反映调查对象总体的数量特征。数据资料的汇总可以分为手工汇总和机械汇总，前者适用于数量较少、答案不易统一的数据资料；后者则适用于数量较多、答案比较统一的数据资料。本书着重介绍机械汇总。

　　机械汇总是指借助一切机械来完成的汇总。当前，计算机汇总已经成为机械汇总的代名词，计算机汇总的主要方法如下。

(一) 资料编码

资料编码是计算机汇总的首要工作，是指给社会调查中的每一问题及答案赋予一个数字作为其代码，即将调查获取的信息转化成数字代码的过程。问卷调查或实验调查的数据一般要输入计算机中，用计算机进行整理和分析，资料编码为计算机的输入和分析提供了方便。

资料编码的方式主要有前编码、后编码和边缘编码。前编码又称为预编码，是指调查者在调查方案设计时，事先为每一个问题及答案设置一个数字代码，编码时只要逐一记录调查对象回答的选项代码即可，这种编码方式一般与调查方案设计同步进行。例如，调查问卷中的封闭型问题通常采用前编码的形式。后编码是指调查者在调查结束后，对调查资料进行编码。例如，调查问卷中的开放型问题和封闭型问题中的"其他"选项的编码，通常采用后编码的形式，因为这些问题往往很难预先设计答案，只能在调查问卷回收后，根据具体的答案设定编码。边缘编码是指为了提高数据录入和查错时的工作效率，在调查问卷中预留编码的位置，这些预留的编码位置通常在调查问卷的最右边，并用竖线与左边问题部分隔开，因此称为边缘编码。

下面以调查问卷为例，说明资料编码的方式（如表 13-1 所示）。

表 13-1 调查问卷（部分节选）

A1. 您的性别：1. 男　2. 女	_____
A2. 您的婚姻状况：1. 未婚　2. 已婚　3. 离异　4. 丧偶	_____
A3. 您是哪一年到该市工作的？____年	_____
A4. 您现在从事的工作是____	_____

在表 13-1 中，问题的代码分别是 A1、A2、A3、A4，问题中每个答案的数字就是答案的代码，如 A1 题中，1 表示男，2 表示女；A2 题中，1 表示未婚，2 表示已婚，3 表示离异，4 表示丧偶，这样就把原来的文字转换成了数字。编码时直接将调查对象选择答案的代码写在右边的编码栏中即可。而像 A3 题的答案是具体的数字，即调查对象直接在横线上填答数字，这里就可直接用调查对象填答的数字作为其答案的代码。例如，调查对象在横线上填答了"2010"，则可以直接将这一数字作为答案的代码。

对于开放型问题（如表 13-1 中的 A4 题），因不能事先预料答案，无法进行事前编码，这时编码就要从对答案的分类开始。具体的做法是先从回收的问卷中随机抽取一部分问卷，将这些问卷中该问题的答案记录下来，根据各个答案的不同特征进行分类，并赋予每一个类型一个数字代码。例如，经过多份问卷的整理工作，发现表 13-1 中 A4 题的答案有教师、公务员、医生、程序员等，可以考虑用 1 表示教师，用 2 表示公务员，用 3 表示医生，用 4 表示程序员等。那么在对问卷进行编码时，凡是看到教师就用 1 表示即可。对于分类的数量，如果不加任何限制，类别数目可能会与答案数目一样多，而类别过多会给资料分析工作造成困难；类别过少，可能会使类别不明确。一般来说，在开始分类时可以分得细一些，后续过程中可以根据需要进行适当合并。

在编码时，除了对问题和答案进行编码，问卷编号、调查者编号等信息也要进行编码，输入数据库。需要注意的是，在定类变量和定序变量的编码中，数字仅起到一种代表作用，并不说明任何数量上的意义。

资料编码必须遵循一定的原则：第一，编码必须具有唯一性，即一个编码只能代表一个答案，而不能代表不同的答案，同时，每个答案都应有自己唯一的编码。第二，编码必须具有直观性、简单性和逻辑性。有些问题及答案前面的序号可以直接作为编码，这样既便于设计，又便于统计处理；有些答案含有数字，如年龄、人数等，可以把这些数字本身视为编码。第三，编码要符合人们的思维逻辑和计算机处理程序的逻辑。第四，编码必须考虑拒绝回答的情况。必须对无答案的情况给予特殊编码，否则在处理数据资料时，计算机将无法正常进行整理工作。

（二）资料录入

资料进行编码后，大多数的数据信息都转化成了数字代码，接下来就是把这些数字代码输入计算机中进行统计分析。资料录入就是将调查资料所对应的数字代码输入计算机中，建立数据文件的过程。

目前，资料录入的方式主要有两种：一种方法是直接在常用的社会调查统计分析软件 SPSS 软件上录入数据；另一种方法是采用专门的数据库管理软件，如 FoxPro、Excel 等来录入数据。这两种方法各有特点。这里简要介绍一下如何在 SPSS 软件上录入问卷数据。

在 SPSS 软件中直接输入数据比较直观，打开 SPSS 软件后，显示的就是数据视图窗口（如图 13-1 所示），其形式就是一张行与列的表格，每一列（纵栏）表示一个变量，每一行（横栏）代表一份问卷个案，也就是一个调查对象的信息。

在数据输入之前，首先，需要对变量进行定义，具体做法是单击表格左下方的变量视图切换到变量视图窗口（如图 13-2 所示），此时，左边纵栏的序号表示问卷中的每一个变量，而横栏表示的是每一个变量的特征，包括名称、类型、宽度、小数位数、标签、值等，将问卷中的每一个变量根据其特征进行定义，定义完变量名后，保存存盘。其次，用鼠标单击表格左下方的数据视图，就可以返回到数据视图窗口，此时数据视图窗口中纵栏的变量就变成了调查者定义的变量名称。最后，就可以根据问卷的内容，直接将每一份问卷中的数据代码逐一输入到每一个方格中，数据输入完之后存盘，就形成了一份完整的数据资料，可以随时调用并进行分析。

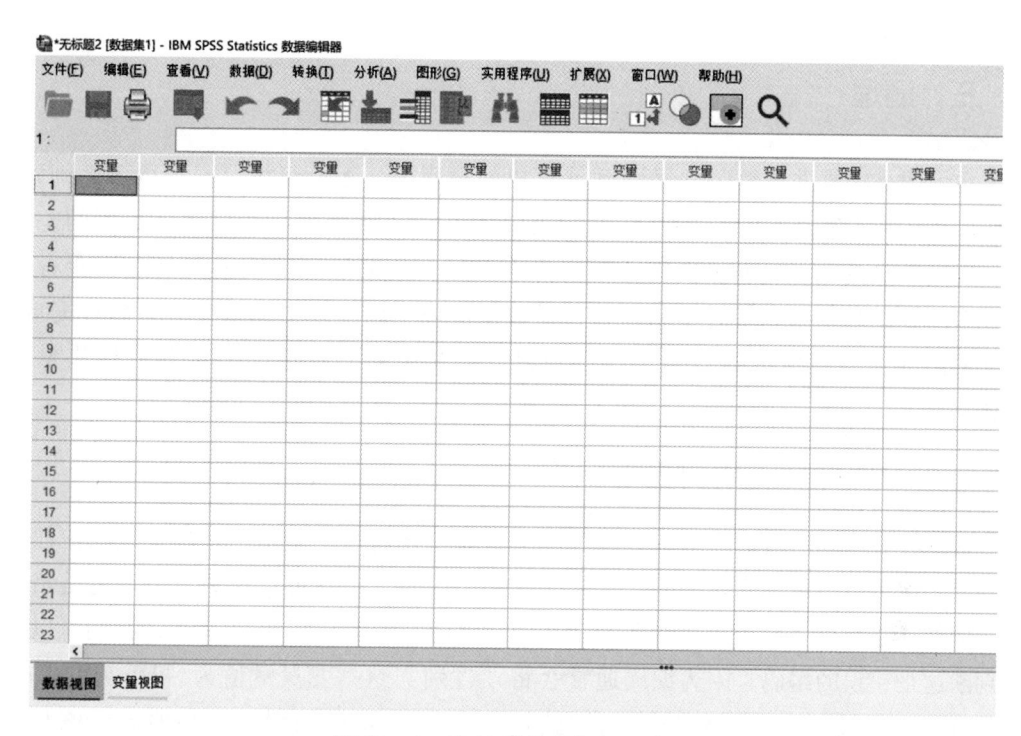

图 13-1　SPSS 软件数据视图窗口

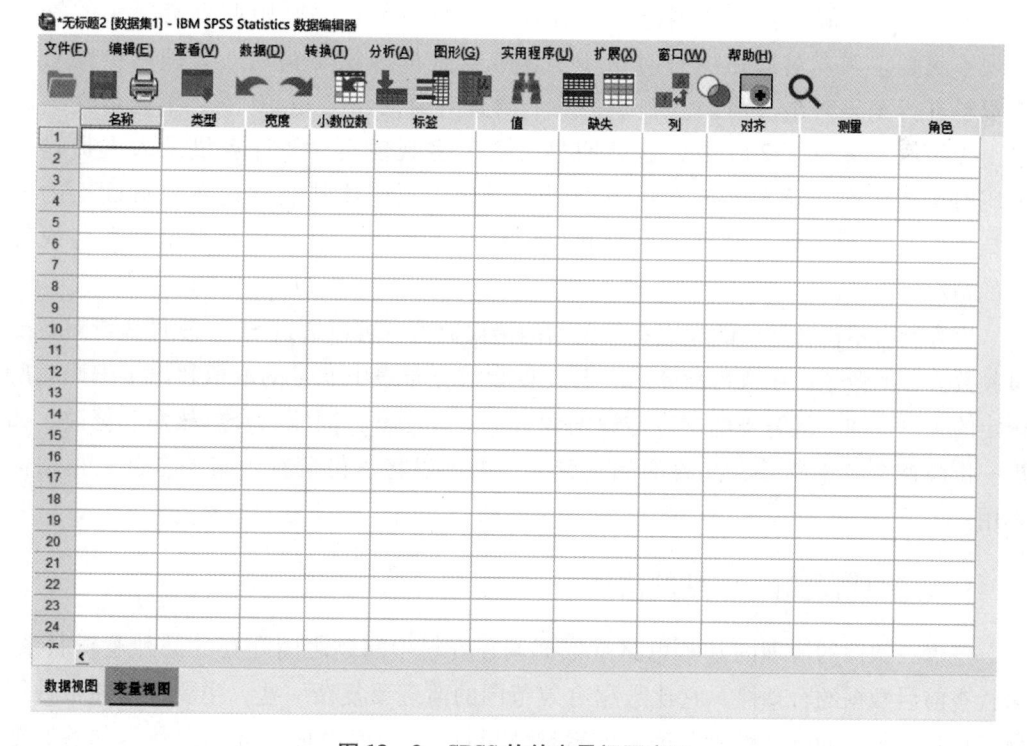

图 13-2　SPSS 软件变量视图窗口

三、清理

在将调查资料进行编码并录入到计算机的过程中，无论组织、安排得多么细致，工作多么认真，都会或多或少出现一些小的差错。为了在统计分析中降低数据的差错率，提高数据的质量，有必要进行数据清理工作。数据清理的主要目的是阻止有错误或有问题的数据进入统计分析环节，而数据清理工作可以借助统计分析软件完成。数据的清理通常包括数据有效范围的清理、数据逻辑一致性的清理和数据质量的抽查。

（一）数据有效范围的清理

数据有效范围的清理的基本思路是调查资料中任何一个变量，其有效编码往往具有一定的范围，当数据资料中的数字超出这一范围时，可以肯定这个数字一定是错误的。例如，在数据文件的"性别"变量栏中，出现了数字6、7或者9等，我们可以马上判断这是错误的编码。因为编码通常会将"性别"这一变量赋值为"1 = 男""2 = 女""0 = 无回答"，凡是超出这三者范围的编码，肯定是错误的，必须进行核对和纠正。

产生上述类似错误的原因，可能有以下几种情况：①原始调查资料中的答案出现了问题，调查对象在填答时由于笔误或其他原因填写错误。②编码员在对调查资料进行编码时出现错误。例如，某个调查对象的年龄是20岁，编码员在编码时由于粗心，编成了200岁，这就明显背离了客观现实。③计算机录入人员输入编码时出现错误。录入人员在输入编码的过程中，往往都是一边看着桌面上的编码结果，一边在计算机键盘上敲打0～9这10个数字，这就很容易出现误碰或敲错的情况。

检查所有不符合要求的超出有效范围的错误数值，可以通过SPSS软件执行对各变量频数分布的命令。在执行命令后，若发现频数分布表中变量的取值超出了编码时所规定的赋值范围，就需要把这些错误的调查个案找出来，同原始资料核对和修改。如果一份调查个案中错答、乱答的问题较多，则可以将这份调查个案的全部数据取消不用。

（二）数据逻辑一致性的清理

逻辑一致性的清理的基本思路是依据调查资料中问题之间存在的某种逻辑联系，来检查前后数据的合理性。它比数据有效范围的清理要复杂一些，主要针对相依性问题。例如，前面问到"性别"时，答案是"男性"，后面出现"怀孕次数"的答案数字；编码为"独生子女"的个案数据中，出现了"哥哥的个数与年龄"的答案数字等。逻辑一致性的清理根据调查资料中各个问题的逻辑关系和情况不同，调查者要具体问题具体分析，不可一概而论。

要查找和清理逻辑一致性问题的个案，可以在 SPSS 软件中操作，执行个案命令中的 if 命令来查找个案并进行修改，或者直接用重新设置变量值命令进行变量取值的转换。如果采用个案命令，先用 if 命令将所有不符合要求的个案挑出来，再按照数据有效范围清理的方法，找到原始调查记录进行核对，对其进行相应的处理；如果采用重新设置变量值命令，可以把需要修改的变量一次性修改完毕。

（三）数据质量的抽查

在有些情况下，采用上述两种方法对数据进行清理，仍可能会有一些错误清理不出来。例如，假设某调查个案的数据在"性别"这一变量上输错了，原始调查资料上填答的答案是 2（女性），编码也是 2，但数据录入时输成了 1（男性），因为 1 这个答案在有效的编码范围内，所以有效范围的清理检查不出这一错误，也无法通过逻辑一致性进行清理，这时就可以采用另一种办法，即数据质量的抽查。

数据质量的抽查，是指从样本的全部个案中，随机抽取一部分个案，对这些个案参照原始调查记录逐一进行校对，用这一部分个案校对的结果来评估全部数据的质量。根据样本中个案数目的多少，以及每份调查个案中变量数和总数据的多少，调查者往往抽取 2%~5% 的个案进行校对。例如，一项调查的样本规模为 500 个个案（或 500 份问卷），每个个案（或每份卷）的数据（字符数）为 100 个，研究者从中随机抽取了 6% 的个案（或问卷），即 30 个个案（或 30 份问卷）进行核查，结果发现有 2 个数据输入错误。这样，数据的差错率在 0.06% 左右，也就是说在总共 5 万个数据中，大约有 30 个数据有差错。虽然不能将这些差错一一找出，但可以知道它们所占的比例，以及对调查结果的影响。

四、绘制统计图表

经过汇总与清理后的数据资料，一般要通过表格或图的形式表现出来，最常见的方式就是统计表和统计图。统计表和统计图是社会调查和日常生活中最常用的呈现数据资料的方式，为纷繁复杂的数据资料提供了一种相对直观的表现方式。

（一）统计表

统计表是用于显示统计数据的基本工具。统计表的形式多种多样，但基本要求是一样的，一般包括四个主要部分，即表头、行标题、列标题和数字资料。另外，根据需要还可以在统计表下面附加信息，如资料来源或注释等。

统计表的表头包括表号和表题（统计表的名称），位于统计表的顶端。行标题是统计表内横行的名称,位于统计表的左边,一般用来说明总体各组成部分或各个单位的标志;列标题是统计表内竖行的名称,位于统计表内的右上方,一般用来说明总体各组成部分或各个单位的指标。数据资料是统计表的主体,也是统计表的实质性内容,位于由行标题、列标题所包围的范围中,用来说明总体各组成部分或各个单位有关指标的数量特征,是对调查资料进行整理、汇总和计算的体现。下面分别是 2021 年年末人口数及其构成统计表(如表 13 - 2 所示)和 2021 年居民消费价格比上年涨跌幅度统计表(如表 13 - 3 所示)。

表 13 - 2 2021 年年末人口数及其构成

指标	年末数/万人	比重
全国人口	141 260	100.0%
其中:城镇	91 425	64.7%
乡村	49 835	35.3%
其中:男性	72 311	51.2%
女性	68 949	48.8%
其中:0~15 岁(含不满 16 周岁)	26 302	18.6%
16~59 岁(含不满 60 周岁)	88 222	62.5%
60 周岁及以上	26 736	18.9%
其中:65 周岁及以上	20 056	14.2%

表 13 - 3 2021 年居民消费价格比上年涨跌幅度

指标	全国	城市	农村
居民消费价格	0.9%	1.0%	0.7%
其中:食品烟酒	-0.3%	0.0%	-1.2%
衣　着	0.3%	0.3%	0.0%
居　住	0.8%	0.8%	1.1%
生活用品及服务	0.4%	0.4%	0.4%
交通通信	4.1%	4.2%	3.9%
教育文化娱乐	1.9%	2.0%	1.7%
医疗保健	0.4%	0.3%	0.7%
其他用品及服务	-1.3%	-1.4%	-1.2%

资料来源:国家统计局. 中华人民共和国 2021 年国民经济和社会发展统计公报. [2022 - 02 - 28]. http://www.gov.cn/xinwen/2022 - 02/28/content_5676015.htm.

在绘制统计表时，应该注意以下几个问题。

第一，表题应尽量简单明了，能够准确反映表中的数据内容。

第二，表中行标题与列标题的概念要明确，排列要有一定的逻辑顺序。

第三，可以进行加总计算的统计表，一般应列出合计（或总计）栏，以便了解整体数据情况，合计（或总计）栏通常位于统计表的最下一行或者最上一行。

第四，表中的数据资料应注明计量单位，如个、万、元等。

（二）统计图

统计图不需要文字描述就能反映资料的总体特性及资料各组成部分之间的关系，且非常直观、形象。其不足之处在于不及统计表那样精确。根据变量测量层次的不同，统计图的类型也不同。社会调查中的统计图大致可以分为三大类，即几何图、象形图和统计地图，其中最常用的是几何图。

1. 几何图

几何图是指利用点、线、面来表示数据资料的图形，其包括条形图、圆形图和折线图等。

条形图是指用宽度相同的条形高度或长度来表示数据资料的图形。条形图既可以横置，又可以纵置，纵置时又称为柱形图。下面是关于网民上网设备使用状况的条形图（如图13-3所示）。

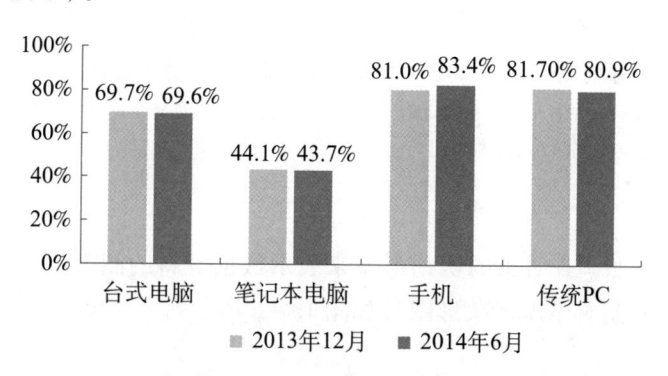

图13-3 网民上网设备使用状况

资料来源：中国互联网信息中心．中国互联网络发展状况统计报告．[2022-03-31]．http：//www.cac.gov.cn/2014-07/22/c_1111724470.htm.

圆形图也称为扇形图、饼图，是指用圆内扇形的面积来表示数值大小的图形。在绘制圆形图时，圆内的各个扇形面积表示各个部分在总体中所占的百分比。下面是关于某高校学生对食堂满意度的圆形图（如图13-4所示）。

折线图又称为曲线图，是指通过上下变化的线段来反映调查现象随时间变化的过程和发展趋势的图形。下面即我国2017—2021年年末常住人口城镇化率的折线图（如图13-5所示）。

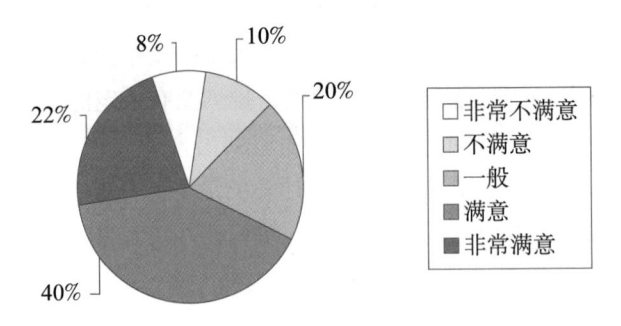

图 13-4　某高校学生对食堂的满意度

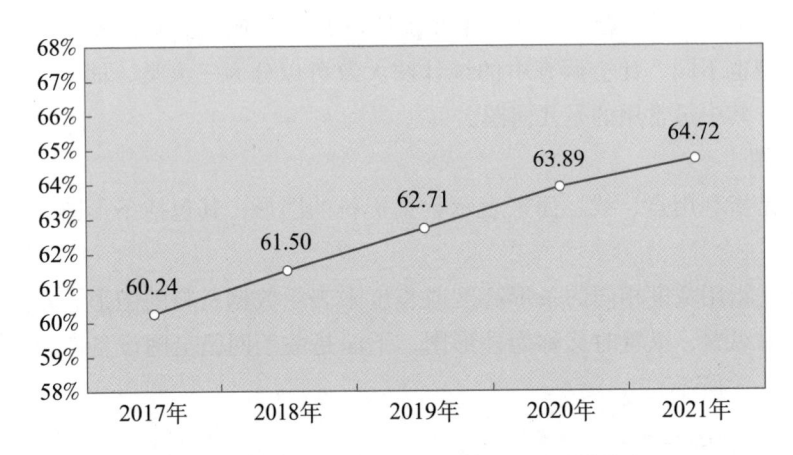

图 13-5　2017—2021 年年末常住人口城镇化率

资料来源：国家统计局. 中华人民共和国 2021 年国民经济和社会发展统计公报．[2022-02-28]. http：//www. gov. cn/xinwen/2022-02/28/content_5676015. htm.

2. 象形图

象形图是指按照调查对象的实物形象来表示数据资料的图形。下面是关于某地区 2002—2006 年植树造林情况的象形图（如图 13-6 所示）。

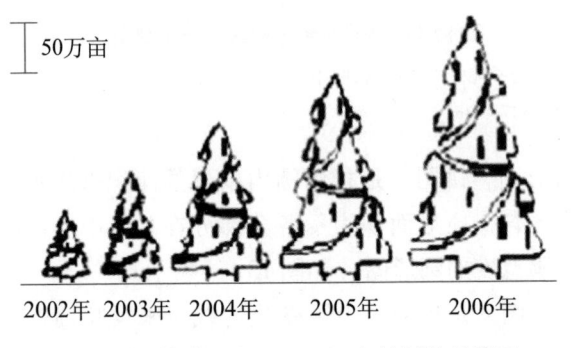

图 13-6　某地区 2002—2006 年植树造林情况

3. 统计地图

统计地图是指以地图为底景，用线纹或象形图来表现数据资料在地域上分布状况的图形。下面即 2019 年浙江省域常住居民可支配收入统计地图（如图 13-7 所示）。

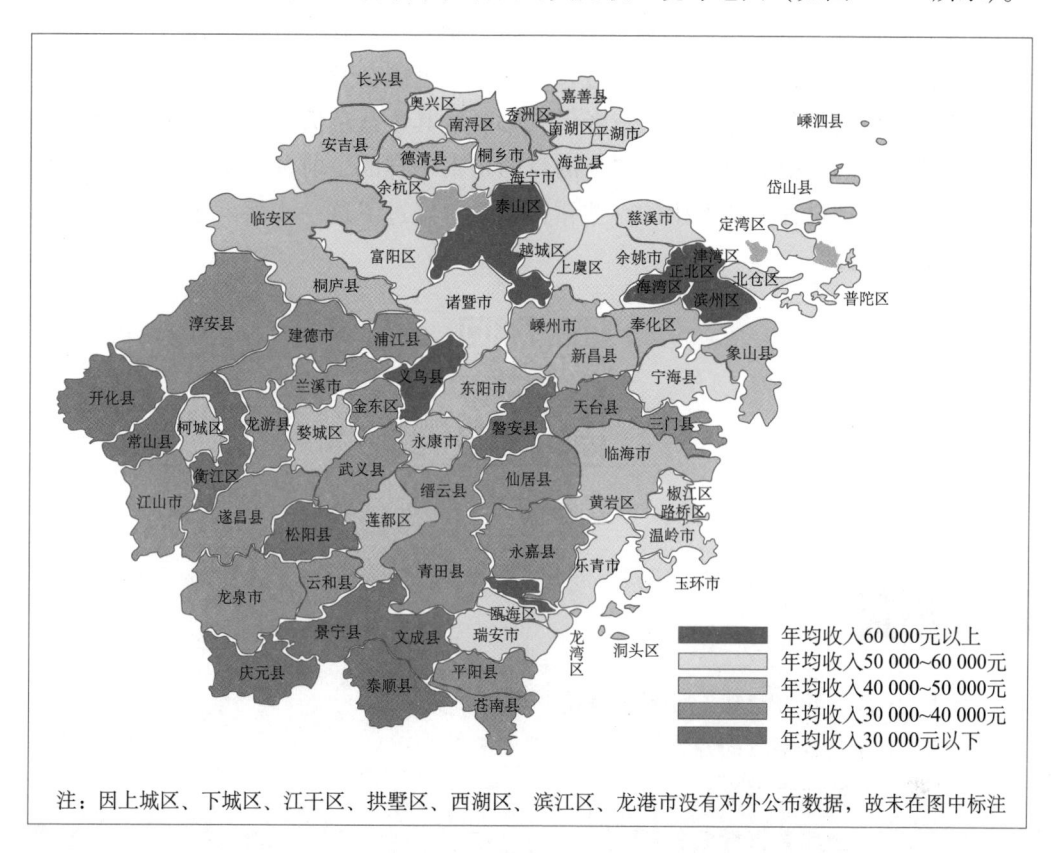

注：因上城区、下城区、江干区、拱墅区、西湖区、滨江区、龙港市没有对外公布数据，故未在图中标注

图 13-7　2019 年浙江省域常住居民可支配收入统计地图

资料来源：国家统计局衢州调查队. 统计调查工作中数据可视化的创新探索. [2020-10-27]. http://zjzd.stats.gov.cn/qz/dcfx/202010/t20201027_98167.shtml.

在绘制统计图时，应该遵循以下基本要求。

第一，要根据绘图目的和数据资料的特性选取合适的图形，并不是每一种图形都能很好地表现每一种数据资料。

第二，图示的内容要简明扼要，突出重点，标题、数字单位等都应简明清晰，一目了然。

第三，图形的设计要科学、准确。必须依据准确的数据资料进行加工和计算，做到图示准确、数据分明、表现真实。

第四，绘制的图形要美观、大方、生动、鲜明。

统计图表在人们的日常生活中很常见，但传统的手工制表与制图方法较为烦琐，费时费力。现在，人们可以通过专门的统计分析软件 SPSS 软件或者计算机上普遍安装的 Excel 软件，来制作统计图表。SPSS 软件与 Excel 软件均具有强大的统计图表制作功能，且操作方法简单易学，利用这些软件可以快速地绘制出满足调查要求的统计图表。

以上简要介绍了资料整理的基本知识和基本方法。必须指出的是，资料整理工作既不可能一蹴而就，也不可能尽善尽美。在资料填写、审核、分类等环节，以及在利用现代化设备进行资料录入、汇总的过程中，都有可能会发生错误，因此在将整理过的资料实际用于资料分析之前，调查者仍有必要对其进行最后的检验。这一工作与资料整理阶段进行的集中审核相比，二者的目的是不一样的，前者主要是排除资料中遗留的和在资料整理过程中新产生的一些错误，只有经过了这一步骤，才能转入社会调查的资料分析阶段。

本章小结

思 考 题

1. 什么是资料整理？资料整理有何作用和意义？
2. 简述资料整理的原则。
3. 如何整理文字资料？
4. 如何整理数据资料？
5. 怎样进行数据资料的汇总？

第十四章 资料分析

本章提要

资料分析是对调查资料进行加工的最后工序，也是调查总结的重要前提。本章主要介绍了资料分析的三种类型，即定性分析、统计分析和理论分析，并介绍了这三种资料分析的具体方法与内容。通过本章的学习，学习者可以大致了解和掌握资料分析的基本知识和基本方法。

学习要求

1. 了解：定性分析的过程。
2. 掌握：定性分析、统计分析和理论分析的概念、具体方法。

第一节 定性分析

定性分析是指对社会现象或社会事物进行质的分析，是确定社会现象或社会事物是否具有某种性质、特征的分析。在社会调查的历史发展中，定性分析曾长期占据主导地位。进入现代社会以来，随着统计学的发展，能够较准确地推断总体数量及特征的统计分析盛行，以至于有人主张，只有统计分析才是真正的资料分析，而定性分析则应当被淘汰。这种观点显然失之偏颇。无论怎样，对于调查对象进行定性分析都是社会调查的重要目的之一。我们对任何社会现象或社会事物进行调查，归根结底是要说明其对社会发展究竟是有用还是无用的、有利还是无利的，这就属于对其性质的判定。而且，就社会调查而言，定性分析和定量分析是互相依存、不可分割的。

一、定性分析的过程

定性分析的基本逻辑是归纳法，即从具体的、个别的和经验的事例中逐步概括、抽象出概念和理论，主要任务是对信息的组织、归类和对信息内涵的提取。在定性分析中，调查者的基本操作方法就是对在实地调查中获得的资料进行重新研读，并按照基本的社会研究范畴或方法对资料进行分类。尽管定性分析的过程贯穿于整个社会调查的始终，但主要还是体现在资料收集结束后。

定性分析的过程及具体做法大致如下：

（一）初步浏览

先对实地访谈笔记和实地观察记录等文字调查资料进行初步浏览，大致了解和熟悉全部资料，同时也可以借此回想起实地调查中的情景和感受。初步浏览实际上起到了提供分析背景和分析基础的作用，使得调查者在对原始资料进行处理分析时做到心中有数。

（二）阅读编码

在初步浏览的基础上，调查者重新开始逐段逐行地仔细阅读每一段实地访谈笔记和实地观察记录等文字调查资料，分析每一段文字调查资料的内容，并在阅读中做好资料的编码工作。通常，调查者边阅读边根据具体内容做记号，以标签的形式表明各种具体事例、行为和观点的核心内容或实质，并将其归入所属的调查主题或概念备忘录中，最终形成整理后的、具有更为清晰的内容框架的资料。

（三）分析抽象

在阅读编码的基础上，根据不同的标准或角度，仔细审阅和思考资料中所作的各种记号，思考和比较不同的调查主题及概念备忘录，看看哪些内容反复出现，哪些资料中存在突出差异，并从中归纳或抽象出解释和说明社会现象或社会事物的主要变量、关系和模式。实地访谈或观察中获得的调查资料是丰富的、生动的和具体的，调查者必须对其进行合理取舍和组织，通过调查资料来说明带有更普遍意义的社会行为模式、社会结构或社会过程等。可以说，现实生活为调查者提供了丰富的材料，而调查者则要对这些材料做出自己的分析。

二、定性分析的内容

定性分析的基本内容包括识别属性、要素分析和归类三个方面。

（一）识别属性

任何事物都具有一定的属性，属性包括事物自身的特征及相互之间的关系。识别属性是指分辨事物具有哪些特征，使之与其他事物区别开。识别属性的结果是形成明确的概念。概念是人们感性认识经过质变而产生的，它反映出事物的本质属性，是判断和推理的基础，因而是非常重要的。概念包括内涵和外延两个方面，内涵是概念的特有属性，外延是概念所确指的对象的范围。例如，"工资总额"这一概念，内涵是一定时期内各类企事业单位支付给全部劳动者的薪酬总额，处延则包括工资、奖金、补贴、津贴等。

（二）要素分析

要素分析是指对构成事物诸要素及其联系的分析。任何事物都是由一定的要素构成的，而且各要素之间是相互联系、相互影响的。因此，要确定某事物的性质，必须以确定各要素的性质及其联系为前提，只有认识了事物各要素及其联系，才能准确把握事物的本质特征。例如，了解某公司的整体情况可通过了解公司的产量、效益、人均收入、公司设备、人员素质、管理水平等要素去实现。只有弄清这些要素及其联系之后，才能对公司的整体情况有准确的认识。

（三）归类

归类是定性分析中不可缺少的内容。归类是指将事物归入具有相同属性的一组事物中。归类有两个前提：一个是识别属性，另一个是选择归类的标准。由于事物的属性往往不止一种，在存在多种属性的情况下，选择哪种属性作为归类的标准，对定性分析的结果具有重要的影响。例如，对于人的归类，可以根据其职业属性归为教师、医生、公务员、工程师等，也可以根据其在家庭中的身份归为丈夫、父亲等。归类的标准应该根据社会调查的目的而定。

三、定性分析软件

随着文字处理和分析技术的进步，一些定性分析软件有了非常完善且强大的功能，为调查者提供了用软件分析调查资料的可能性。定性分析软件具有节省时间、方便查找、更加规范等诸多优势，特别是在调查资料较多、分析历时较长时，定性分析软件的优势就更加明显。此外，定性分析软件的利用也为多个调查团队合作处理定性材料提供了便利。

目前，市场上存在多款知名的定性分析软件，它们有各自的特色。在我国，使用较多的是 NVivo，故这里着重介绍 NVivo。

NVivo 是一款功能强大的定性分析软件，能够有效分析多种不同类型的定性资料，适用于对访谈资料、观察资料、网络社交资料等多种形式的定性资料进行分析，是实现定性分析的理想工具。NVivo 具备导入、排序和分析多种格式类型（如文字、图片、录音、视频等）文件的功能，支持突出关键字，并可以按照多种方式分类，简化调查者进行资料整理和分析的过程。它可以将调查者从传统的分类、排序和整理等繁杂工作中解脱出来，为调查者提供更加有效的分析方式和分析工具，让调查者直接在计算机上完成定性资料分析，并提供良好的分析结果。在使用定性分析软件时，若不使用 NVivo，调查者的工作会耗费大量的时间，且难以管理、难以导航。

本书以 NVivo 12 Pro 版本为例，简要说明 NVivo 的基本功能。

启动 NVivo，出现开始界面（如图 14-1 所示）。在该界面上，调查者可以创建新的项目，参考示例项目，也可以打开最近项目，并浏览学习和交流的内容（包括界面上提供的 NVivo 快速入门教程等）以充分利用 NVivo。

在 NVivo 中创建新项目的步骤如下：首先，在 NVivo 开始界面上单击上方的"空项目"，会弹出一个菜单（如图 14-2 所示）；其次，在菜单上输入项目标题并添加说明；最后，单击"浏览"按钮，选择项目保存位置即可。NVivo 项目的保存格式为 .nvp 文件。若需要导入其他项目，直接单击左侧的"打开其他项目"按钮即可。

单击 NVivo 上方的"示例项目"，可以让我们快速了解 NVivo 的主要功能，此时会出现 NVivo 主要功能界面（如图 14-3 所示），这就是 NVivo 的工作区。在主要功能界面，可以实现 NVivo 的大部分功能，包括文件查询、资料分类、资料编码、资料可视化显示等。NVivo 主要功能界面上方的"主页""导入""创建""探索""共享"等几大主按钮菜单，可以导入各种格式的调查资料，创建各种类型的项目，探索调查资料的各种主题与关系结构，实现团队协作调查、多人共享资料等具体工作任务。

图 14-1　NVivo 开始界面

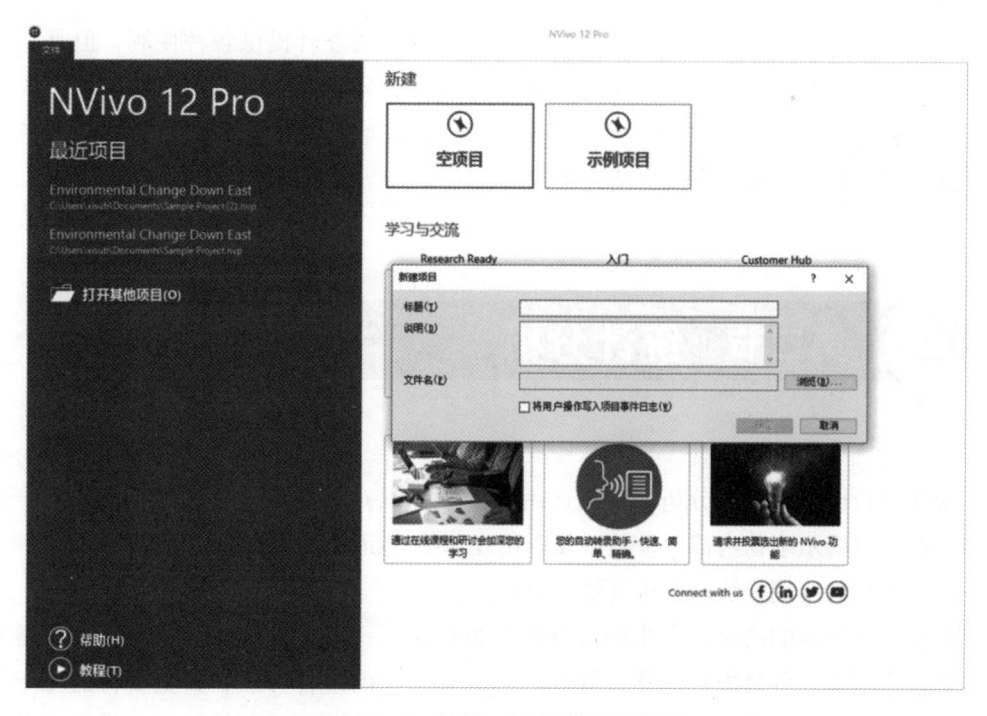

图 14-2　NVivo 创建新项目界面

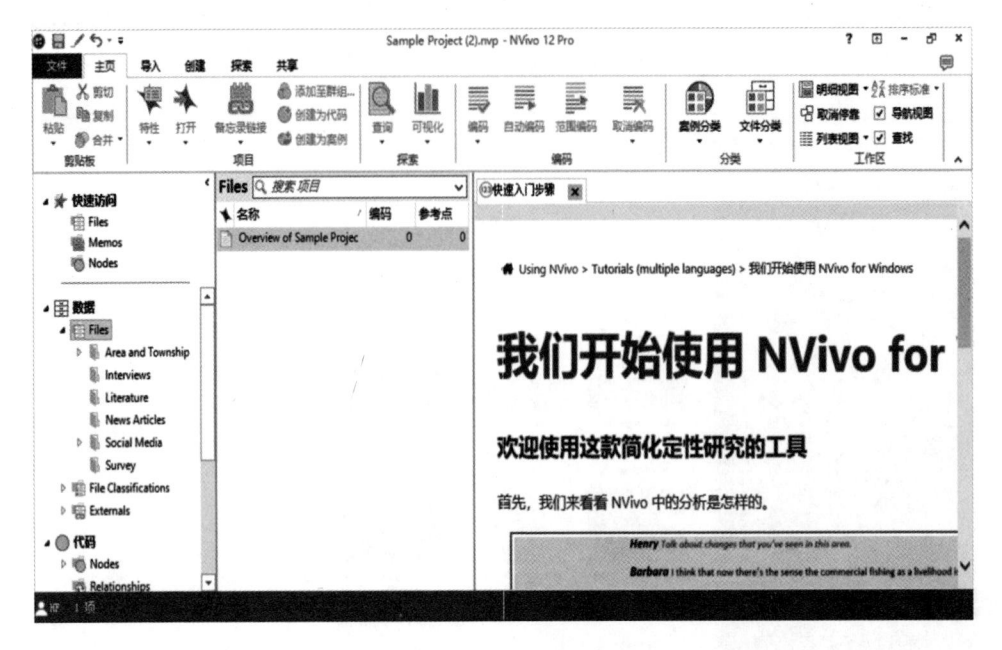

图 14-3 NVivo 主要功能界面

NVivo 为调查者提供了一个整理和管理大量定性资料的便捷的平台，从而让调查者有更多时间与机会在定性资料中获得深刻见解。

当然，需要指出的是，虽然定性分析软件能够为调查者提供各种便利，但是定性分析的核心仍是人，即调查者，调查者才是最有力的分析工具。调查者的思维方式与分析能力在定性分析中至关重要，定性分析软件仅仅起到辅助作用，帮助调查者节省时间和体力，但是不能完全代替调查者。

第二节　统计分析

统计分析也称为定量分析，是指运用统计学知识对调查资料进行定量的研究、判断和推测，以揭示事物内部数量关系及变化规律的分析方法。随着计算机技术的发展，统计分析软件的应用为统计分析提供了便利。

根据调查资料的内容，可将统计分析分为描述统计和推论统计。描述统计是指利用统计技术对调查资料进行简化，并表达其分布特征的统计方法，其主要目的在于用最简单的概括形式反映大量调查资料所包含的信息。推论统计也称为统计推论，是在描述统计的基础上，应用概率理论，用从样本中所得到的数据、资料来推断总体的情况。在社会调查中，针对大量总体的调查只能是抽样调查，只能在调查总体中选取部分样本进行研究，然后把样本的结论推断到总体中。所以推论统计是抽样调查中必不可少的环节。

按照参与统计的变量的多少，统计分析可以分为单变量统计分析、双变量统计分析和多变量统计分析三类。其中，单变量统计分析又可分为单变量描述统计、单变量推论统计。以下重点介绍单变量描述统计、单变量推论统计和双变量统计分析。

一、单变量描述统计

单变量描述统计的基本方法包括频数分布与频率分布、集中趋势分析、离散趋势分析等。

（一）频数分布与频率分布

频数（frequency），也称为次数，是指落在各类别中的数据个数，通常用 f 表示。频数分布是指一组数据中取不同值的个案的频数分布情况，它一般以频数分布表的形式体现。甲、乙单位员工的学历分布情况如表 14-1 所示。

表 14-1　甲、乙单位员工的学历分布情况（一）　　　　　单位：人

学历状况	甲单位（f_1）	乙单位（f_2）
博士研究生	10	30
硕士研究生	130	200
本科及以下	60	120
合计	200	350

频数分布表的作用有两方面：一方面是简化资料，即将调查所得到的杂乱的原始数据，以简洁的统计表形式反映出来；另一方面是从频数分布表中，可以了解调查资料的众多信息。从表 14-1 中，我们既可以了解甲、乙单位员工在学历方面的分布范围（博士研究生、硕士研究生、本科及以下），还可以了解不同学历的分布情况（如硕士研究生最多、博士研究生最少等），这样就为我们深入分析有关社会现象奠定了良好的基础。但是样本规模不同时，频数分布表通常不能直接用来比较信息。例如，在表 14-1 中，甲、乙两个单位的员工总数不同，如果要比较哪个单位的硕士研究生更多，就需要通过百分比计算，即采用频率分布。

频率分布是指一组数据中不同取值的频数相对于总数的比率分布情况，这种比率在社会调查中经常以百分比的形式来表达。频率分布情况同样也是以频率分布表的形式体现的。表 14-2 就是与表 14-1 对应的频率分布表。

表14-2 甲、乙单位员工的学历分布情况（二）

学历状况	甲单位	乙单位
博士研究生	5.0%	8.6%
硕士研究生	65.0%	57.1%
本科及以下	30.0%	34.3%
合计	100.0%	100.0%

比较表14-1与表14-2，如果只看频数，乙单位的硕士研究生（200人）远多于甲单位的硕士研究生（130人）；但若从频率来看，甲单位的硕士研究生的比例则较大。

频数分布表与频率分布表的区别在于：前者是不同类别的绝对数量分布情况，而后者则是不同类别在总体中的相对数量分布。因此，频率分布表除具备频数分布表的特点以外，还可以方便地用于不同总体或不同类别之间的比较，应用范围更为广泛。

（二）集中趋势分析

集中趋势分析（central tendency analysis）是指用一个典型值或代表值来反映一组数据的一般水平，或者说反映一组数据向典型值集中的情况。最常见的集中趋势分析包括平均数、中位数和众数。

1. 平均数（mean）

在社会调查中，平均数是使用最多的集中量数。平均数是指总体各单位数值之和除以总体单位数所得之商。用公式表示为

$$\text{平均数} = \frac{\text{总体各单位数值之和}}{\text{总体单位数}}$$

在统计分析中，习惯以 $\overline{X}$ 来表示平均数。

根据对资料整理程度的不同，我们可以用简单加和法与加权法来求得平均数。

如果还没有对调查资料进行分组，在计算平均数时，一般直接将各单位的数值相加再除以总体单位数，这种方法称为简单加和法，用公式可以表示为

$$\overline{X} = \frac{x_1 + x_2 + x_3 + \cdots + x_n}{n} = \frac{\sum x_i}{n}$$

其中，$\overline{X}$ 是各单位数值的平均数，$x_1, x_2, x_3, \cdots, x_n$ 分别为各单位的数值，n 是总体单位数。

例1 某培训班8名学生的年龄分别为14岁、15岁、14岁、15岁、16岁、15岁、14岁、15岁，求他们的平均年龄。

解 根据平均数的计算公式可以得出：

$$\overline{X} = \frac{14+15+14+15+16+15+14+15}{8} = \frac{118}{8} = 14.75 \text{（岁）}$$

即这8名学生的平均年龄为14.75岁。

如果已经对调查资料进行了分组，那么我们则可以使用加权法来计算平均数。加权法是指将各单位的数值与其出现的频数相乘，然后将所有得到的积相加，再除以总体单位数。用公式可以表示为

$$\overline{X} = \frac{x_1 \times f_1 + x_2 \times f_2 + x_3 \times f_3 + \cdots + x_n \times f_n}{f_1 + f_2 + f_3 + \cdots + f_n}$$

例2 表14-3为美术培训班20名学生的年龄分组数据，求该班学生的平均年龄。

表14-3 美术培训班20名学生的年龄分组数据

年龄/岁	14	15	16	17	18	19
人数/人	6	3	5	2	3	1

解 根据加权法的计算公式可以得出：

$$\overline{X} = \frac{14 \times 6 + 15 \times 3 + 16 \times 5 + 17 \times 2 + 18 \times 3 + 19 \times 1}{6 + 3 + 5 + 2 + 3 + 1} = \frac{316}{20} = 15.8 \text{（岁）}$$

即该班学生的平均年龄为15.8岁。

2. 中位数（median）

中位数是指一组数据按照大小顺序进行排列，处于中间位置的数值。

中位数的求法如下：先将所有数据按照大小顺序进行排列，再求全部数据在排列上的中间位置，中间位置的对应变量数值便是中位数。求中间位置，涉及数据个数（N）的奇偶性。如果数据的个数是奇数，则中位数是第 $\frac{N+1}{2}$ 位的数值。例如，1、3、5、6、8、12、15的中位数是第4位的数值6。如果数据的个数是偶数，那么中位数的位置就处于中间两个数值之间，而没有直接对应的数值。此时一般将这两个数值的平均数作为中位数，即第 $\frac{N}{2}$ 位和第 $\frac{N+2}{2}$ 位的两个数值的平均数。例如，1、3、5、6、8、12、15、19的中位数是 $\frac{6+8}{2}=7$。

3. 众数（mode）

众数是指一组数据中出现次数最多的那个数值。在描述某一社会现象时，有时不需要计算平均数和中位数，只需要掌握那个最普遍、最常见的数值即可，这时就可以采用众数作为代表值。

众数可以采用观察调查法和公式计算两种方法求得。在非连续型资料中，用观察调查法极为简便。对原始数据进行简化后，在编制出来的频数分布表上直接观察，出现次数最多的数值即为众数。

例3 表14-4为某毕业班学生的毕业论文成绩，求该毕业班学生毕业论文成绩的众数。

表14-4　某毕业班学生的毕业论文成绩

成绩	优	良	中	及格	不及格
人数/人	7	36	10	4	2

在表14-4中，获得"良"的人数最多（36人），所以，"良"应是该毕业班学生毕业论文成绩的众数。

平均数、中位数、众数各有特点和适用范围。一般来说，平均数由于利用了全部数据的信息，具有优良的数学性质而被广泛采用，但其易受极端数据的影响。中位数虽然克服了平均数的缺点，不受极端数据的影响，但其损失资料较多、敏感性差。众数虽然简洁明了，但资料的应用效率比中位数更低、稳定性也较差，而且一组数据可能存在多个众数，具有不唯一的特性。因此，选用哪一个来表示事物的集中趋势值，要具体情况具体分析，根据调查者所调查资料的特性和调查目的等来灵活把握。

（三）离散趋势分析

与集中趋势分析相反，离散趋势分析（dispersion tendency analysis）是指用一个特别的数值来反映一组数据相互之间的差异情况（离散程度）。其与集中趋势分析一起，分别从两个不同侧面描述和揭示一组数据的分布情况，共同反映资料分布的全部特征。为了理解离散趋势分析的作用，我们看下面这个例子。

例4　某学校行政管理、法学和社会工作三个专业各选5名同学参加智力竞赛，他们的成绩分别如下，请对其进行离散趋势分析。

行政管理专业：78分、79分、80分、81分、82分　$\overline{X}=80$（分）

法学专业：65分、72分、80分、88分、95分　$\overline{X}=80$（分）

社会工作专业：35分、78分、89分、98分、100分　$\overline{X}=80$（分）

这三个专业所选学生的总分与平均分都是一样的，如果以集中趋势分析的统计量（平均数）来衡量，那么这三个专业同学代表的水平一样高，不存在什么差别。但从直观上不难发现，每个专业中5名同学的成绩相互之间的差异程度（离散程度）很不一样，行政管理专业5名同学的成绩十分接近，法学专业5名同学的成绩比较分散，而社会工作专业5名同学的成绩则相差悬殊。虽然他们的平均分都是80分，但不难理解，80分对行政管理专业同学的代表性最高，而对社会工作专业同学的代表性最低。

常见的离散趋势分析有全距、标准差、四分位差等。

1. 全距（range）

全距又称为极差，是指一组数据中最大值与最小值之差。如例4中，三个专业成绩的全距分别为

行政管理专业：$82-78=4$（分）

法学专业：$95-65=30$（分）

社会工作专业：100 - 35 = 65（分）

全距分析的作用在于，一组数据的全距越大，在一定程度上说明这组数据的离散程度越高；反之，一组数据的全距越小，则说明这组数据的离散程度越低。从例4中，我们不难认识到这一点。全距是描述数据离散程度的最简单的测度值，计算简单，容易理解，但是由于全距只是利用了一组数据两端的信息，因而容易受极端数据的影响，无法反映中间数据的分散情况。

2. 标准差（standard deviation）

标准差是指一组数据对其平均数的偏差平方的算术平均数的平方根。它是使用最多、最重要的离散趋势统计量。

标准差的计算公式为

$$S = \sqrt{\frac{\sum (X - \bar{X})^2}{n}}$$

如将例4中的资料代入后可以得出：

$$S_{行政管理专业} = 1.4（分）$$

$$S_{法学专业} = 10.8（分）$$

$$S_{社会工作专业} = 23.8（分）$$

从上述结果中可知，行政管理专业5名同学成绩的标准差最小，法学专业5名同学成绩的标准差其次，而社会工作专业5名同学成绩的标准差最大。这一结果很好地反映出不同专业5名同学成绩之间的离散程度，同时也反映出80分的平均成绩对行政管理专业的代表性最高，而对社会工作专业的代表性最低。

3. 四分位差（interquartile range）

为了避免全距的缺陷，可以采取四分位差的方法。所谓四分位差，是指舍去一组数据的极端数据，而对数据的中间部分采用全距的方法来测定离散程度。具体做法：把一组数据按照大小顺序排成序列，然后将其四等分，去掉序列中前四分之一和后四分之一的数值，剩下的数值之间的全距即是四分位差。四分位差通常用 Q 表示，而用 Q_1 和 Q_3 表示第一个四分位点和第三个四分位点所对应的数值。

例5 经调查，11位同学的年龄如下：17岁、18岁、18岁、19岁、19岁、20岁、20岁、21岁、21岁、22岁、22岁。求这11位同学年龄的四分位差。

解 先求出 Q_1 和 Q_3 的位置：

$$Q_1 的位置 = \frac{N+1}{4} = \frac{11+1}{4} = 3$$

$$Q_3 的位置 = \frac{3 \times (N+1)}{4} = \frac{3 \times (11+1)}{4} = 9$$

再从数列中找到 $Q_1 = 18$ 岁，$Q_3 = 21$ 岁，则四分位差 $Q = Q_3 - Q_1 = 21 - 18 = 3$（岁）。

结果说明，这 11 位同学中，中间部分的年龄在 18 到 21 岁，或者说中间部分的最大差为 3 岁。

二、单变量推论统计

描述统计都是对调查样本资料的统计分析，而社会调查的目的并不仅仅是描述样本本身的情况，而是希望通过样本来了解总体的状况和特征。推论统计就是要解决这方面的问题。推论统计，简单地说，就是根据样本的数据推论或预测总体的情况，由于是推论，其结果可能是对的，也可能是错的，关键是推论对或错的可能性是多少。因此，推论统计一般只适用于随机抽样调查的数据。推论统计主要包括两个方面的内容，即参数估计和假设检验。

（一）参数估计

参数估计是指根据一个随机样本的统计值来估计总体参数值是多少的方法。参数估计分为点估计和区间估计。

1. 点估计

点估计是指用一个最恰当的样本统计值来代表总体的参数值。例如，我们要调查某学校学生的平均身高，根据抽出的随机样本计算的平均身高为 171 厘米，我们就用 171 厘米作为全校学生平均身高的一个估计值，这就是点估计。再如，我们调查某城市居民对政府公共服务的满意度，从全市居民中抽取了 700 人进行调查，调查结果显示对政府公共服务满意的占 53%，不满意的占 40%，7% 的人没有表态，那么我们就可以采用调查样本的资料作为总体参数值结果，认为全市居民中 53% 的人对政府公共服务是满意的，40% 的人是不满意的。

一般而言，样本量越大，抽样方法越精确，点估计的结果越可信。点估计具有方便、直观等优点。但由于抽样误差不可避免，真正的总体参数值是多少并不能确定，也就无法知道样本统计值和总体参数值的差距有多大，从而无法知道点估计的可靠性。因此，统计学家利用概率原理和抽样原理，采用范围或区间来对总体的参数值进行估计，这就是区间估计。

2. 区间估计

区间估计是指通过样本计算出来的两个数值的间距或范围来估计总体参数值。间距或范围取决于进行估计时的可信程度，其实质就是在一定的可信度下，用样本统计值的某个间距或范围来估计总体参数值。因此，区间估计包含两个重要的内容，即可信度和区间范围。

可信度又称为置信度，区间范围又称为置信区间。置信区间用来表示估计总体参数值的取值范围，置信度是指置信区间估计的可靠程度。置信度反映的是估计的可靠性和把握性，置信区间反映的是估计的准确性。例如，对于一项调查结果，我们可以做出下列表述："我们有95%的把握认为全市居民的月平均收入在3 000元至6 000元。"也可以这样表述"全市居民的月平均收入在3 000元至6 000元的可能性是95%"。这里的3 000元至6 000元就是置信区间，95%是置信度。

置信度也称为置信概率、置信系数，通常用$1-\alpha$表示。α称为显著性水平，表示的是置信区间不可靠的概率。置信度和显著性水平之和为1，也就是说如果置信度是95%，那么显著性水平就是5%。常用的置信度有90%、95%、99%，即α分别为10%、5%和1%。

在样本大小相同的情况下，置信度和置信区间是相互制约的，置信度越大（估计的可靠程度越高），则置信区间越大，估计越不准确。例如，某班级学生的期末考试成绩最高分是100分，那么我们有100%的把握说该班学生的期末考试成绩为0~100分，很显然，这样的估计绝对可靠，但这样的估计没有价值。因此，置信区间的大小与置信度的高低成正比：置信区间越大，置信度越高；置信区间越小，置信度越低。而置信区间的大小与精确度成反比：置信区间越大，精确度越低；置信区间越小，精确度越高。因此，若从准确性出发，要求置信区间越小越好；若从可靠性出发，要求置信区间越大越好。

区间估计在社会调查中的应用主要有总体均值的区间估计和总体百分比的区间估计，因为涉及复杂的公式计算，这里不再详细介绍。

（二）假设检验

假设检验与区间估计是两种完全不同的思路，区间估计是先计算样本的结果，通过样本结果去估计总体的情况；而假设检验则是先提出关于总体情况的假设，然后在总体中抽取一定数量的样本进行调查，以样本的统计值来对该假设进行证实或者证伪。

在社会调查中，科学的研究思路一般是先建立假设，即假定在总体中存在某种情况。例如，假定今年居民对政府的满意度比去年有所提高。这个假设，通常被称为研究假设（用符号H_1代表），即我们想通过调查得到准确信息的假设。但是在调查研究中，我们不是直接验证研究假设是否正确，而是通过检验与这个研究假设相对立的假设，来间接验证研究假设正确的可能性。这个与研究假设相对立的假设，在统计学上称为零假设或原假设（用符号H_0代表）。如果一项调查中，研究假设（H_1）是X与Y有关系，那么零假设（H_0）则是X与Y没有关系。

举个例子，法庭在审理案件的过程中，首先会假设被告无罪，而原告的工作就是说服法官或陪审团来推翻这一无罪假设，并接受其反面事实，即被告有罪。从逻辑学来看，如果我们能够证明某个零假设（H_0）不成立，那么其对立假设即研究假设（H_1）肯定成立。

再举一个例子，为了验证某种新药的治疗效果，我们可以采取以下方法。

零假设（H_0）：该新药在预防疟疾方面并不比安慰剂更有效。

研究假设（H_1）：该新药能够帮助预防疟疾。

调查验证：随机选取一个实验组服用新药，再选取另一个小组作为对照组服用安慰剂。一段时间后，实验组的疟疾发病率要远低于对照组。如果该新药不具备任何疗效，那么出现这一结果的概率是非常低的。因此，我们推翻该新药在预防疟疾方面并不比安慰剂更有效的零假设，承认研究假设成立，即该新药能够帮助预防疟疾。

假设检验在社会调查中的应用主要有总体均值的假设检验和总体百分比的假设检验，因为涉及复杂的公式计算，这里不再详细介绍。

三、双变量统计分析

社会生活中的许多现象并不是孤立存在的，了解现象与现象之间的关系，揭示社会现象之间的发展规律，才是大多数社会调查的主要目的。这就需要对两个变量或多个变量之间的关系进行分析。两个变量之间的关系是多个变量关系分析的基础，也是统计分析中最重要的内容之一。

（一）变量之间的关系

两个变量之间的关系主要有相关关系与因果关系两种。

1. 相关关系

两个变量之间的相关关系，是指当其中一个变量发生变化时（或取值不同时），另一个变量也随之发生变化（或取值也不同），反过来也一样。例如，当人们的文化程度不同时，他们的经济收入水平也不同；或者说人们在文化程度上的取值不同时，他们的经济收入的取值也不同。这里，"文化程度"与"经济收入"两个变量之间存在某种相关关系。相关关系用符号表示为：$X \leftrightarrow Y$。

变量之间的相关关系有方向之分，即有正与负两个方向，也称为正相关与负相关。正相关是指当一个变量的值增加时，另一个变量的值也增加；反之，当一个变量的值减少时，另一个变量的值也减少。也就是说两个变量的取值变化是同方向的。负相关是指当一个变量的值增加时，另一个变量的值反而减少，即两个变量的取值变化是反方向的。需要说明的是，相关关系的分析只适用于定序及以上测量层次的变量，因为只有这些变量的取值才有高低、大小或多少之分。

变量之间的相关关系还存在程度问题，即相关关系的强度。相关关系的强度是指变量之间相关关系程度的强弱。这种程度的强弱在统计学上一般用相关系数（r）来表示。根据变量层次的不同，存在不同的相关系数，但这些相关系数的取值范围一般都在 -1 与 1 之间（$-1 \leqslant r \leqslant 1$），或者在 0 与 1 之间（$0 \leqslant r \leqslant 1$）。这里数值的正负表示相关关系的方向，而实际数值则表明相关关系的强度。相关系数的值越接近 0，意味着两个变量的相关关系程度越弱；而相关系数的值越接近于 1（或 -1），则意味着两个变量的相关关系程度越强。需要指出的是，对于研究社会现象和社会事物的调查来说，相关系数的值不可能达到 1（或 -1），也就是说，在社会调查中不存在完全的正相关（或负相关）。另外，相关系数只是用来表示变量之间相关关系程度的量的指标，它不是相关量的等单位度量，不能进行算术计算。例如，不能认为 0.5 的相关系数是 0.25 相关系数的两倍，只能说相关系数为 0.5 的两个变量之间的相关关系程度比相关系数为 0.25 的两个变量之间的相关关系程度更密切。

变量之间的相关关系还有类型之分。根据变量的表现形式，可以将相关关系分为直线相关（线性相关）与曲线相关（非线性相关）。如果两个变量的相关关系近似地表现为一条直线，就称为直线相关。例如，在银行存款利率一定的情况下，存款的多少与存款利息的多少是直线相关的。如果两个变量的相关关系近似地表现为一条曲线，就称为曲线相关，如农作物的产量与施肥量的关系是曲线相关的。在现实社会中，曲线相关的现象比直线相关的现象要多，但由于统计分析的局限性，社会调查中多以分析直线相关为主。

2. 因果关系

在分析两个变量之间的相关关系时，还可以进一步分析这两个变量之间是否存在因果关系。因为在某种意义上，了解因果关系比了解相关关系对社会调查的价值更大。很多时候，社会调查的目的就是探寻社会现象之间的因果关系。

因果关系是指当其中一个变量发生变化时（取不同的值时），会引起或导致另一个变量也随之发生变化（取值也不同）；但反过来，当后一变量发生变化时，不会引起前一变量的变化。我们将变化发生在前面，并且能引起另一变量发生变化的那个变量称为自变量（常用 X 表示）；而将变化发生在后面，并且这种变化是前面变量的变化所引起的那个变量称为因变量（常用 Y 表示）。例如，长期熬夜会引起身体抵抗力下降，而反过来，身体抵抗力下降不会引起长期熬夜。因果关系用符号表示为：$X \to Y$。

因果关系是事物规律最准确的反映，那么，如何才能确定两个变量之间是否存在因果关系呢？要得出"变量 X 是变量 Y 的原因"的结论，必须同时满足下列三个条件。

第一，变量间关系的不对称性，即变量 X 与变量 Y 之间存在不对称的相关关系。当变量 X 发生变化时，变量 Y 也随之发生变化；当变量 Y 发生变化时，变量 X 并不随之发生变化。这种不对称的相关关系是因果关系成立的基础。

第二，变量间关系的时序性，即变量 X 与变量 Y 在发生的时间顺序上必须有先后之别。作为原因变量的自变量必须变化在先，作为结果变量的因变量必须变化在后。如果两个变量的变化同时发生，分不出先后，则因果关系不能成立。

第三，变量间关系的直接性，即变量 X 与变量 Y 的关系不是源于第三个变量影响的结果，如果变量 X 与变量 Y 之间的关系是由第三个变量同时影响的结果，则它们之间的关系就是一种虚假关系或表面关系。

因果关系与相关关系具有一定的联系，但二者并不是一回事。如果两个变量之间存在因果关系，那么它们之间必然存在相关关系；如果两个变量之间存在相关关系，那么它们之间未必存在因果关系。社会调查最重要的任务就是寻找事物之间的因果关系，但社会现象非常复杂，通常表现为相关关系，很难直接发现其因果关系。社会调查只能从各种相关关系中寻找可能存在的因果关系。

（二）交互分类表分析

在社会调查中，如果要理解两个变量之间的关系，通常先用统计描述来简化资料，最基本、最常用的方法是交互分类表分析，又称为交叉表分析或列联表分析。

交互分类，是指根据两个变量的取值，将调查所得的一组数据进行综合分类的分析方法。其目的是将两个变量进行分组，并比较各组的分布情况，寻求变量之间的关系。其结果通常以交互分类表的形式表示出来。某次调查样本的构成情况统计表（如表 14-5 所示），就是交互分类表的一个例子。

表 14-5　某次调查样本的构成情况统计表　　　　　　　单位：人

性别	学历			合计
	博士研究生	硕士研究生	本科及以下	
男	20	40	60	120
女	30	50	80	160
合计	50	90	140	280

表 14-5 是对总数为 280 人的调查样本按照性别和学历两个变量进行交互分类的结果。样本中的每一个对象都被归入由这两个标准划分出来的六个类别中。从表 14-5 中，不仅可以知道样本中男性、女性各有多少人，或者博士研究生、硕士研究生、本科及以下各有多少人，同时还可以进一步知道女博士研究生、女硕士研究生、女本科及以下学历者、男博士研究生、男硕士研究生、男本科及以下学历者各有多少人。

从这个例子可以看出，交互分类表的作用在于可以较为深入地描述样本资料的分布情况和内在结构。除此之外，交互分类表更重要的作用在于对两个变量之间的关系进行分析和解释。对此，我们举例说明，假设在一次抽样调查中得到下列统计结果（如表 14-6 所示）。

表 14-6　人们对政府某项服务的满意度统计表

调查人数/人	满意度		
	满意	不满意	未表态
1 000	45%	45%	10%

从表 14-6 中，我们只能得出"该调查中持满意和不满意态度的人大致相等"的结论，但是，当我们按照性别对表 14-6 中的结果进行交叉分类统计时，又得出了下列统计结果（如表 14-7 所示）。

表 14-7　不同性别的人们对政府某项服务的满意度统计表

性别	调查人数/人	满意度		
		满意	不满意	未表态
男	500	80%	15%	5%
女	500	5%	85%	10%

表 14-7 中的结果表明不同性别的人们对政府某项服务的态度差别很大，男性基本上表示满意，女性则基本上表示不满意，这一结果更加深入、科学地反映出客观事实。同理，我们还可以做出年龄与满意度、职业与满意度、学历与满意度等多种交叉分类表，以区分不同年龄的人、不同职业的人、不同学历的人对政府某项服务的态度。

交互分类表可以很直观地比较一个变量的不同类别在另一个变量上的分布情况，推断两个变量的关系，但交互分类表的结论只是在样本的范围内成立，如果要通过样本的情况来反映总体的情况，还需要对其进行假设检验。检验交互分类表的方法是 χ^2 检验（卡方检验）。由于 χ^2 检验的原理和所用公式的证明都比较复杂，这里不再对 χ^2 检验进行详细介绍。

四、统计分析软件

统计分析是非常复杂和烦琐的工作，过去只有那些受过数理统计专业训练的研究人员才能承担统计分析工作。但是，即使是专业人员，在人工操作或自己编写程序利用计算机处理时，也常常感到难以应付，而且容易出现错误，不够规范。20 世纪中叶以来，计算机技术的发展使这一问题得到了根本解决，统计分析软件应运而生，成为普通大众也可以熟练应用的、简便易行的统计分析工具。目前，比较流行的统计分析软件是 SPSS 软件，另外，应用比较普遍的还有 Excel 软件。

SPSS 最初是 statistical package for social science 的英文缩写，中文意思是社会科学应用统计分析软件包，最早于 20 世纪 60 年代由斯坦福大学的三位研究生开发出来。经过几十年的发展，随着 SPSS 产品功能的增强和扩展，SPSS 公司于 2000 年决定，将 SPSS 的英文全称更改为 statistical product and service solutions，意为统计产品与服务解决方案。2009 年，IBM（international business machines corporation，国际商业机器公司）收购 SPSS 公司后，SPSS 的名称又发生了改变，变为 IBM SPSS。

SPSS 软件集数据管理、分析功能于一身，其基本功能包括数据管理、统计分析、图表分析、输出管理等。SPSS 软件的统计分析过程包括描述统计、比较均值、相关分析、回归分析、聚类分析、时间序列分析等，每一类中又分为若干个统计过程。SPSS 软件还有专门的绘图系统，可以根据数据绘制成各种图形。SPSS 软件的分析结果清晰、直观，而且 SPSS 软件可以直接读取 Excel 数据文件，现已成为社会调查领域中使用最广泛的统计分析软件。

使用 SPSS 软件进行统计分析的步骤大致如下：

第一步，录入数据，建立数据文件。录入数据可以直接在 SPSS 软件提供的电子表格中进行。打开 SPSS 软件后，显示的就是数据视图窗口，即一张行与列的电子表格，表格上每一行（横栏）代表待输入的问卷个案，也就是其中一个调查对象的全部信息，每一列（纵栏）表示一个变量，即该调查对象某一方面的信息，如性别、年龄、职业等。如果是用其他软件（只能在 SPSS 软件规定的软件范围内）制作的数据文件，利用 SPSS 软件可以将其转为 SPSS 软件的数据类型文件。

第二步，利用 SPSS 软件的有关功能对数据进行清理，以发现问题，校正数据的错、漏之处等。相关界面菜单，如图 14-4 所示。可利用数据菜单下的相关功能，如识别重复个案、标识异常个案等对数据进行清理校正。

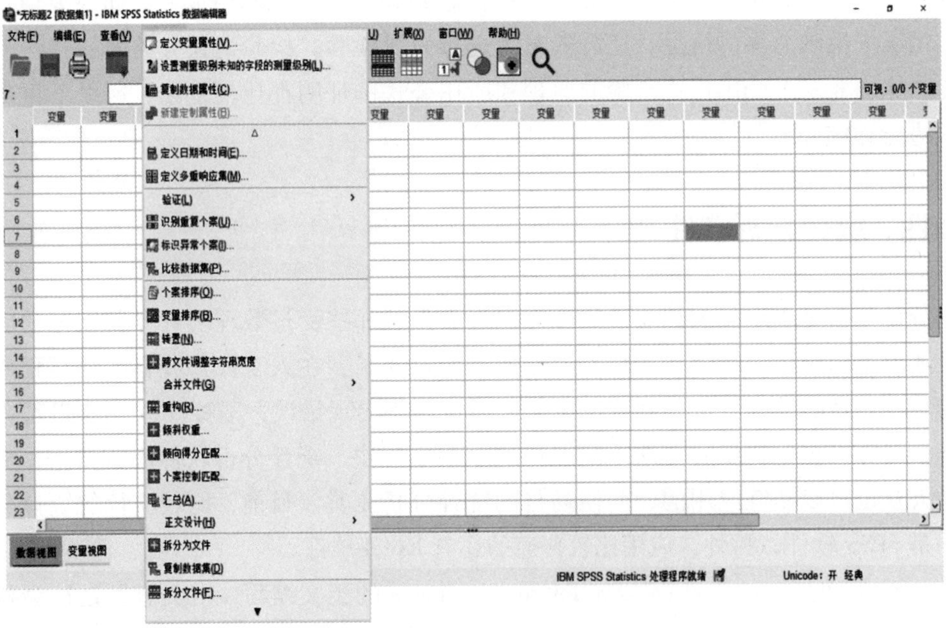

图 14-4　SPSS 软件数据清理菜单

第三步，通过执行有关命令，对数据的整体状况做出评估。

第四步，根据研究需要或统计分析的要求，使用 SPSS 软件的有关功能对数据进行加工处理，如对变量进行转换、更新、重新编码及对数据进行分组等。相关界面菜单如图 14-5 所示。

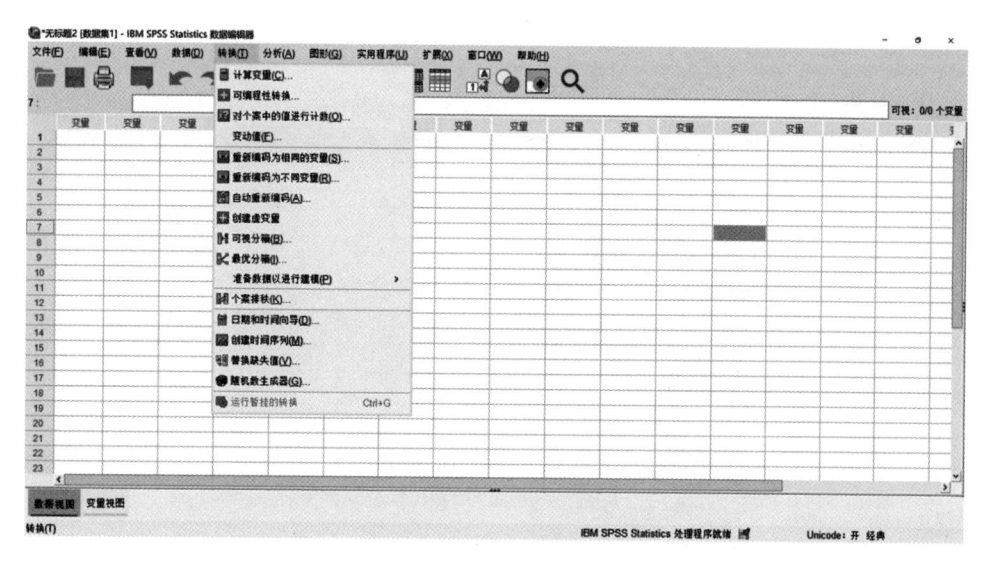

图 14-5 SPSS 软件数据转换菜单

第五步，根据研究目的，启动 SPSS 软件分析功能，对数据进行统计分析，包括进行描述统计、比较均值、相关分析等。相关界面菜单如图 14-6、图 14-7、图 14-8 所示。

图 14-6 SPSS 软件描述统计菜单

SPSS 软件比较容易上手，但要熟练掌握乃至精通，需要长期努力才能做到。专门介绍 SPSS 软件的著作很多，本书限于篇幅，就不再对其进行详细介绍。

Excel 是微软公司推出的 Office 办公软件中用于简单统计分析的一种软件。在专业领域中，Excel 的名气远不如 SPSS，但是，对于全世界无数使用 Office 办公软件的人来说，它的知名度则是所有专业统计分析软件望尘莫及的。

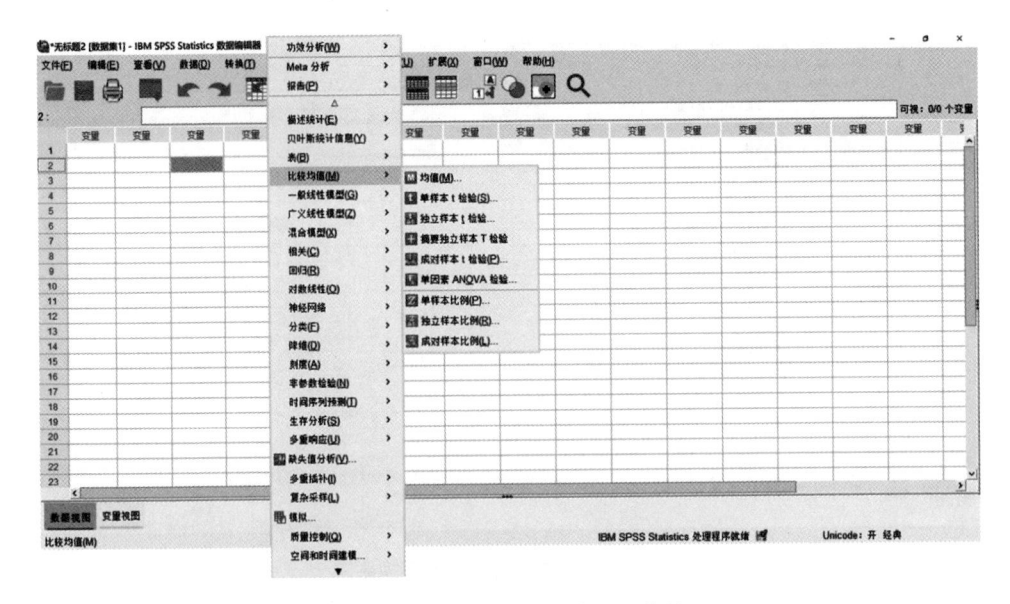

图 14-7　SPSS 软件比较均值菜单

图 14-8　SPSS 软件相关分析菜单

Excel 的统计功能比不上 SPSS 等专业统计分析软件，但可以满足大多数用户进行一些简单统计分析的需要。与专业统计分析软件相比，Excel 的优势在于：其一，包容 Excel 的 Office 办公软件，非常普及，因此便于一般用户使用 Excel。其二，作为 Office 办公软件的组成部分之一，Excel 便于与 Office 办公软件的其他软件配合使用。例如，用 Excel 分析完数据后，可以用 Powerpoint 制作幻灯片，撰写调查报告时可以将统计结果直接录入 Word，而不必像使用其他专业统计分析软件那样需要转换。正是由于这些优点，Excel 在社会调查中也有比较广泛的应用，可以满足一些比较简单的统计分析需求。

第三节　理论分析

理论分析是指对调查资料进行系统化的理性认识的分析方法，着重于对感性资料的理论升华与总结，揭示社会现象或社会事物的本质及规律。理论分析是资料分析的高级阶段和最终环节。

理论分析以定性分析和定量分析为必要前提。定性分析确定社会现象或社会事物的性质与特征；定量分析则说明社会现象或社会事物的内部数量关系及其变化规律，二者都为理论分析提供了坚实的基础。

理论分析依靠科学的逻辑思维方法进行，它主要是对调查得到的资料和统计得到的数据，运用各种思维方法进行系统化的理性分析并得出结论的一种思维过程。逻辑思维方法种类繁多，在社会调查中常用的有比较分析、因果分析、结构功能分析和系统分析。

一、比较分析

比较分析是指将不同的社会现象或社会事物进行对比，找出异同点，从而分清社会现象或社会事物的特征及相互联系的方法。比较分析是对调查资料进行理论分析的最常用、最基本的方法。事物之间都存在或多或少的共同点和差异，没有完全相同的事物，也没有完全不同的事物。正是通过对事物之间共同点和差异的比较，我们才能更加完整、客观地认识事物。

毛泽东在《中国社会各阶级分析》一文中就采用了比较分析。毛泽东把中国的社会阶级分为地主阶级、买办阶级、中产阶级、小资产阶级、半无产阶级、无产阶级和游民无产者，然后对各阶级的经济地位与政治态度进行了比较分析，在此基础上形成了谁是革命的敌人、谁是革命的朋友，应该依靠谁、团结谁、反对谁的理论认识，并据此制定出适合中国社会特点的新民主主义革命路线。

常用的比较分析有横向比较与纵向比较。横向比较是指采用统一标准对同一时间或者同一状态下的不同调查对象进行比较的方法，如现阶段城市与农村发展水平的对比、东部地区和西部地区经济水平的对比。纵向比较是指对同一调查对象在不同时期的特点进行比较，以发现其历史变化趋势，如对中华人民共和国成立以来各年度经济增长水平的对比。横向比较和纵向比较各有长短。横向比较的优点是现实性强，容易理解，便于掌握；缺点是作为一种静态比较法，难以揭示社会现象或社会事物的发展规律及发展趋势。纵向比较的优点是能够揭示社会现象或社会事物的发展规律与发展趋势，但它往往对事物之间的横向联系关注不够。因此，最好的做法就是将横向比较与纵向比较相结合，以全面深入了解社会现象或社会事物。

进行比较分析，要特别注意调查对象的可比性。要使两种社会现象或社会事物具有可比性，关键是要选择恰当的比较角度，建立起对双方都适用的比较标准，否则就无法进行比较。例如，可以把民营企业与国有企业的经济效益进行比较，但不可以把企业的经济效益与学校的管理体制放在一起进行比较，因为经济效益与管理体制是两种完全不同的指标。

运用比较分析认识事物时，随着时间的推移和人们认识水平的不断提高，比较的内容也需要不断地调整和深化，比较时应该逐渐脱离社会现象或社会事物的表面现象，而不断向着其本质进发。同时，也应该尽可能对社会现象或社会事物进行多个层面的比较，我们所进行的任何比较都是片面的，比较的层面越多越有助于较为全面地了解、认识社会现象或社会事物。

二、因果分析

社会现象或社会事物之间的因果联系在自然界与社会中是普遍存在的。生活经历告诉我们，许多社会现象或社会事物都有其产生的原因，许多原因也都必然会造成一定的结果。如果某种社会现象的产生，必然引起另一种社会现象的产生，那么引起另一种社会现象产生的现象叫作原因，被引起的社会现象叫作结果。例如，"摩擦生热"，摩擦是原因，热是结果。

社会现象或社会事物之间的因果联系具有以下几个特点：一是因果联系具有先后相继性，总是原因在前，结果在后。但是，需要注意的是，两种先后相继的社会现象并不一定就存在因果联系。二是因果联系具有必然性，因与果之间的联系是客观的、必然的，不是偶然的，只要在相同的条件下，同样的原因会产生同样的结果。三是因果联系具有复杂性，有一因一果、一因多果、多因一果、多因多果等多种情况，因而认识因果联系是一个十分复杂的过程。

因果分析，是一种探寻社会现象或社会事物之间因果联系的方法。社会调查的一个基本前提是任何社会现象或社会事物的发生与存在都不是偶然的，一切都事出有因，并且同一原因会反复造成同样的结果。社会调查的基本任务就是发现社会现象或社会事物之间的因果联系。因此，因果分析在社会调查中具有十分重要的意义。因果分析具有以下五种具体的分析方法。

（一）求同法

求同法的基本思路是如果被研究的社会现象或社会事物在不同的场合出现，而在这些不同的场合中只有一种共同情况，那么，这种唯一的共同情况就可能是被研究的社会现象或社会事物的原因。例如，对影响下岗工人再就业的原因进行调查，结果发现所有顺利再就业的工人都有一个共同特点，即他们都具有较高的文化水平，那么我们可以认为较高的文化水平是实现再就业的原因。

求同法的特点是"异中求同"，其所依据的主要方法是经验观察，因而只能得到一种或然性的结论，并不能保证结论的必然正确。为了提高结论的可靠程度，运用求同法时应保证有足够多的事例，即被研究的社会现象或社会事物出现的不同场合越多越好，同时，还需要观察各个场合是否还有其他的共同情况。

（二）求异法

求异法亦称差异法，其基本思路是如果某一种被研究的社会现象或社会事物在第一个场合出现，在第二个场合不出现，而这两个场合中的其他情况完全相同，只有一种情况不同，那么这种不同情况就是被研究的社会现象或社会事物的原因。例如，在一个密封的有空气的玻璃罩内放一只老鼠，老鼠神态自若；然后抽净罩内空气，老鼠马上窒息，随即死亡。两个场合中，密封的玻璃罩、老鼠等情况均相同，唯一不同的是有没有空气。有空气，老鼠活动正常；没有空气，老鼠窒息死亡。于是得出结论：没有空气是老鼠死亡的原因。

求异法在科学研究中应用广泛，其基本特点是"同中求异"，由于运用求异法时有正反两个场合，并且两个场合中唯一有一种情况不同，它比求同法具有更大的可靠性。应用这种方法要注意两个场合中有无其他差异情况，同时注意考察两个场合中唯一不同的情况是研究对象的全部原因还是部分原因，防止以部分原因作为全部原因。

（三）求同求异并用法

求同求异并用法的基本思路是如果在被研究的社会现象或社会事物 A 出现的各个场合中，都有一种共同情况 x；而在被研究的社会现象或社会事物 A 不出现的各个场合，都没有这种共同情况 x，那么这种共同情况 x 与被研究的社会现象或社会事物 A 之间就有因果联系。例如，我们在调查失足中学生时，调查了改好的和没改好的事例。经过分析发现，那些改好的失足中学生都受到了家庭和社会的热心关怀与帮助，而那些没有改好的失足中学生则缺乏家庭和社会的热心关怀与帮助，因而得出这样的结论：对失足中学生给予热心关怀与帮助是促使其改好的原因（或者部分原因）。

求同求异并用法是把求同法与求异法结合起来运用的一种方法，其正反场合使用的事例越多越好。场合越多，可靠性也就越高。求同求异并用法比单独运用求同法或求异法所得的结论要可靠，但是其结论仍不具有必然性。

（四）共变法

共变法的基本思路是如果某一情况发生一定变化，被研究的社会现象或社会事物也随之发生一定的变化，该情况则是被研究的社会现象或社会事物的原因。例如，在其他情况不变的条件下，随着气温的升降，温度计的水银柱也随之升降，从而得出结论：气温升降是温度计水银柱升降的原因。

共变法不仅可以帮助人们认识被研究的社会现象或社会事物与某一情况的因果关系，而且可以使人们从量的相关性上精确地把握这一因果关系，还可以应用于那些联系紧密无法分离的现象，比求同法、求异法的应用范围更广。共变法的结论一般是或然性的。应用共变法首先应注意共变现象是否与研究对象存在必然因果联系；其次应注意共变现象的限度。

（五）剩余法

剩余法的基本思路是如果已知被研究的某复合现象是由某复合原因引起的，并且已知这个复合现象的一部分是复合原因中的一部分引起的，那么被研究现象的剩余部分和复合原因的剩余部分也有因果联系。例如，放射性元素镭的发现就是应用了剩余法。科学家居里夫人知道纯铀发出的放射性强度，也知道一定量的沥青铀矿所含的纯铀数量，但是在研究过程中，她发现一定量的沥青铀矿发出的放射线比它所含的纯铀发出的放射线要强得多，纯铀的存在不足以说明这一现象，于是，她用剩余法推出在沥青矿石中一定含有其他的放射性元素，后来果真发现了放射性元素镭。

剩余法的特点是"从余果求余因"，其结论也是或然的。运用剩余法可以发现某种已知社会现象或社会事物的未知性质，还可以发现某种未知条件、未知因素甚至未知事物的存在。运用剩余法时必须明确被研究的某复合现象是由某复合原因引起的，并且确知其中部分现象是对应的部分原因引起的，而已知的部分原因与剩余部分的现象无因果联系，否则，结论就不可靠。

上述五种方法是探求社会现象或社会事物之间因果联系的基本方法，在理论分析中，这些方法不是孤立的，往往是相互补充、共同使用的。

三、结构功能分析

结构功能分析是指自然科学和社会科学用来分析自然现象和社会现象的一种重要方法，是社会调查中常用的一种理论分析方法，其理论依据来自社会学中的结构功能理论。

结构功能理论认为任何社会现象或社会事物都是由一定组成部分或要素构成的，

这些组成部分或要素之间形成一种相对稳定的联系，这种相对稳定的联系称为结构。相互联系的各组成部分或要素之间是相互依存、相互作用和相互影响的，这种社会现象或社会事物内部各组成部分或要素之间的相互作用和相互影响称为内部功能，该社会现象或社会事物对外部其他社会现象或社会事物的作用和影响称为外部功能。分析社会现象或社会事物的结构和功能的方法，称为结构功能分析。

结构与功能的相互关系包括两个方面：一方面是结构决定功能，有什么样的结构就有什么样的功能，结构的改变也必然引起功能的改变，结构的有序化会促进功能的有序化。另一方面是功能也制约、影响着结构，事物原有功能的强化、削弱、丧失及某种新功能的产生，会导致事物原有结构发生变化。一个和尚挑水喝、两个和尚抬水喝、三个和尚没水喝的道理可以清晰地说明结构与功能的关系。因此，进行结构功能分析，应该是动态的，而不是静态的。

运用结构功能分析的方法，一般可以按照下列步骤进行：①明确结构和功能的承载物，即明确研究对象。例如调查犯罪团伙问题，需要先明确犯罪团伙。②内部结构分析，即考察研究对象内部各组成部分在形式上的排列和比例。例如，分析犯罪团伙的内部结构，就需要分析谁是主犯，谁是从犯；谁是策划者，谁是执行者；考察各罪犯在团伙中的地位角色，分清犯罪轻重。③内部功能分析，即考察研究对象内部各组成部分之间的相互影响和相互作用。例如，分析犯罪团伙各成员之间有没有相互的利益满足、制约和影响；犯罪团伙的主犯是如何对从犯进行影响和控制的等。④外部功能分析，即考察研究对象对社会的影响和作用。例如，分析犯罪团伙的犯罪行为对社会治安、人民生命财产安全和社会心理等方面的影响和作用。

四、系统分析

系统分析建立在系统理论的基础之上，因此，要进行系统分析就要先弄清楚什么是系统与系统理论。

系统是指由若干相互联系、相互作用的要素组成的复杂、有序的整体。系统中的"系"就是指联系，"统"则是指统一整体的意思，系统是客观存在的。人们对系统的认识古已有之。古希腊哲学家德谟克利特所写的《宇宙大系统》一书，是最早采用"系统"一词的著作。古希腊哲学家亚里士多德提出的"整体大于它的各部分之和"的论述，就是对系统的一种经典表述，一直沿用至今。恩格斯也曾指出，我们面对着的整个自然形成一个体系，即各种物体相互联系的总体。这里所说的"联系的总体"，就是系统。

系统理论则是人们在社会实践活动中对客观存在的系统及其本质特征形成的一种系统化的认识。系统理论认为，系统最基本的特征是它的整体性，在一个系统中，系统整体不能简单地等于各组成部分之和。系统整体所具备的特性和功能既不能归结为各组成部分的特性和功能的总和,也不能从各组成部分中简单推导出来。系统整体所具备的特性和功能是各组成部分在孤立状态时所没有的。这种系统整体所具备的特性和功能,只有当作为整体存在时才显现出来;当把系统整体分解为各个孤立部分时,系统整体的特性和功能也就不存在了。同时,系统与各组成部分是相对而言的。扩大研究范围时,原来的系统在另一个大系统中又变成了部分,也可以称之为子系统。系统是普遍存在的,所以对任何事物都应该采取系统分析的方法。

社会调查中的系统分析,是指按照系统理论的思想,对调查对象的整体进行系统分析,找出其结构和层次,分析组成部分,掌握各组成部分的功能,研究实现整个系统最优化的途径。系统分析与中医的诊断和治疗十分相似。中医的诊断和治疗强调整体观念,用系统分析的方法把人、病、症结合起来统筹考虑。中医不仅把某一器官、某一部位的疾病与人的整体作为复杂系统对待,而且把人与周围环境作为一个大系统联系起来,以考虑对疾病的影响,进行综合治疗,往往是同一种病却用不同的方剂。同理,任何一种社会现象或社会事物的出现都不是孤立的、偶然的,总是与其他社会现象或社会事物有着这样或那样的关系和联系。要想获得对社会现象或社会事物透彻的认识,就应将其放置在社会系统的大背景中加以考察研究,孤立地分析任何单一因素是无法找出全部原因的,也不能从根本上解决问题。

本章小结

思 考 题

1. 资料分析有哪几种类型?
2. 什么是定性分析?定性分析的主要内容是什么?
3. 什么是统计分析?
4. 什么是描述统计?
5. 什么是推论统计?
6. 什么是理论分析?有哪些常用的理论分析方法?

05
第五编

调查总结

第十五章 调查报告

本章提要

调查报告的撰写是社会调查总结阶段最重要的工作。调查报告的完成是社会调查结束的主要标志。本章说明了调查报告的概念、特点,并结合实例介绍了各种类型的调查报告的基本情况,讲述了调查报告的结构、撰写步骤和基本要求。通过本章的学习,学习者能够按照一定的步骤和要求完成调查报告的撰写。

学习要求

1. 了解:调查报告的概念;调查报告的种类;调查报告的特点。
2. 掌握:调查报告的结构;调查报告写作的步骤和基本要求。

通过对调查资料的深入分析，调查结论已基本形成，社会调查即进入总结阶段。总结阶段的工作主要包括总结调查工作、评估调查结果和撰写调查报告。但许多社会调查并不专门进行前两项工作，而是将其与撰写调查报告一并进行，调查报告的完成就是社会调查结束的主要标志。因此，可以说，撰写调查报告是社会调查总结阶段最重要的工作，也是社会调查的最后环节。调查报告的优劣，关系着社会调查的成败与质量高低。

01 第一节　调查报告的概念、种类及特点

一、调查报告的概念

调查报告是指人们对某一事物、某一事件、某一方面或某一问题进行充分的调查之后，根据调查资料撰写的反映真实情况的书面报告。

调查报告不像一般公文那样有单一、固定的名称。它除了以"调查报告"命名，还可以称作"调查""调查汇报""情况调查""信访调查""调查附记""调查札记"等。此外，许多以"情况汇报""情况介绍""情况反映"等为标题的文章，也属于调查报告。

调查报告的用途十分广泛，或用于总结先进经验，或用于揭露存在的问题，或用于说明事实的真相，或用于预测事物的前景，或用于介绍事物的发展过程，或用于反映事物的客观规律，或用于提出对策建议等。由于在实际工作中社会调查非常普遍和频繁，调查报告也就成为一种特别常用的文体，对社会发展起到了很大的推动作用。

二、调查报告的种类

调查报告根据其性质不同可以分为两大类：一类是普通调查报告，也称为社会调查报告或事务文书类调查报告；另一类是学术调查报告，也称为科研调查报告。这两类调查报告依据不同标准又可划分为多种类型。

（一）普通调查报告

1. 描述式调查报告、论说式调查报告、合一式调查报告

按照文体特点的不同，普通调查报告大致可以分为描述式调查报告、论说式调查报告、合一式调查报告。

描述式调查报告在撰写时偏重对调查过程和调查资料进行客观叙述，较少议论，它注重使人们对调查对象产生深刻的印象，从中形成鲜明的、正确的看法。著名的中央电视台《新闻调查》节目大多就是以电视报道的形式表现的描述式调查报告。

论说式调查报告在撰写时偏重对调查材料进行分析论证，以及由论证形成的作者的见解，并且以此来引导读者，使读者了解调查对象的性质及意义。论说式调查报告的理论色彩较浓，毛泽东的《湖南农民运动考察报告》就是典型的论说式调查报告。

合一式调查报告是描述式调查报告和论说式调查报告两种类型的结合，其特点是既有描述又有议论，全面、深入地反映调查对象的实际情况。在撰写时一般是先说明调查情况，然后分析、归纳，得出结论和提出建议。绝大多数调查报告都属此类。

2. 全面调查报告、专题调查报告、典型调查报告

按照调查范围、调查方式的不同，普通调查报告大致可以分为全面调查报告、专题调查报告、典型调查报告。

全面调查报告是指依据普查的结果所撰写的调查报告。它涉及调查对象的所有单位，所用调查资料广泛，因此调查结论具有普遍性强、适用面广、指导作用大的优点。例如，中国音乐研究所编的《湖南音乐普查报告》[①]，就是对散在湖南省各县乡的所有民间音乐进行全面调查后撰写的全面调查报告，在抢救民族文化遗产、发展民族音乐等方面起到了重要作用。

专题调查报告是指为了一定目的，选取特定角度，以某一个或某一组样本作为调查对象进行专门调查，在调查结果的基础上所撰写的调查报告。其主题鲜明、针对性强，涉及的资料专注于某一个或某几个方面，内容比较全面、细致、深入，数据比较准确，所以调查结论较为深刻，说明力强。例如，于兵的《天津市武清县乡镇企业资金现状的调查》[②]一文，对当时天津市武清县乡镇企业的资金状况进行了详细描述，指出了各企业存在的问题，并提出了解决办法，是一篇典型的专题调查报告。

典型调查报告是指为了一定的目的，选用一个或数个典型单位、事例作为调查对象，经过调查分析后所撰写的调查报告。它通过个别说明一般，通过特殊得出具有普遍意义的结论，从而指导和推动工作。例如，陈东琪的《西北地区机关、事业单位工资、收入分配调查报告》[③]一文，就是一篇典型调查报告。这篇调查报告通过分析西北地区最具代表性的新疆、青海、甘肃等地的大量调查资料，指出了西北五省区机关、事业单位在工资、收入分配方面普遍存在的问题及其成因，并提出了对策和需要进一步研究的问题，对政府做出有关决策具有重要意义。

3. 情况（概况）调查报告、事件调查报告、经验调查报告、问题调查报告、对策

---

① 中国音乐研究所. 湖南音乐普查报告. 北京：音乐出版社，1960.
② 于兵. 天津市武清县乡镇企业资金现状的调查. 财政科学，1994（26）：24－27.
③ 陈东琪. 西北地区机关、事业单位工资、收入分配调查报告. 经济研究资料，1993（1）：50－58.

（理论）调查报告

按照目的、作用、内容的不同，普通调查报告大致可以分为情况（概况）调查报告、事件调查报告、经验调查报告、问题调查报告、对策（理论）调查报告等。

情况（概况）调查报告也称为基础性调查报告，是指全面、系统地反映调查对象基本状况的调查报告。它的特点是对调查对象的基本状况和特征及其发生、发展、变化的过程做出比较完整的表述，使人们对调查对象有全面的了解，进而理解调查报告的中心思想。情况（概况）调查报告在撰写时要以叙述情况、描述事实为主，较少议论，主观色彩、理论色彩都不浓。它的主要功能是给有关部门、有关人员提供客观的、新鲜的资料，作为研究、处理问题及制定政策法规、方针路线的现实依据。例如，原中共中央农村政策研究室在20世纪80年代中期曾采取随机抽样方法，对28个省（区、市）的10 938户农民进行了调查，在调查资料基础上撰写了《万户农民问卷调查》。这篇调查报告客观描述了农民吃、穿、住、用的变化，记录了农民对农村改革的看法、对粮食生产的态度、对农村基层干部的评价等。在这篇调查报告中很少有议论性内容，作者并没有直接站出来表明自己的看法，而是通过客观事实和大量的数据资料，真实地反映出农村的基本情况，使人强烈地感受到改革开放政策的正确性。这就是一篇典型的情况（概况）调查报告。

事件调查报告是指昭示事件的调查报告。其特点是针对现实生活中发人深省的、具有一定代表性和突出社会意义的事件，清晰、完整地陈述其来龙去脉、前因后果、背景材料及有关具体情况。事件调查报告的行文以叙述为主，较少议论，一般只对调查主题略加提示，事件本身所包含的意义留给人们去思索、追寻，这样更能激发人们的兴趣，使他们更加主动、积极地思考。例如，2003年4月25日《南方都市报》刊登的《被收容者孙志刚之死》就是一篇典型的事件调查报告。该篇调查报告通过利用详细、无可辩驳的调查资料，客观报道了大学毕业生孙志刚在广州被收容致死的过程，文章内容几乎没有议论性语言，却带给人们多方面的启示，在社会上引起了巨大反响。在全社会的关注和中央领导的过问下，不仅孙志刚的冤情得以昭雪，而且直接促成了旧的收容办法的废除，使我国在救助管理制度方面取得了重大进步。

经验调查报告是指通过对典型事例进行调查分析后撰写的调查报告。其功能在于为贯彻执行某一方针、政策提供典型经验及具体做法。其特点是在交代具体事件及产生背景的基础上，着重介绍成功经验和具体措施，以期为人们提供借鉴，推进各项工作的开展。经验调查报告具有较强的政策性、理论性，以及普遍的指导意义。不具备普遍意义、不典型的经验可以撰写为总结或先进事迹，而不宜撰写为调查报告。例如，山西电视台《记者调查》栏目于2001年5月播出的《穷县如何"唱大戏"——河曲广播电视事业调查》，介绍了山西河曲县广播电视局发展广播电视事业的经验。该局坚持改革开放，转变了观念和体制，采取了资产重组、优化资源配置、改革人事制度、积极引进人才、实行全员责任制等一系列措施，从而一举摘掉亏损、落后的帽子，实现了经济效益、社会效益双丰收,为贫困县兴办广播电视事业提供了样板。这就是用电视手法表现的典型的经验调查报告。

问题调查报告是指揭露问题、剖析问题和提出对策的调查报告。其特点是先说明问题的危害程度、范围和紧迫性,再进一步探寻问题产生的根源,并尽可能提出解决的办法。例如,王保喜撰写的《国有资产是怎样流失的》一文,开宗明义,首先强调了问题的严重性:"近13年来,我国的国有资产每天大约流失1亿元,到目前为止,国家至少有5 000亿元'家当'通过各种渠道,进入了个人或小团体的腰包。"然后用大量调查事实和数据逐一分析了国有资产通过六个渠道流失的具体原因。这是一篇典型的问题调查报告,问题抓得及时、准确,问题成因分析得深入、透彻。这就为国家有关部门采取相应措施,堵塞漏洞,避免国有资产流失提供了依据。

对策(理论)调查报告是指通过对某个地区或某类情况进行深入细致的调查研究,根据调查取得的资料和数据,就某个理论性问题、政策性问题或措施性问题进行探讨,并提出自己主张的调查报告。其特点是论证较多,具有很强的理论色彩。对策(理论)调查报告主要是为了充分说明作者的观点和意见,注重的是说服,而不仅仅是对客观事实的表述和客观现象的披露。例如,全国总工会女职工部撰写的《世事在变法亦应变:关于女职工生育保险情况的调查报告》[1] 一文,就属于对策(理论)调查报告。该调查报告通过对调查所获的事实资料和数据进行多方面的分析论证,说明当时的《企业职工生育保险试行办法》已不适用于女职工生育的现状,并提出了修改、完善《企业职工生育保险试行办法》和尽快出台《企业职工生育保险条例》的具体对策。

(二)学术调查报告

依照调查对象的不同,学术调查报告可以分为三类,即事物的调查报告、事实的调查报告和课题的调查报告。

事物的调查报告是指对科研所涉及的社会事物进行实际调查后撰写的调查报告。其特点是细致、准确地描述调查对象的原貌,并在此基础上做出科学结论。例如,李孝聪主编的《中国古代舆图调查与研究》[2] 一书,对国内外众多图书馆、博物馆收藏中国古代地图的情况做了详尽的介绍,并加以多方考证,这就是典型的学术性事物的调查报告。

事实的调查报告是指对有科学价值的事实或事件进行实际调查后撰写的调查报告。其特点是在深入发掘事实或事件真相的基础上,如实记录事实或事件的内容或过程,并做出科学分析。例如,李润中、吴太邦在《辽宁盘锦文昌宫道教器乐调查报告》[3] 一

---

[1] 全国总工会女职工部. 世事在变法亦应变:关于女职工生育保险情况的调查报告. 中国妇女报,2003-05-15.
[2] 李孝聪. 中国古代舆图调查与研究. 北京:中国水利水电出版社,2019.
[3] 李润中,吴太邦. 辽宁盘锦文昌宫道教器乐调查报告. 中国音乐学,1995(1):73-91.

文中，详细描述了关于辽宁盘锦文昌宫道教器乐的源流、乐器、乐名、演奏形式、曲目等，并分析了其艺术特点和与民俗的关系，这就是典型的事实的调查报告。

课题的调查报告是指就某一研究课题进行实际调查后撰写的调查报告。其特点是围绕研究课题多方位、多角度地选取调查资料，形成支撑研究课题的若干观点，并得出研究课题的科学结论。例如，《北京居民安全感调查》是由李强、高光斗主持的"北京社会治安综合评价体系"科研课题组完成的调查报告之一。该调查报告主要从居民的安全评价、被害风险估计、反映安全感的行为等几方面入手，根据大量的调查资料，分析影响居民安全感的因素，对于评估总体居民的安全感有很大的理论价值和实际意义。

三、调查报告的特点

调查报告的特点大致如下：

第一，真实性。调查报告必须真实、客观地反映社会调查的内容和结果。在调查报告中，涉及的所有人物、事实、时间、地点及其他细节都要真实和准确，绝不能有任何虚假、浮夸和主观臆测的成分，也不能对调查材料任意肢解、拼凑，或者张冠李戴、移花接木。所有观点、主张必须建立在客观资料的基础上，实事求是。

第二，针对性。进行社会调查，主要是为了解决社会实际问题，而撰写调查报告是实现这一目的的重要环节。因此，调查报告必须有的放矢：必须是针对某一事物、某一事件、某一方面或某一问题所做的有实际意义的描述、分析和建议；必须针对调查报告的阅读对象，阅读对象不同，其要求和关注问题的侧重点也不同。在社会调查中，针对性越强，调查的效果就越好。同样，调查报告的针对性越强，作用就越大。因此，有人说针对性是调查报告的关键。

第三，典型性。调查报告所反映的内容，必须是对所调查的问题认真研究和对调查资料精心筛选的结果。无论是观点还是事实，都应当具有典型性，能够最有力地反映社会关注的热点或亟待解决的问题，彰显先进经验或新生事物，揭示社会现象或社会事物的本质及发展规律，从而使调查报告真正起到带动全局的作用。调查报告如果失去了典型性，只是泛泛而谈，也就失去了存在的价值。

第四，指导性。调查报告应是对社会调查所获资料的高度概括、总结和科学分析。其应当揭示社会现象或社会事物的本质及发展规律，从而为人们提供决策依据和解决问题的办法及理论研究的参考，而不能仅仅是对社会现象或社会事物的简单的一般性描述。即使是描述式调查报告，也要做到给人以启示。

第五，时效性。调查报告必须及时地服务于当前的社会需要。这主要表现为两方面，一方面是及时反映社会关注的热点、亟待解决的问题和新生事物；另一方面是虽然调查内容与现实生活无关，如反映的是历史问题，但其能够立即满足当前人们的某种迫切需要。调查报告如果滞后于现实生活，即丧失了时效性，就毫无存在的必要。

了解和掌握上述特点，是撰写调查报告的基本要求。合格的调查报告必须符合这些特点。

第二节 调查报告的结构

调查报告并无固定的结构要求，其结构可以多种多样。往往是根据调查主题选用恰当的结构。目前，最常见的调查报告的结构包括标题、署名、导语、主体和结尾五个部分。

一、标题

标题是调查报告的名称，用以直接体现调查报告的中心思想和主要内容，其一般分为单行标题和双行标题两种。

（一）单行标题

用一句话拟一个标题，称为单行标题。它一般有两种写法：一种是公文式标题，构成形式为"事由＋文种"，如"广东农村贫困户调查报告"；另一种是文章式标题，类似一般文章命题，但必须是概括调查报告的主题或观点或主要内容与论述范围，如"太原市牛奶生产的滑坡及其对策""大学生消费道德亟待关注""江村经济"。

（二）双行标题

用两行、两句话表述同一调查主题的标题，称为双行标题。双行标题分为正标题和副标题。正标题一般采用文章式标题，揭示调查报告的中心思想，应新颖、活泼、富有文采和引人注目；副标题一般采用公文式标题，说明调查报告的时空范围、内容和文种，应直接、清楚、实在。双行标题兼有公文式标题和文章式标题的优点，既概括又具体，虚实结合，生动醒目，可以给读者一个深刻的印象。以下标题即双行标题：

"不看不知道，一看吓一跳——青海临时机构调查"

"我们如何赢得未来——上海青少年素质现状的分析与思考"

"北京的钱为何好赚——北京蔬菜市场调查之一"

"沉重的'丢失'——开架商品被偷拿现象透视"

"变'两张皮'为'一体化'——新飞公司加强企业思想政治工作调查"

无论是单行标题还是双行标题，总的要求都是主题突出、文字精练。双行标题必须避免内容重复，而且不能将正副标题颠倒。例如，"大学生自杀率上升——关于大学生自杀现象的调查"即属于内容重复；"某市科技人才流失原因调查报告——知识分子的待遇应予提高"则属于正副标题倒置。

二、署名

在标题之下要署参加调查的人员和调查报告撰写者（个人或集体）的名称，以明确调查报告的责任者和知识产权的归属。

三、导语

导语也称为前言、导言，位于调查报告正文的开头部分。有的长篇调查报告将导语单独拿出来，放在调查报告的开头，称其为"说明"或"概要"等。

导语是指用一段简明扼要的文字，概括调查的起因、目的、意义、调查对象、调查范围、主要调查方式、调查手段和调查经过，以及调查报告的基本观点等。其作用在于使读者对全文形成一个总体印象，能够迅速、准确地把握调查报告主旨。因此，导语可以说是调查报告的"纲"，具有十分重要的地位。

导语因调查报告的种类、用途、调查手段和方法、正文使用的资料及分析论证方法之不同而有所差异。其大致可以分为以下几种类型：第一种，以描述调查活动的概况（如调查范围、调查方式、调查手段和经过等）为主；第二种，以介绍调查对象的基本情况为主；第三种，以说明调查课题的意义或目的为主；第四种，以概括调查报告的主要内容为主；第五种，以阐述调查报告的基本观点为主。有的调查报告，特别是一些内容较多的调查报告，导语也往往是这几种类型的综合。下面请看两个导语示例：

两种形式　不同结果
——吉林市第一住宅公司承包的调查

吉林市第一住宅公司是一个有3 000名职工的中型国有施工企业。这个公司自1984年起在土建处落实了承包责任制。承包形式有两种：一种是包死基数，超收分成，人、财、物三权下放，自立账户、自主经营、自负盈亏的集体承包形式；另一种是公司保任务，保资金、设备、材料的供应，施工处包各项技术经济指标的"包保"承包形式。他们称实行这种承包的处为"国营承包处"。实践证明，不同的承包形式，承包后的效果大不一样。

以上是以介绍调查对象的基本情况为主的调查报告导语。

从谎言到假报道

——失实新闻《农民杜纯考取博士研究生》成稿过程调查

本报 9 月 14 日三版刊登消息"农民杜纯考取博士研究生",17 日即收到大连工学院来电,内称:杜纯"考试成绩实在太差,五门功课都不及格……我院早已正式通知杜纯不予录取"。

为查清本报这则少有的失实报道的原因,记者带着署有山东省枣庄军分区政治部及作者名字并盖有政治部公章的原稿,前往滕县、枣庄调查。

以上是综合说明调查课题目的和调查范围的调查报告导语。

四、主体

主体是调查报告的核心和主干部分。陈述情况、列举调查材料和分析论证等主要在这部分完成。其内容包括提出问题,引出观点,阐明有关论据,说明与之相联系的各种分析研究方法等。

主体部分要做到重点突出、结构严谨、层次分明、条理清晰。为此,我们必须对内容结构进行精心设计,并对庞杂的调查资料,包括数据、材料、图表、观点等,进行科学分类,去粗取精,做出符合逻辑的安排。

主体部分的结构方式由于调查目的不同而不一致,但基本结构方式主要有三种,即横式结构、纵式结构和交叉(混合)结构。

(一)横式结构

按照事物各组成部分或事物的不同性质、特点分类来安排结构的方式,称为横式结构。其特点是把调查报告的主体横向展开成并列的若干部分,以更好地反映事物自身的多种性质和特点,以及由此及彼的横向联系,从中体现调查报告的基本观点。

按照事物各组成部分安排主体的结构,是将事物各组成部分逐个展开,分别予以分析说明,综合各组成部分的特点来构成事物的总体特征,体现了调查报告的基本观点。例如,对"改革国家干部制度"这个调查主题,可运用横式结构,从国家干部制度的管理原则、调配、任免、考核、福利待遇等各组成部分来体现。

按照事物的不同性质、特点分类安排主体的结构,是将性质或特点相同的材料归为一类,逐类展开,多层次、多侧面地表现调查报告的基本观点。例如,对"某引进工程投资效果好"这个调查主题,可运用横式结构,通过建设工期短、工程质量高、投资回收快三个侧面加以说明。

运用横式结构,要注意根据调查对象的重点特征安排内容,不一定面面俱到、全部列举。

（二）纵式结构

按照事物的发展阶段和逻辑顺序来安排主体结构的方式，称为纵式结构。其特点是把调查报告的主体纵向展开并分为几部分，各部分之间按照顺序自然衔接。纵式结构或者以调查过程为序，或者以时间为序，或者以事物发生、发展的经过为序。无论采取何种具体的形式，都必须遵循严密的逻辑推理关系来安排主体内容，使之成为有情况、有分析、有结论的层层递进的有机整体，充分表现其说服力。纵式结构多见于内容较为单一的调查报告，如介绍人物、昭示事件的调查报告。其有利于读者了解调查对象的来龙去脉，从而清楚地把握其内容。例如，前述《南方都市报》刊登的《被收容者孙志刚之死》，按照大学生孙志刚致死事件发生、发展的经过，顺序铺陈调查事实，这就是纵式结构调查报告的一个范例。

（三）交叉（混合）结构

交叉（混合）结构是横式结构和纵式结构的结合，往往以其中一种为主，兼用另一种，即总体为一种，局部为另一种。交叉（混合）结构的容量大，更利于深入研究问题和形成全面的结论，撰写起来较方便、灵活，因此运用比较广泛，尤其是比较复杂或重要的调查报告，大多采用这种结构方式。例如，段苏权等人撰写的《青海省教育工作情况调查》，总体采用的是纵式结构，按照中华人民共和国成立前后的顺序叙述青海省的教育发展概况。每一阶段又按照横式结构，分初等教育、中等教育、高等教育、师范教育四部分展开论述，阐明了提高青海省教育质量、发展青海省教育事业的重要性和迫切性。最后，顺理成章地引出作者的建议。该调查报告的时间逻辑清晰，论述深入，具有很强的说服力。

除了上述总的结构方式，调查报告主体还有局部和基础的段落结构。调查报告是由基本观点、说明基本观点的若干从属观点以及说明各个观点的材料组成的。为了表达得完整，同时也便于读者阅读和理解，段落结构就是把意思相同的观点、材料及论证方法组织到一起，构成一个完整的统一体。这种段落结构和总的结构有机结合，就形成了调查报告主体的完整结构。

五、结尾

结尾也称为结语，是调查报告的结束部分。它没有固定的格式。从内容上看，大致分为以下几种：①总结性结尾，即对全文的主要内容做出概括，以强化读者的认识，多用于内容复杂、篇幅较长的调查报告。②建议性结尾，即对调查的情况和问题提出解决的办法或意见，多用于总结经验或揭露问题的调查报告。③预测性结尾，即在说明调查情况和调查问题之后，做出预测，指出发展趋势或影响、结果，以深化调查报告的主题。④号召性结尾，即从报告中自然引申出煽动性语言来结尾，以给读者鼓励与信心，或号召读者为解决问题继续努力。⑤补充性结尾，即对报告主体不便涉及而又有必要向读者交代的情况和问题进行简要的补充说明。无论哪种类型的结尾，都应做到简洁、概括、明确、有力，而且不要与主体部分的内容重复。

结尾并非必有，而是根据调查需要而定。不少优秀的调查报告都没有专门的结尾，主体阐述完毕，全文自然结束。

另外，如果调查报告内容比较丰富，装订页码较多，从方便读者的角度出发，应当使用报告目录或索引，将报告文本的主要章、节、目及附录资料的标题、号码和页码列于报告之前，作为调查报告的一个组成部分。

03 第三节 调查报告写作的步骤和基本要求

无论采取何种类型、格式的调查报告，其撰写都要包括确定主题和观点、精选素材、拟定提纲、起草调查报告和修改定稿五个步骤。

一、确定主题和观点

确定主题和观点是调查报告的首要问题。写文章讲究"以意为主""意在笔先"，"意"即指主题和观点，它们在全文中起到统帅、主导和制约其他内容的作用。同样，主题和观点是否明确、是否有价值，对调查报告也具有根本性意义。如果一篇调查报告的主题选择不当，观点偏颇、失误，即使文字表述出色，也没有任何价值。

（一）确定主题

调查报告的主题一般来自三个途径，即上级布置、他人委托、作者自定。一般来说，调查报告是调查的总结，调查的主题也就是调查报告的主题，但是实际上并不一定都是如此。调查的主题是在调查之前根据对调查对象的了解拟定的，而调查报告的主题是在完成全部调查并对调查资料进行深入分析、综合之后才最终确定的。二者通常一致，但有时也不一致。不一致的原因主要包括以下几点：

第一，调查资料显示调查的主题不能成立，或者得不到足够的材料支持，就需要重新确定主题。例如，有关部门收到大量来信，反映某地区撤并了一批乡镇，引发了许多严重问题，于是组织调查组就撤并乡镇的问题进行调查。结果调查材料表明，撤并乡镇实际上是利国利民的大好事，所谓问题，只是一些被精简裁撤的干部在"兴风作浪"。因此，调查组将调查报告的主题重新确定为总结经验。

第二，调查的主题比较单一，但调查资料内涵非常丰富，具有多方面的价值和重要意义，就有必要放大调查报告的主题。如果调查的主题是总结某市不拘一格的用人经验，但通过分析调查资料，发现这些资料足以说明该市在人事制度各方面都有重要创新，极具普遍指导意义，就可以把调查报告的主题放大为对该市人事制度改革的全面介绍。

第三，调查的主题涉及面广，调查得来的材料或问题太多，不适于或难以用一篇调查报告表达出来，这样就需要分写多篇调查报告，并重新确定每一篇调查报告的主题，而这些主题就是对调查主题的分解。

第四，在调查主题涉及的所有内容中，有些内容表现突出，价值较大；而有些内容则表现一般，价值较小；还有些材料不充分，无法形成观点。这就需要对调查报告的主题做出调整。

总之，确定调查报告主题的过程，是对调查主题进一步确认或缩小、放大、分解、修正、提升的过程，是撰写调查报告的必经之路。

（二）确定观点

调查报告的观点，是指调查者对调查对象提出的看法与评价，也是调查报告主题（中心论点）的发散。观点的证明与表达是撰写调查报告所要完成的主要任务，一切具体的写作都要围绕观点来进行，并以让读者理解、信服观点为目的。

调查报告的观点是在充分占有并深入分析、综合调查材料的基础上形成的。在对调查资料进行整理、分类和确定调查报告主题的阶段，观点就已逐渐产生并不断深化。通过对调查材料的"分析—综合—再分析—再综合"的反复过程，观点由散乱逐渐趋于凝聚，由模糊逐渐变为清晰，由肤浅逐渐转为深刻，并最终得到确定。这一过程也就是调查者的主观认识与客观调查材料不断碰撞、结合的过程。

确定后的观点应当符合如下要求：

第一，准确。调查报告的观点必须由客观、实际的调查材料提炼而成，正确地反映客观实际。

第二，鲜明。调查报告的观点必须直接、明确，不能似是而非、概念含混。

第三，新颖。调查报告的观点要反映新事物、新事件、新问题、新视角、新主张，应具有突出的社会意义，不能是老生常谈或无病呻吟。

第四，深刻。调查报告的观点是反复认识客观实际的产物，必须透过现象指出本质，一针见血，不能隔靴搔痒。

观点构成调查报告的论点，而论点分为不同的层次：中心论点，即调查报告的主题；中心论点之下，有若干说明主题的分论点；分论点之下，还可以视需要设若干并立的基本论点。这些论点的有机结合，就构成了调查报告的骨架。

二、精选素材

调查报告应该言必有据。"据"就是资料,是支撑调查报告主题和观点的基础。如果说主题和观点是调查报告的"灵魂",那么资料就是调查报告的"血肉"。只有资料与主题、观点达到高度统一,调查报告才能充分说明问题。

通过对资料的整理与分析,调查者已经筛选出了可供调查报告使用的素材,但这并不意味着将这些素材在调查报告中堆砌和罗列即可,要根据主题和观点的需要,对所有素材进一步精选,找出最有助于说明论点的论据。

在精选素材时应把握以下原则:

第一,选取可靠资料。所谓可靠资料,一是指资料的来源可靠。应尽可能选用调查者亲自获得的原始资料(第一手资料)。如果确有必要使用次级资料(第二手资料),则应选用已被实践检验是可靠者。二是指资料的内容可靠。所选取的资料应是客观的、真实的和确凿无疑的。

第二,选取充分、完整而又适量的资料。这是从量的角度对调查资料进行选取。调查报告要用事实说话,只有充分展示客观、全面的真实材料,包括反映事物特征的正面和侧面乃至反面的材料,才能更好地说明调查报告的主题和观点。但是,这并不意味着资料能用即用,而是要以必需、够用为度,争取做到恰到好处,丰富而不臃肿。如果说明同一论点的有价值的论据较多,就要选取最优的论据。

第三,选取有力的资料。选取有力的资料是指从质的角度,根据主题的需要,通过全面分析和反复比较,选取最适合和最典型的资料。与主题无关或关系不大或可用可不用的资料要坚决舍弃。这样才能突出主题,加强调查报告的效果。

第四,选取新鲜的资料。所谓新鲜的资料,一是指调查中发现的新事物、新行为、新思想、新事件和新问题;二是指早已存在,但未被发现或未引起注意的资料;三是指人们比较熟悉,但从新的角度可以显现新的特点的资料。只有努力选取新鲜的资料,才能使调查报告具有旺盛的生命力。

第五,选取易于理解的资料。选取资料还要考虑其影响力与说服力。一般来说,资料越明白易懂,就越能说服人,影响面也就越广。因此,调查报告使用的素材一定要具体、翔实,而且应与多数人的理解能力相适应。

三、拟定提纲

确定主题和观点及精选素材之后,调查报告的结构框架与大致构思实际上已在作者的头脑中初步形成。但是这些构思只要没有书面化,就往往是散乱不定、稍纵即逝的。拟定提纲正是以书面形式对作者的初步构思加以梳理,使之系统化、完善化、定型化。人们常把写作提纲比作调查报告的"设计图"。正如建造大厦离不开设计图一样，调查报告的写作也是离不开写作提纲的。

写作提纲是调查报告内在逻辑关系视觉化的最好形式。它可以使调查报告中论点与论点、论点与材料、材料与材料之间的逻辑关系全部清楚地显现出来，便于作者全面把握调查报告的整体结构，认真考察每一部分和每一段落的地位及其衔接是否恰当，以及部分与整体的关系是否合理、内容是否均衡、重点是否突出等。

调查报告的写作提纲通常包括：①标题。②观点句，也称为中心论点句或主题句，即概括全篇基本观点的语句，作用是使作者牢记调查报告的中心。③内容纲要，是写作提纲的主体部分，分条分项地反映正文的构成状况。写作提纲不是观点和资料的简单罗列，而是精心设计的逻辑框架，使观点和资料在其中能居于最恰当的位置。其详略可自定。略者一般由单句或标题组成；详者一般包括全部标题和论点、论据提要，乃至段落大意等。下面请看写作提纲的示例。

新入园幼儿家庭饮食习惯的调查与分析
（写作提纲）

前言

一、调查目的

二、调查对象、内容与方法

1. 调查对象

2. 调查内容与方法

三、调查结果

1. 幼儿的饮食习惯

2. 影响幼儿饮食习惯的因素

（1）幼儿餐前吃零食。

（2）幼儿餐前运动量较小。

（3）大多数家长没有科学地考虑幼儿的饮食质量。

（4）大多数幼儿在饮食前缺乏愉快的情绪。

（5）不少家长对幼儿饮食习惯的教育方式不当。

四、调查结果分析

1. 家长的教育观念对幼儿饮食习惯的影响

2. 家长的教育方式对幼儿饮食习惯的影响

3. 幼儿饮食习惯与幼儿活动的关系

五、改进措施

1. 适量的身体活动

2. 家庭和幼儿园要保证幼儿在最佳的生活环境和心理状态下进餐
3. 家庭和幼儿园要安排好幼儿的生活作息时间
4. 合理、营养的食物是幼儿健康成长的物质基础
5. 培养幼儿良好的饮食习惯

结尾

（略）

四、起草调查报告

拟定提纲之后，便可以着手起草调查报告。在调查报告的撰写过程中，不但要按照提纲推衍成文，而且必须讲求具体的写作方法。后者除了前述格式方面的要求，主要指采用恰当的表达方式和仔细推敲语言等。

（一）表达方式

调查报告的表达在形式和文体性质两方面，都有不同于其他类型文章的特点。

第一，从形式上看，调查报告除了文字表达，还要更多地采用非文字表达形式，即采用图表、数字等表达形式。

利用大量的有力的数据是调查报告的突出特征。精确的数字能够直观地反映事物的发展变化，大大增强调查结论的说服力以及提高读者对调查报告的信赖程度。但是，也不能把调查报告变成数字的堆砌，数字的用量和安排要恰到好处。同时，要防止出现数字文字化的现象，尽量避免出现大段或整段的数字，以免读者感到枯燥。为此，调查者需要合理地运用图表、数字。

例如，"根据调查，××地区报刊媒体的知名度排名前20位的是《××都市报》提及次数81，排名1；《××晚报》提及次数59，排名2；《体坛周报》提及次数42，排名3；《足球》提及次数39，排名4；《都市报》提及次数37，排名5；《参考消息》提及次数28，排名6；《声屏之友》提及次数25，排名7；《读者》提及次数24，排名8；《××青年报》提及次数20，排名9；《生活早报》提及次数19，排名10；《电脑报》提及次数14，排名11；《环球时报》提及次数13，排名12；《计算机世界》提及次数13，排名12；《青年文摘》提及次数12，排名14；《南方周末》提及次数11，排名15；《女友》提及次数10，排名16；《精品购物指南》提及次数9，排名17；《知音》提及次数8，排名18；《法制报》提及次数6，排名19；《少男少女》提及次数5，排名20。"

这种叙述方式极易让人眼花缭乱，是典型的数字文字化。如果将这些叙述制成一个表（如表15-1所示），就会变得赏心悦目。

表 15-1　××地区报刊媒体的知名度排名

媒体名称	提及次数	排名	媒体名称	提及次数	排名
《××都市报》	81	1	《电脑报》	14	11
《××晚报》	59	2	《环球时报》	13	12
《体坛周报》	42	3	《计算机世界》	13	12
《足球》	39	4	《青年文摘》	12	14
《都市报》	37	5	《南方周末》	11	15
《参考消息》	28	6	《女友》	10	16
《声屏之友》	25	7	《精品购物指南》	9	17
《读者》	24	8	《知音》	8	18
《××青年报》	20	9	《法制报》	6	19
《生活早报》	19	10	《少男少女》	5	20

另外，还要讲究数字的使用技巧，以使之鲜明生动，增加表现力。首先，可以"以大化小"。有些数字过大，在非科技调查报告和非科技出版物中可以转换为"小数字＋大单位"的表达形式。例如，"共有 45 000 095 650 054 吨"可以转换为"共有约 45 万亿吨"；"十年来培养出大专毕业生 269 492 人"可以转换为"十年来培养出大专毕业生约 27 万人"。其次，可以"以小见大"。有的数字比较小，难以引起人们的重视，但按照整体比例推算，数字就非常惊人。这种数字推算表达法，能够使读者看到调查报告中问题的重要性和意义所在。例如，"据记者观察，该非法收费站对过往的车辆每次收费 10 元，由此推算，每年下来该站的非法收费就达 2 400 万元。"

在使用数字时，还必须符合《出版物上数字用法》（GB/T 15835—2011）中的规定。公历世纪、年代、年、月、日应当使用阿拉伯数字，如公元前 8 世纪，1994 年 10 月 1 日。物理量量值必须使用阿拉伯数字，并正确使用法定计量单位，如 8 736.80 km（8 736.80 千米）、600 g（600 克）、100～150 kg（100～150 千克）、12.5 m^2（12.5 平方米）、34～39 ℃（34～39 摄氏度）等。

第二，从文体性质上看，调查报告是一种记叙性、说明性和议论性相结合的文体。无论是普通调查报告还是学术调查报告，都以记叙和说明为主，只是后者议论的比重更大一些。

"记叙"用于介绍工作过程、交代事件原委、叙述典型情况、转述材料数据等。但此处的记叙只是采用记叙手法描述事物的概况，而不对事物作较多的描写。这一点和文学作品（包括报告文学）有根本的区别。

"说明"在调查报告中的主要作用是解释清楚调查对象存在的问题，以及问题的产生原因、程度、解决的办法等，使读者了解、认识和信服。

"议论"与"议论文"不同。议论文体现了论点、论据和论证三要素完整的逻辑推理过程；而调查报告中的"议论"只是在陈述事实的基础上画龙点睛。即使是学术调查报告，也很少使用大段的逻辑推理。

（二）语言运用

调查报告作为一种应用性文体，在语言运用方面要掌握以下原则：

第一，朴实。调查报告不是文学作品，因此语言应该平易、直白，切忌堆砌华丽的辞藻，避免使用生僻词语和滥用专用术语。

第二，准确。选词造句要恰当、贴切和严谨，应该少用修饰词、形容词，尽可能使用含义单一的专业术语，避免使用语义模糊、含混的字句，如"可能""也许""大概""由于各种原因"等。要注意把握表示程度的词语之间的差异，如"有所反应"与"较大反响""反应强烈"，"有所变化"与"有很大变化"等。还要注意含义相近的概念之间的区别，如"发展"与"增长"，"加强"与"增加"，"翻番"与"倍数"，"效率"与"效益"等。

第三，简明。无论是叙述事实、说明内容，还是发表议论，都要力求语言精练，以较少的文字清楚地表达内容，杜绝一切不必要的重复话、客套话、空话、废话等。

第四，庄重。调查报告主要用于指导现实，文体以说明为主，兼及叙述、议论，这就决定了其语言表达要严肃、沉稳，防止花哨、轻佻的语言倾向，而且尽量使用书面语言，减少口语的使用。

第五，修辞。调查报告的语言表达虽然以朴实、庄重为基调，但并不意味着不需要文采。和其他类型的文章一样，调查报告也必须避免冷冰冰的说教，通过一定的修辞方法，使语言鲜活、生动。例如，应适当选用文言或成语，起点睛之妙用；调节句式的长短、繁简，使之灵动；调节字句的语音，使之和谐等。

五、修改定稿

调查报告的写作和其他类型的文章一样，一般不能一蹴而就，要经过反复修改才能定稿。

修改定稿须经过检查和修改两个阶段。检查的范围是格式、观点、资料、字句。检查的顺序一般是先整体，再局部；先格式，再观点，再内容，再字句。在检查中，要看格式是否符合要求，观点是否明确，表达是否恰当，引用资料是否合理无误，语言是否流畅，有无错别字和用错的标点符号等。检查的常用方法有三种：第一种是诵读法，即反复通读全文，从中发现问题；第二种是冷却法，即将初稿搁置一段时间后再检查，以避免"灯下黑"[①]现象的发生；第三种是请教法，即邀请有关的专家审阅，

---

① 灯下黑，指人们对发生在身边很近的事物和事件反而不易察觉。

并提出修改意见。

　　许多人在修改调查报告时，习惯边检查边修改，这实际上是事倍功半的做法。高效的做法应是在反复检查的基础上集中修改，统一修正格式和观点，调整结构和材料顺序，对不足部分拾遗补阙，对累赘部分适当删减，改换不恰当的资料、语言，改正错别字和标点符号，统一记数、计量单位等。这些工作完成后，调查报告才能最后定稿。

本章小结

思考题

1. 举例说明调查报告的种类。
2. 调查报告有哪些特点？
3. 调查报告的结构是怎样的？
4. 简述调查报告主体结构的基本类型及其特点。
5. 调查报告写作有哪些步骤？
6. 试述调查报告的主题与调查主题之间的关系。
7. 形成调查报告观点的基本要求是什么？
8. 应当如何选取调查报告的素材？
9. 调查报告写作的表达方式和语言运用有哪些基本要求？
10. 根据你熟悉的某一社会问题，拟定一个详细的写作提纲。

参考文献

[1] 风笑天. 现代社会调查方法. 6版. 武汉：华中科技大学出版社，2021.

[2] 江立华，水延凯. 社会调查教程. 7版. 北京：中国人民大学出版社，2018.

[3] 袁亚愚. 社会调查的理论与方法. 北京：中国政法大学出版社，1990.

[4] 徐经泽. 社会调查理论与方法. 北京：高等教育出版社，1994.

[5] 袁方. 社会研究方法教程. 北京：北京大学出版社，1997.

[6] 彭发祥，刘守恒. 社会调查研究方法. 北京：中国人事出版社，1992.

[7] 柯惠新，黄京华，沈浩. 调查研究中的统计分析法. 北京：北京广播学院出版社，1992.

[8] 于忠智. 社会调查研究实用教程. 北京：东方出版社，1991.

[9] 李沛良. 社会研究的统计应用. 北京：社会科学文献出版社，2001.

[10] 王雪梅. 社会调查研究原理与方法. 北京：华文出版社，1998.

[11] 费孝通. 江村经济：中国农民的生活. 戴可景，译. 南京：江苏人民出版社，1986.

[12] 吴增基，吴鹏森，苏振芳. 现代社会调查方法. 2版. 上海：上海人民出版社，2003.

[13] 李强，林克雷. 社会调查研究方法概论. 北京：国际文化出版公司，1988.

[14] 高燕，王毅杰. 社会研究方法. 北京：中国物价出版社，2002.

[15] 巴比. 社会研究方法基础. 邱泽奇，译. 8版. 北京：华夏出版社，2002.

[16] 贝利. 现代社会研究方法. 上海：上海人民出版社，1986.

[17] 韦伯. 社会科学方法论. 朱红文，等译. 北京：中国人民大学出版社，1992.

[18] 罗斯. 当代社会学研究解析：社会学调查报告的系统分析. 林彬，时宪民，译. 银川：宁夏人民出版社，1988.

[19] 阿特斯兰德. 经验性社会研究方法. 李路路，林克雷，译. 北京：中央文献出版社，1995.

[20] 米切尔. 新社会学辞典. 蔡振扬，谈谷铮，雪原，译. 上海：上海译文出版社，1987.